BESTER SEx 4

ZOË ZUCKER

BESTER SEX 4

33 Männer erzählen
ihre aufregendsten, wildesten
und schönsten Abenteuer

Mit Illustrationen von Jana Moskito

EXPLIZIT

Inhalt

DANKE ...

... *an alle, die mich im Rahmen meiner schriftstellerischen »Karriere« unterstützt haben und es immer noch tun: meine Familie und meine Freunde. Schön, dass es euch gibt und dass ihr für mich da seid!*

... *an H. – den Mann, der mich immer wieder aufs Neue überrascht und mein Herz höher schlagen lässt. Ich kann es nicht oft genug sagen: Du und M., ihr beide seid das Beste, was mir je passiert ist.*

Liebe Leserinnen und Leser!

In den ersten drei Bänden von *Bester Sex* hatte die Frauenwelt das Wort. Jetzt wird der Spieß umgedreht – und die Männer sind am Zug. 33 Vertreter der Fraktion Testosteron habe ich für dieses Buch »in die Mangel genommen«. Nicht immer war es einfach, ihnen ihre intimsten Geschichten zu entlocken. Aber Hartnäckigkeit zahlt sich aus: *Bester Sex 4* ist eine Sammlung von authentischen, unverblümt ehrlichen, aufregenden, manchmal lustigen und manchmal sogar kitschig-romantischen Storys geworden, in denen Männer erzählen, welche erotischen Erlebnisse sich unauslöschlich in ihr Gedächtnis eingebrannt haben.

Viele der Geschichten räumen auch mit immer noch gängigen Klischees auf – zum Beispiel mit dem Vorurteil, dass unvergesslicher Sex zwangsläufig mit Faktoren wie ungewöhnlichen Orten, perfekten Frauen oder ausgefallenen Techniken verbunden sein muss. Klar, auch das kommt vor, ein bisschen Hollywood darf schon sein. Aber bei den 33 Interviews mit Männern (fast) aller Altersklassen habe ich erfahren: Im echten Leben sind es vielmehr die kleinen Dinge, die aus einem Drehbuch für guten Sex eines für besten Sex werden lassen. Mehr wird hier allerdings nicht verraten, da auf den folgenden Seiten ohnehin die Hauptdarsteller persönlich zu Wort kommen.

Ein kleiner »Warnhinweis« zum Schluss: Vorsicht – dieses Buch könnte auf Frauen ebenso wie auf Männer inspirierend wirken! ;-)

Zoë Zucker

1

Auf der Überholspur

Nils (38), Raumgestalter,
über Britta (29), Fotografin,
beide Graz

Möchtest du mal wechseln?«, frage ich. Britta nickt. »Ich nehme den nächsten Parkplatz, okay?«

Wir sind auf der Autobahn, auf dem Weg nach Hause von der Geburtstagsfeier eines guten Freundes von mir, und Britta fährt. Ob sie immer noch sauer auf mich ist? Eigentlich wirkt sie recht ausgeglichen. Ich hoffe zumindest, dass es so ist. Da, ein Parkplatz. Sie biegt rechts rein und steigt aus.

»Danke. Eh gut, dass wir uns ein paar Mal abwechseln. Ist noch ein ganz schön weiter Weg«, meint sie und schenkt mir ein kurzes Lächeln.

»Ja, gute zweieinhalb Stunden noch«, antworte ich und lächle zurück. Na ja, so ganz im Reinen sind wir noch nicht, glaube ich. Offensichtlich habe ich gestern etwas falsch gemacht, obwohl ich noch immer nicht so recht verstehe was genau. Britta hat es sich schon auf dem Beifahrersitz gemütlich gemacht. Ich setze mich ans Steuer, rutsche mit dem Sitz nach hinten, richte mir die Rückenlehne ein und fahre los. Und schon beginnt es zu piepsen. Mann, sind diese modernen Autos nervig.

»Anschnallen nicht vergessen«, kommentiert meine Beifahrerin trocken. Britta und ich haben seit etwa acht Monaten etwas laufen, eine grenzwertige Geschichte, die gerade an der Schwelle von Affäre zu fester Beziehung steht. Allerdings ist sie mir etwas zu schnell unterwegs. Gut, ich kann es nicht leugnen, ich bin ein Zauderer. Was Festes will ich nur, wenn es passt. Und bei Britta und mir bin ich mir da nicht zu hundert Prozent sicher. Was ich weiß, ist: Wenn sie weg ist, vermisse ich sie. Aber wenn sie dann da ist und wir so schön langsam in den Beziehungsmodus verfallen, bekomme ich Muffensausen. Manchmal würde ich sie gerne bitten, ein wenig vom Gas zu gehen und einfach abzuwarten, wie sich die Dinge entwickeln. Aber ich will sie auch nicht vor den Kopf stoßen, schließlich mag ich sie ja und will sie nicht verlieren.

Die Situation am gestrigen Abend hat uns außerdem wieder ein paar Schritte zurückgeworfen. Erstens war sie sauer, weil ich sie meinen Freunden nur als »Britta« und nicht als »meine Freundin Britta« vorgestellt habe. Und dann habe ich sie ihrer Meinung nach vernachlässigt, oder genauer gesagt ignoriert, wie sie es formuliert hat. Dabei hatte ich nur für einige Zeit den Barkeeper gemimt – das macht mir Spaß, so bin ich eben. Da kann ich schäkern und den Clown rauslassen. Sie aber warf mir im Nachhinein vor, das sei unhöflich von mir gewesen – schließlich hätte ich sie alleine gelassen mit lauter Leuten, die sie nicht kennt. Mag sein, aber man kann sich doch kennenlernen, nicht wahr? Ich für meinen Teil hätte an ihrer Stelle aus der Not eine Tugend gemacht. Und selbst wenn ich mich doof vernachlässigt gefühlt hätte, ich würde mir doch nicht die Blöße geben und mich dann darüber beschweren. Wie auch immer. Sex hatten wir dann im Hotelzimmer keinen mehr, sie hatte mir den Rücken zugedreht und war einfach eingeschlafen. Am Morgen danach dann eingeschränkte Kommunikation, und zwar bis jetzt.

Da mir das unangenehm ist, versuche ich, etwas dagegen zu unternehmen: »Sag mal, was hältst du davon, wenn wir heute Abend noch schön was essen gehen?«

»Gute Idee«, antwortet sie knapp und sieht starr zum Fenster hinaus.

»Du bist übrigens eine sehr gute Fahrerin«, bemerke ich, aber sie ignoriert mich. »Für eine Frau«, ergänze ich scherzhaft, aber sie lacht einfach nicht. So, wie es aussieht, geht meine Rechnung nicht auf. Ich langweile mich und arbeite dagegen an, indem ich etwas schneller fahre. Die Landschaft zieht vorbei und ich überhole einen Wagen nach dem anderen. Verdammt, mich stört es, wenn sie mich so links liegen lässt!

»Sollen wir uns an der Raststation einen Kaffee holen?«, durchbricht sie die Stille.

Ach, da kommt ja doch noch was. Bei der nächsten Gelegenheit fahre ich ab.

Britta schüttelt ihren Dosencappuccino. Ich muss grinsen.

»Was ist?«, fragt sie neugierig.

»Willst du nicht wissen.«

»Sag schon!«

»Okay. Bei deiner Handbewegung gerade musste ich an etwas ganz Bestimmtes denken.«

»Ah, verstehe.« Endlich, sie lacht wieder normal.

Ich drücke ihr einen Kuss auf den Mund.

»Lass uns gestern einfach vergessen«, schlägt sie vor.

Nichts lieber als das.

»Jetzt fahre ich wieder ein Stück«, sagt sie, als wir erneut in meinen Kombi steigen. Britta fährt weiter, nudelt dabei am Radio herum und sucht einen erträglichen Sender. »Ich kann mir diesen Schmus nicht mehr anhören«, grinst sie.

»Ist doch romantisch«, entgegne ich.

»Nein, unter romantisch verstehe ich etwas anderes.«

Ich frage sie was denn, und sie legt los: »Zu elektronischer Musik in den Sonnenuntergang tanzen … gemeinsam nackt auf einer Wiese liegen … oder Sex mit Donnergrollen im Hintergrund, während man selbst im Trockenen ist und der Regen wie wild vom Himmel prasselt.«

Als sie »Sex« sagt, hat sie sofort meine volle Aufmerksamkeit. Wie einfach das doch funktioniert bei uns Männern.

»Hattest du denn schon mal Sex während eines Gewitters?«, will ich wissen und spitze die Ohren.

»Wer weiß«, gibt sie zurück.

Wenn ich ehrlich bin, will ich es gar nicht so genau wissen. Trotzdem schießen mir gerade nur Sexbilder durch den Kopf. Ob ich sie schon wieder anfassen darf? No risk, no fun, denke ich und beuge mich zu ihr hinüber. Ich drücke ihr einen zarten Kuss aufs Ohr und streichle ihren Nacken. Und setze noch einen weiteren Kuss in ihre Halsbeuge drauf. Genüsslich legt sie den Kopf zur Seite.

»Nils, lass das sein, ich muss mich doch aufs Fahren konzentrieren«, sagt sie gespielt genervt.

»Aber ich mache doch gar nichts.«

»Doch, und das ist verdammt gefährlich. Du willst doch nicht etwa, dass wir jemanden abschießen, oder?«

Ich mache trotzdem weiter, bewege meine Hände über ihren Hals runter zum Ausschnitt ihres Shirts.

»Nils, nicht! Hör bloß auf!«, lacht sie.

»Sex mit Donnergrollen kann ich dir gerade nicht bieten – aber hast du es schon mal im Auto gemacht?«

Sie bleibt mir die Antwort schuldig und tut hochkonzentriert. Meine rechte Hand ist währenddessen zwischen ihre Oberschenkel gewandert.

»Du siehst geil aus, Britta«, bemerke ich. Ihre Mundwinkel zucken ganz leicht.

»Ich hab's dir schon gesagt: Lass das sein. Viel zu gefährlich.«
Aber ich bin schon viel zu sehr in Fahrt und nestle bereits an
ihrem Höschen herum.

»Wenn du dich nicht benehmen kannst, wechsle ich lieber wieder«, meint sie, und da kommt auch schon der nächste Parkplatz.

Schade, denke ich enttäuscht, das wird wohl die Strafe für den
gestrigen Abend sein. Schmollend übernehme ich das Steuer.

»Willst du wissen, wie sich das anfühlt?«, meint sie, als ich die
standardmäßigen 140 erreicht habe.

»Wie sich was anfühlt?«, frage ich und bin wirklich ahnungslos.

Plötzlich greift sie mir recht grob zwischen die Beine. Ich ziehe
zischend die Luft ein. Was wird das? Doch wohl nicht das, was ich
denke?

»Konzentrier dich«, meint sie amüsiert und beginnt zu kneten.

Ja, ich muss zugeben, das ist gemein. Aber angenehm gemein.
Ich drossle meine Geschwindigkeit ein wenig. Ich bin gespannt,
was jetzt kommt.

»Willst du dich nicht abschnallen?«

»Gute Idee.« Ich fahre mit 130 ohne Sicherheitsgurt, und Britta
öffnet mit einer Hand meinen Gürtel.

»Ich komme nicht richtig ran«, beschwert sie sich. Ich hebe meinen Hintern etwas vom Sitz und schiebe meine Hose nach unten.
Sie tut dasselbe mit meiner Unterhose und legt mein steinhartes
bestes Stück frei. Es springt beinahe freudig heraus.

»Vielleicht sollte ich noch etwas langsamer werden?«, schlage
ich vor, und sie nickt.

»Ja, vielleicht solltest du das.« Britta schnallt sich ab, rückt näher
an mich heran, und plötzlich senkt sich ihr Kopf auf die Höhe des
Lenkrades. »Immer schön konzentrieren«, sagt sie, bevor sie sich
mein Ding in den Mund schiebt.

Ich bin baff. Wie geil ist das denn bitte? Ihr Kopf beginnt sich
langsam vor meinem Bauch auf und ab zu bewegen. Die Erregung
schießt mir heiß durch den ganzen Körper. Links von uns ziehen

die Autos vorbei. Langsam muss ich wirklich aufpassen, dass ich die Spur halte. Wenn wir jetzt in eine Polizeikontrolle kommen, bin ich aufgeschmissen. Britta wird immer schneller, sie bearbeitet mich zusätzlich mit der Hand. Vor mir taucht ein richtiger Schleicher auf, wenn ich keine Vollbremsung hinlegen will, muss ich ihn überholen. Also blinke ich noch geistesgegenwärtig und wechsle auf die linke Spur. Britta, die davon anscheinend nichts mitbekommt, bläst immer schneller.

»Britta, nicht …«, presse ich noch heraus, bevor ich mitten auf der Überholspur komme.

»Puh, das ist gerade noch mal gut gegangen«, grinse ich, als sie sich den Mund abwischt.

»Jetzt hast du mal gesehen, wie das ist«, entgegnet sie.

»Ja«, bestätige ich und streichle ihren Oberschenkel. Verdammt, ich mag diese Frau wirklich! Normalerweise bin ich nach dem Sex der Coole, aber gerade überschwemmt mich eine Gefühlswelle.

»Britta, wir sollten wieder wechseln«, meine ich.

»Schon wieder?«

»Auf jeden Fall.«

Beim nächsten Parkplatz fahre ich ab. Er ist leer, kein anderes Auto weit und breit. Ich stelle den Motor ab. Britta will schon aussteigen.

»Warte!«, weise ich sie an und sie setzt sich abrupt wieder hin. Dann laufe ich vorne am Auto vorbei auf die andere Seite und öffne die hintere Tür. »Hier rein mit dir«, befehle ich ihr.

Verwundert steigt sie aus und lässt sich auf die Rückbank sinken. Ich beuge mich über sie und schiebe ihren Rock nach oben.

»Was soll das werden?«, meint sie noch, bevor ich ihr vorsichtig in den Oberschenkel beiße.

»Die Retourkutsche«, antworte ich und raube ihr ihren String.

»Was ist, wenn Leute kommen?«, ruft sie aufgeregt. Ich schiebe sie ein wenig nach hinten, quetsche mich mit den Beinen in den Fußraum, sodass ich verdreht zwischen Beifahrersitz und Rückbank stecke, und ziehe die Autotür zu. Ich hätte den Sitz nach vorne schieben sollen. Aber jetzt ist es zu spät.

»So, jetzt sind wir sicher«, meine ich und drücke ihre Beine auseinander. Wir kennen uns im Bett schon lange genug, deshalb weiß ich genau, wie ich sie auf Touren bringen kann. Ich lasse Zunge und Finger spielen, merke, wie sie immer heißer wird. Ich liebe es, wie sie schmeckt, und könnte stundenlang an ihr herumlecken. Britta mag kreisende Bewegungen und neckende Finger. Als sie immer lauter meinen Namen keucht, weiß ich, dass sie kurz vor dem Äußersten steht. Dann spüre ich, wie sie kommt. Als der Orgasmus verflogen ist, sieht sie mich an und schüttelt grinsend den Kopf.

»Du bist ja irre«, lächelt sie.

»Nein. *Wir* sind ja irre«, korrigiere ich. Erst jetzt merke ich, wie sehr meine Knie und mein Rücken schmerzen. Als ich meinen Körper aus seiner zusammengequetschten Position befreit habe, falle ich fast aus dem Wagen. Britta lacht mich aus.

Abends sitzen wir wie vereinbart bei unserem Lieblings-Japaner. Ich bin auf einmal ganz wild am Hin-und-her-Überlegen. Soll ich oder soll ich nicht? Wird sie mir meine geliebte Freiheit rauben? Andererseits: Finde ich jemals wieder so eine Frau? Na ja, es gibt ja so viele … Trotzdem, ich glaube, ich bin verliebt. Glauben oder wissen? Vielleicht weiß ich es auch. Während ich vor lauter Gedankenkaskaden fast nichts runterbekomme, schiebt sich Britta genüsslich dick mit Wasabi beschmiertes Sushi in den Mund. Ich sehe ihr dabei zu und muss grinsen. Irgendwie will ich gerade nicht ohne sie sein. Und wahrscheinlich morgen auch nicht. Vielleicht sogar übermorgen nicht?

»Ist irgendwas? Du isst ja gar nichts«, bemerkt Britta zwischen zwei Lachs-Nigiri.

»Nein, nein«, schwindle ich und grüble weiter. Sie zuckt nur mit den Schultern. Was, wenn sie einen anderen kennenlernt? Dieser Gedanke gefällt mir gerade gar nicht. Dann schießt mir wieder die heutige Autofahrt durch den Kopf. Das war gut. Richtig gut. Ich will das wieder. Aber es ist nicht mehr nur der Sex, warum ich es wieder will. Habe ich Britta etwa auf ihrer Beziehungs-Überhol-spur eingeholt? Egal. No risk, no fun. Im schlimmsten Fall geht's schief.

»Britta?«

»Ja?«

»Lass es uns miteinander versuchen. Ernsthaft.« Ohne eine Antwort abzuwarten, schnappe ich mir ein Thunfisch-Maki und packe einen ganzen Löffel grüne Paste drauf. Heute ist ein scharfer Tag.

2

Badezimmerschlacht

Rudi (31), IT-Techniker,
über Tamara (29), Lehrerin,
beide Wien

Mann, war das bequem auf der Couch hier … so ein richtig fauler Nachmittag vor dem Fernseher, mit seichten Serien in Endlosschleife und allen möglichen ungesunden Fressalien, das war doch was Schönes. Nachos mit Käsesoße, Cola, Schokolade und der ganze Kram. Hatte ich mir viel zu lange schon nicht mehr gegönnt. Fehlte nur noch meine Herzdame zum ungetrübten Glück. Aber die war gerade damit beschäftigt, ihren Kleiderschrank auszumisten. Einmal im Jahr müsse das sein, meinte sie, das würde total befreiend wirken. Frauen! Was war befreiender, als sich auf dem Sofa zu fläzen?

»Tamaraaa? Tamaaaraaaaa?«

Ein leises »Jahaaa? Was ist?« ertönte aus der Richtung unseres Schlafzimmers.

»Ich hätte gerne noch eine Cola und die Packung Chips!«, gab ich in grimmigem Befehlston zurück. Ich hörte stampfende Schritte.

»Sag mal, hast du sie noch alle? Du Pascha!« Zwei graugrüne Augen blitzten mich wütend an. Ich konnte mich kaum noch halten vor Lachen.

»Schätzchen, jetzt sei doch nicht so. War ja nur ein Spaß! Ich wollte dich doch nur bei mir haben. Komm mal her zu mir. Du kannst doch auch morgen in deinem Schrank rumkramen.«

»Will ich aber nicht.«

»Ich hab auch Schokolade hier.« Ein Argument, mit dem sie normalerweise immer zu überzeugen war.

»Nö, keine Lust.« Und schon stampfte sie wieder davon.

Seufzend erhob ich mich aus der Horizontalen und machte mich auf den Weg in die Küche. Dann musste Mann eben selbst ran. Nur fürs Protokoll: Natürlich bin ich nicht wirklich so ein Macho-Arsch, der seine Freundin rumkommandiert. Wäre ja noch schöner – im Feinripp vorm Fernseher sitzen und sich bedienen lassen. Nein, nein, ich spiele nur gerne hin und wieder ein wenig mit Klischees. Findet Tamara nur nicht immer so witzig wie ich.

Eine Stunde später wurde mir dann doch ein wenig langweilig. Nach 17 Folgen *How I Met Your Mother* auch kein Wunder. Was Tamara wohl machte? Stundenlang arbeiten, und das an einem Samstag, das ging ja gar nicht – da musste ich eingreifen. Im Schlafzimmer konnte ich allerdings keine Tamara erblicken. Diese war nämlich hinter einem Klamottenberg in der Höhe eines ausgewachsenen Mannes verschwunden. Würde ich diese Mengen an Kleidung aussortieren – ganz ehrlich, ich müsste von da an nackt außer Haus gehen.

»Weg, behalten, weg, weg, behalten, weg, weg …«, hörte ich sie murmeln, während mir die Shirts und Pullis nur so um die Ohren flogen.

»Schätzchen? Willst du nicht mal Pause machen? Tu das Zeug doch weg und komm ins Wohnzimmer. Ich will auch mal ein bisschen was von dir haben«, beschwerte ich mich mit gespielt trotziger Stimme.

»Jahaaa, schon fertig«, kam es zurück.

Puh, endlich. Es bestand also doch noch die Aussicht auf einen netten Abend.

»Geschafft! Hilfst du mir noch, das ganze Zeug in diese Kisten zu verpacken?«

Klar, ich war schließlich ein Gentleman.

»Jetzt bin ich so richtig müde«, stöhnte Tamara, als sie sich dort niederließ, wo ich sie schon seit Stunden haben wollte: auf unserer riesigen, grauen, saubequemen Couch.

»Wundert mich nicht, bei deinem Programm. Aber zur Feier des Abends kann ich dir ja eine Nackenmassage geben – wie wäre das, hm?«

So etwas ließ sich Tamara niemals zweimal sagen. Bereitwillig brachte sie sich vor mir in Position. Sie gurrte vor Wonne, als ich ihr das Shirt über den Kopf zog und ihre gelockten, dunkelbraunen Haare zur Seite schob. Der Anblick ihres nackten, muskulösen Rückens genügte, um mich scharf zu machen. Ich hauchte ein paar zarte Küsse auf ihren glatten Hals. Natürlich checkte sie es sofort. Und wies mich auch gleich freundlich, aber bestimmt zurecht: »Nicht jetzt, Schatz. Nur Nackenmassage.«

Schade, sehr schade, aber musste man akzeptieren. Vielleicht würden ja meine gekonnten Griffe sie weich machen, dachte ich insgeheim und begann, sie sanft durchzukneten.

»Herrlich ist das. Ich will mich hinlegen, dann ist's noch schöner«, meinte sie schließlich und rollte sich auf den Bauch.

»Darf ich deinen BH aufmachen? So komm ich besser ran.«

»Klar. Was du willst. Ich bin dir ganz ergeben.«

Es war schwer, nicht sofort über sie herzufallen, wie sie da so ausgebreitet und halb nackt vor mir lag. Aber ich riss mich am

Riemen und mimte den braven Masseur. Ich bemerkte, wie sie sich immer mehr entspannte und unter meinen Händen zu Butter wurde. Ihr Atem wurde immer gleichmäßiger. Ich massierte weiter und weiter, von oben nach unten und wieder zurück.

»Gefällts dir so?«, fragte ich mehr, um die Stille zu unterbrechen, als um eine Antwort zu bekommen. Denn dass es ihr gefiel, davon ging ich aus, und etwas Gegenteiliges wollte ich auch nicht hören. »Tamara?«

Es kam nichts zurück, außer gleichmäßige Atemzüge. Hm. Sie war eingeschlafen. Mist – das war aber nicht Teil meines Plans! Schließlich war ich mittlerweile geil wie Nachbars Lumpi geworden … und hatte doch die ganze Zeit im Stillen gehofft, vielleicht auf die ein oder andere sexuelle Art und Weise für meine Handfertigkeit belohnt zu werden. Was meine Freundin offensichtlich nicht die Bohne zu interessieren schien.

Gut, dann war wohl wieder Fernsehen angesagt. Ich zappte mich durch die Kanäle, langweilte mich aber bereits nach wenigen Minuten. Es ist keineswegs so, dass ich mich nicht gern mit mir allein beschäftige – aber nach einer gewissen Zeit brauche ich dann wieder Aufmerksamkeit, sonst werde ich flatterig. Wie zufällig stieß ich Tamara leicht an. Nichts, keine Reaktion. Noch mal dasselbe. Sie knurrte nur und drehte sich ein wenig zur Seite, machte aber keine Anstalten, aufzuwachen. Jetzt war ich richtig unrund. Nicht mal die fünfte Wiederholung von *Fang des Lebens* konnte mich noch begeistern. Dabei bringen mich bei dieser Serie normalerweise keine zehn Pferde weg von der Glotze.

Gut, ich war ja für alle Fälle gerüstet. Dann musste eben Plan B ran: Zärtlich ließ ich meine Hand über Tamaras Rücken gleiten, von ihrem Poansatz hinauf zum Nacken und wieder zurück. Als sie immer noch weiterschlief, versuchte ich es etwas intensiver.

»Was zum Teufel …! Aah – ich schlafe doch gerade so gut! Lass mich.« Schon zum zweiten Mal an diesem Tag erntete ich böse Blicke.

Wieder tat ich beleidigt. »Ich brauche doch deine Nähe.«

»Tu nicht so scheinheilig. Ich kenne dich schon lange genug. Dir ist langweilig, sonst gar nix!«

»Nicht ganz, oder vielleicht ja, ein bisschen. Aber noch mehr bin ich geil auf dich.«

Sie blitzte mich irritiert an. Als ob das so abwegig wäre. Frauen – aber echt! Doch ihre dann folgende Reaktion verwunderte mich. Denn so schläfrig, wie sie gerade noch gewesen war, so rollig wirkte sie jetzt. Plötzlich strahlten ihre Augen etwas Verruchtes aus. Als hätte man einen Schalter umgelegt.

»Geil? So richtig geil? Und was hätte der Herr sich denn jetzt vorgestellt? Was sollen wir mit deiner Geilheit anfangen, hm?«

Dieser Blick, der machte mich wahnsinnig! Und so verriet ich ihr, was mir die ganze Zeit schon im Kopf herumgegangen war: »Sex unter der Dusche.«

Sie nickte grinsend. Die Dusche musste allerdings noch warten. Denn noch auf dem Sofa fielen wir wie zwei liebestolle Hunde übereinander her. Ich riss ihr die wenigen Kleidungsstücke vom Leib, die sie noch trug, während sie an meinem Gürtel herumwerkelte und mir half, mich meiner Jeans zu entledigen. Der Anblick ihrer harten, runden Nippel machte mich noch wuschiger. Ich beugte mich leicht nach unten, um an dem einen zu saugen, den anderen bearbeitete ich kreisend mit der Handfläche. Tamara stöhnte vor Geilheit auf. Ihre Hand wanderte zu meinem Schwanz und begann, ihn rhythmisch zu massieren. Sofort wurde ich von Stromschlägen durchfetzt. So wie sie hatte das noch keine Frau vorher gekonnt! Als wir uns schließlich irgendwann in der 69er-Stellung wiederfanden, musste ich mich schwer zusammenreißen, um nicht gleich im Eiltempo auf den Orgasmus zuzuschießen. Ihre oralen Fertigkeiten standen denen ihrer Hände nämlich in nichts nach. Wenn ich wirklich noch mit ihr unter die Dusche wollte, blieb mir also nichts anderes übrig, als das hier zu stoppen.

Ich löste meine Lippen von ihrer Scham und keuchte: »Lange halte ich das nicht mehr aus … komm, lass uns ins Bad gehen, schnell.«

Gesagt, getan. Ich packte meine nackte Freundin und trug sie ins Badezimmer. Sie kicherte, als ich sie dort zu Boden ließ und die Dusche anmachte.

»Warte, ich habe eine viel bessere Idee«, meinte sie und deutete auf das Waschbecken.

Na bitte, da sagt Mann doch nicht nein! Vorsichtig hievte sie ihren Po auf den Rand des Beckens, stützte sich mit den Armen ab und spreizte auffordernd die Beine. Dass die Dusche noch lief, ignorierte ich – die Umwelt möge mir verzeihen. Wer eine nackte Schönheit mit gespreizten Beinen vor sich hat, die sich unverkennbar willig gibt, muss das tun, was ein Mann eben tun muss: vögeln! Was ich dann natürlich auch tat.

Ich schlang ihre Beine um meine Armbeugen und drang in sie ein. Sie stöhnte, wir küssten uns, ich stieß zu, immer wieder. Das Blöde war nur, dass der Spiegel hinter dem Waschbecken mir dabei meine ekstatischen Gesichtsausdrücke präsentierte – und ich feststellen musste, dass diese leider nicht sehr vorteilhaft wirkten. Das Gute hingegen war, dass ich darin auch Tamaras scharfen Hintern betrachten konnte, was wiederum ein ungemein geiler Anblick war. Klar, dass ich mich fortan mehr auf diesen konzentrierte als auf mein Gesicht. Es war bestimmt nicht die bequemste Sexposition, aber dafür eine mit enorm hohem Geilheitsfaktor.

»Jaaa, fick mich!« Ich liebte Dirty Talk, solange er nicht ins Lächerliche gezogen wurde. Und auch das beherrschte Tamara in Perfektion. »Schneller, mach schneller!«

Ich tat, wie mir befohlen. Ihre Fingernägel krallten sich in meinen Rücken, so fest, dass es schmerzte. Aber dieser Schmerz war einer, den ich liebend gerne immer wieder und wieder spüren wollte. Ihre Beine drückten meine Arme schwer nach unten, und ich stieß fester zu, denn ich wusste nicht, wie lange ich diese Position noch halten konnte. Sie erforderte doch einiges an Körperspannung. War aber auch kein Problem, denn wenn wir so weitermachen würden, würde ich ohnehin gleich abspritzen.

Weiter stieß ich in sie hinein, bis mein Schwanz auf einmal unvermittelt aus ihr heraus glitt – und unser Liebesspiel durch einen knirschenden Krach unterbrochen wurde. Es folgte ein lautes »Rumms«, gepaart mit einem schrillen Schrei aus Tamaras Kehle. Ich wusste gar nicht, wie mir geschah, alles ging so schnell. Dann war es plötzlich ruhig. Der Anblick, der sich mir bot, war mehr als skurril: Staub wirbelte durch die Luft, und meine Freundin saß etwa 30 Zentimeter weiter unten als vorher, den Schock in den Augen, den Mund weit aufgerissen, mit dem Hintern ganz im Waschbecken versunken, die Beine noch immer breit gespreizt. Ich stand vor ihr mit meinem Ständer und brachte ebenfalls keinen Pieps mehr heraus. Holy shit – das verdammte Waschbecken hatte unter unserem Gevögel nachgegeben und war nach unten gebrochen! Zum Glück stand unter dem Becken noch ein kleiner Schank, der es aufgehalten hatte – sonst wäre Tamara auf dem Boden gelandet.

»What the fuck?« Meine Freundin hatte als Erste die Sprache wiedergefunden. Ich kratzte mich nur ratlos am Kopf. Endlich schaltete sich mein Verstand wieder ein, und ich half ihr, vom Waschbecken runterzuklettern.

»Aua! Das war jetzt ganz schön heftig«, stöhnte sie.

»Hast du dir wehgetan?«

»Nein, glaube nicht. Nur einen ordentlichen Schock hab ich abbekommen!«

Ich inspizierte die Unfallstelle genauer – das Becken hing noch halb in der verfliesten Wand, überall am Boden lagen Fliesenstücke und Betonkrümel herum.

»Sieht ganz schön ramponiert aus.«

»Ja.«

»Und gekommen bin ich auch nicht wegen dem blöden Ding!«

»Du Arsch, wie kannst du jetzt an so was denken? Ich hätte mir den Rücken brechen können!«

»Schon gut, Schätzchen, ich mach doch bloß Spaß.«

Aber zum Glück fand Tamara ihren Humor schon wieder und prustete unvermittelt los: »Mach bitte ein Foto von dem Ding! Ich meine, wie geil ist das denn? Ein Bild für die Götter! Stell dir vor, wenn wir das jemandem erzählen, das glaubt doch niemand.«

3

Balkonfernsehen

Ron (33), Besitzer eines Online-Sales-Portals,
über Natalia (30), Designerin, und eine Unbekannte,
alle München

Das Thermometer kratzt an der 40-Grad-Grenze. Die ganze Stadt scheint in der schwülen Hitze zu zerfließen, und das geht schon seit Tagen so. Es gibt nicht viele Tage, an denen ich Regen herbeisehne – aber heute ist so ein Tag. Mein Körper transpiriert so stark, dass ich mit dem Trinken gar nicht hinterherkomme. Gerade vor drei Stunden habe ich mich geduscht, und jetzt, obwohl ich nur schnell am Kiosk und einkaufen war, sehe ich schon wieder völlig derangiert aus. Also wieder mal ab unter die Dusche, schon das dritte Mal an diesem Tag. So, wie es aussieht, gerät die Sache mit der globalen Erwärmung langsam außer Kontrolle.

Sogar im Badezimmer steht die Luft, trotz des gekippten Fensters. Die Geräuschkulisse der Straße bahnt sich durch den dicken Dunst den Weg nach oben und dringt durch den Fensterspalt. Das

Eiscafé gegenüber von dem Haus, in dem ich wohne, ist bereits seit Tagen von früh bis spät überfüllt. Für den entspannten Freitagabend, den ich mir heute gönnen will, konnte ich gerade noch zwei Kugeln Vanille und drei Amarena-Kirsch ergattern. Trotz Styropor-Box sind sie mir auf dem kurzen Weg über die Straße und durchs Treppenhaus fast weggeschmolzen. Wenn das so weitergeht, stelle ich mir bald ein Planschbecken auf die Dachterrasse. Macht aber wahrscheinlich auch nicht viel Sinn, die Füße in kochendes Wasser zu halten.

Aaaaaaaah! Herrlich. Das kalte Wasser weckt meine Lebensgeister. Ich lasse den kühlen Strahl über meinen Rücken laufen und genieße sogar die leichte Gänsehaut, die sich dabei bildet. Jedes Mal, wenn ich dusche, wandern meine Gedanken zu Nina. Nina, mit der ich vier Jahre zusammen war. Nina, mit der ich hier gemeinsam gewohnt habe. Nina, mit der ich in dieser Dusche unzählige Male rattenscharfen Sex hatte. Nina, die ich vor einem Jahr verlassen habe – was ich heute noch bereue. Nina, Nina, Nina! Verdammt – mein Kopfkino läuft auf Hochtouren. Dabei arbeite ich wie ein Berserker daran, diese Frau endlich aus meinen Gehirnwindungen zu verbannen! Ich drehe das Wasser noch kälter in der Hoffnung, dass es meine Synapsen einfriert.

So, abgetrocknet. Es dauert keine zehn Sekunden, da bahnt sich die stehende Hitze schon wieder einen Weg in meinen Körper. Aber was soll's – ich will heute nur noch fernsehen und dabei Pizza und Eis essen. Da ist niemand, den es stört, wenn ich schwitze wie ein Käse in der Sonne. Das ist definitiv einer der Pluspunkte am Single-Dasein. Ein anderer ist es, dass sich keiner drüber mokiert, wenn ich mir stundenlang schlechte TV-Sendungen reinziehe und während der Werbepausen im Millisekunden-Takt rumzappe. Ich darf das, weil Nina nicht mehr da ist. Hehe. Ich grinse in mich hinein. Aber wie blöd bin ich eigentlich? Ich brauche ihr gar nicht in Gedanken die Zunge zu zeigen – schließlich habe ich die Sache beendet. Weil ich dachte, ich müsse Karriere machen und das wäre verdammt noch mal wichtiger, als eine Beziehung zu führen. Als mir mein Chef dann drei Monate später für einen drei Jahre jüngeren Stümper mit Undercut und Humboldt-Diplom den Laufpass gegeben hat, wurde mir klar, wie sehr ich mich auf diese verfickte Karriere verlassen konnte! Nina wollte mich dennoch nicht mehr zurückhaben.

»Was, wenn du wieder mal auf die Idee kommst, dass ich dir gerade nicht in den Kram passe?«, hatte sie mich gefragt. »Dann schreibst du mich wieder ab, und wenn's dir danach ist, holst du mich wieder aus der Schublade? Vergiß es, Ron.«

Verpatzt ist eben verpatzt.

Ich werfe noch ein paar Extra-Salamischeiben plus geriebenen Käse auf meine Tiefkühlpizza, überlege, ob ich sie nicht gleich auf der Blechablage der Dachterrasse grille, und schiebe sie dann vernünftigerweise doch ins Backrohr. Nicht mehr lange bis zum Hauptabendprogramm, es läuft *Gefährliche Brandung*. Alles ist perfekt durchgetimed. Von wegen mangelhafte Organisation, wie der Trottel von Ex-Chef mir das an die Rübe geknallt hat. Pah! Bevor ich jetzt wütend werde, gönne ich mir lieber noch ein Kippchen in der Sonne.

An den Rand der Terrasse gelehnt, ziehe ich genüsslich an der Zigarette und lasse meinen Blick über das bunte Treiben auf der Straße schweifen. Es ist immer wieder lustig, wie klein die Leute von hier oben aussehen. Viele bunte Punkte, die sich von hier nach dort bewegen, jeder in seiner ganz eigenen Mission, die ich nicht kenne. Manchmal fixiere ich einen Punkt und spinne mir eine Geschichte rund um ihn herum – was er jetzt gerade eingekauft hat, wohin er nach Hause geht, wer dort auf ihn wartet. Heute aber nicht, es ist einfach zu heiß, um noch länger hier zu stehen.

Als ich die Kippe nach unten schnippe und mich schon umdrehen will, fällt mein Blick auf Natalias Terrasse. Sie liegt etwas tiefer als meine – und ich bin der Einzige, der Sicht darauf hat. Natalia steht gerade in ihrem knappen pinkfarbenen Bikini von ihrer ebenfalls pinkfarbenen Liege auf und winkt zu mir herüber. Lächelnd winke ich zurück. Natalia arbeitet als Designerin und kommt aus der Slowakei. Was sie so designt, weiß ich nicht genau. Aber eines ist Fakt: Frauen aus dem Osten haben ein ganz eigenes Flair, und Natalia hat davon noch ein wenig mehr. Mit ihren immer eine Spur zu engen Klamotten und ihren übertrieben gelockten, extremst wasserstoffblonden Haaren kratzt sie schon etwas an der Grenze zum Billigen. Das finde ich ein bisschen schade. Aber ihr hübsches Gesicht und ihre zierliche Figur – ich glaube, sie kommt nicht über die 1,50 – gleichen das wieder aus. Ich freue mich deshalb jedes Mal über ihren Anblick, ganz besonders im Sommer, wenn ihre ohnehin schon knappen Outfits noch knapper werden.

»Alles okay, Ron?«, ruft sie mir zu. Unsere Terrassen sind eine schmale Straßenbreite voneinander entfernt.

»Alles roger, Natalia«, gebe ich zurück. Dann winke ich noch mal und will mich nun endgültig dem Hauptabendprogramm widmen. Just in diesem Moment taucht eine zweite Gestalt auf Natalias Terrasse auf.

Aber hallo! Die Frau könnte glatt ihre Schwester sein – bloß in dunkelhaarig. Als sie mich erblickt, winkt sie mir zu. Höflicherweise winke ich zurück. Irgendetwas in mir hält mich davon ab, mich jetzt in mein Wohnzimmer zurückzuziehen. Swayze und Reeves müssen also noch ein wenig Geduld haben. Natalias Schwester, Freundin – was auch immer – zieht sich eine zweite pinkfarbene Liege in den Halbschatten und legt sich darauf. Natalia grinst vielsagend zu mir herüber. Und was jetzt?, frage ich mich und verharre an meinem Rauchplätzchen. Die wasserstoffblonde Schönheit setzt sich zu ihrer dunkelhaarigen Doppelgängerin an den Rand der Liege. Die Dunkle rekelt sich. Warum ich so nervös bin, weiß ich nicht, aber mit fahrigen Bewegungen zünde ich mir eine weitere Kippe an.

Natalia lässt ihre Hand über den Bauch der Unbekannten gleiten. Dann beugt sie sich zu ihr hinunter und scheint ihren Bauchnabel zu küssen. Dann sagt sie irgendetwas zu der anderen, diese dreht den Kopf in meine Richtung und grinst mich dreckig an. Mein Atem wird unruhig. Der Lärm der Straße tritt völlig in den Hintergrund, in meinem Kopf rauscht es. Jetzt wandert Natalias Hand weiter nach oben und sie beginnt, die Dunkelhaarige zu küssen. Ich beobachte alles aus sicherer Entfernung, trotzdem fühle ich mich, als wäre ich mittendrin. Oder besser gesagt nicht ich, sondern mein Schwanz. Unruhig pulsiert er in meinen Shorts. Natürlich würde er sich nur zu gerne in dieses neckische Treiben da drüben einmischen. Aber irgendwie finde ich es sogar spannender, nur Zuschauer zu sein – und zwar keiner, der unbeobachtet als Spanner agiert, sondern einer, der von den Mädels da drüben beinahe dazu genötigt wird.

Jetzt macht sich die Dunkle an Natalias Bikinioberteil zu schaffen. Ihr Blick ist dabei auf mich gerichtet. Wie Natalia weiß sie offensichtlich ganz genau, dass niemand außer mir Einblick hat. Achtlos werfe ich meine Kippe nach unten, ohne meinen Blick auch nur einen Millimeter vom Schauplatz abzuwenden. Was sich dort abspielt, darf ich nämlich auf keinen Fall verpassen: Natalias Brüste sind klein, was normalerweise nicht zu meinen Vorlieben zählt, aber wohlgeformt – was natürlich schon zu meinen Vorlieben zählt. Ihre Gespielin bedeutet ihr aufzustehen und zieht ihr jetzt ohne jegliche Vorwarnung das Höschen nach unten. Ein bisschen fühle ich mich schon wie ein Glotzer, aber ich stehe wie angenagelt da, und nicht mal das FBI würde mich jetzt noch von hier wegbekommen. Und schon gar kein Film – den ich übrigens sowieso auf DVD habe.

Natalia dreht sich einmal um die eigene Achse, sodass ich ihren knackigen Body bewundern kann. So, wie es aussieht, ist das meine ganz eigene Privatvorstellung heute.

Als meine kokette Nachbarin sich dann mit gespreizten Beinen auf der pinkfarbenen Liege in Position begibt, bleibt mir endgültig die Spucke weg. Ihre Gespielin weiß sofort, was sie zu tun hat, und ihr Kopf verschwindet zwischen Natalias Beinen. Wie automatisch wandert meine Hand an meinen Hosenknopf und öffnet ihn. Ich packe meinen Johannes und beginne, ganz langsam zu wichsen. Dabei verfolge ich weiter, was auf der gegenüberliegenden Terrasse passiert. Mittlerweile windet sich Natalia unter den Liebkosungen ihrer Partnerin. Diese lässt daraufhin von ihr ab, wirft mir noch ein herausforderndes Grinsen zu und bearbeitet Natalia weiter mit ihren Fingern. Es dauert nur wenige Augenblicke, bis diese sich mit einem lauten Stöhnen aufbäumt und schließlich wieder laut lachend nach hinten sinkt. Die Dunkle grinst triumphierend. Schade, denke ich, ist jetzt etwa schon alles vorbei?

Nein, ist es nicht. Natalia scheint schnell wieder fit zu sein und bedeutet der anderen, dass jetzt sie an der Reihe ist. Gerecht ist eben gerecht. Also zieht sie ihren hellblauen Bikini aus (ihre Brüste sind wesentlich größer als Natalias, was meine Erregung noch steigert) und legt sich, ebenfalls mit gespreizten Beinen, auf die Liege. Nun ist es Natalias Löwenmähne, die zwischen zwei wohlgeformten Oberschenkeln verschwindet. Marmorkuchen, denke ich – Vanille und Schokolade. Diese Kombination war schon immer außer Konkurrenz.

Meine Hand packt fester zu und bewegt sich schneller vor und zurück. Die beiden können nicht sehen, was ich hier mache, aber bestimmt wissen sie es trotzdem. Schweißtropfen kullern von meiner Stirn, aber gerade stört mich die Hitze nicht – im Gegenteil. Allerdings muss ich aufpassen, keinen Kreislaufkollaps zu bekommen. Das wäre nun wirklich ein denkbar unpassender Zeitpunkt. Außerdem, wie peinlich! Also durchhalten. Die beiden Frauen scheinen das nicht zum ersten Mal zu machen, es wirkt so, als würden sie ganz genau wissen, wie sie es sich gegenseitig am besten besorgen. Denn auch der Körper der Dunklen beginnt recht schnell, immer wilder zu zucken. Sie kommt schließlich, noch bevor ich selbst mit zusammengekniffenen Augen in meine Shorts abspritze.

Als ich die Lider wieder öffne, blicken mir zwei grinsende Gesichter entgegen. Was soll ich jetzt machen? Applaudieren? Jubeln? Daumen hoch? Alles erscheint mir unpassend. Die Ladys kichern und klatschen ab. Was für eine Geste! Nun wirkt es wirklich so, als hätten sie es für mich gemacht. Mann, das war doch jetzt besser als jeder Porno! Ich fühle mich königlich.

Gerade, als ich mir eine postorgiastische Verlegenheitszigarette anzünden will, tritt ein weniger königlicher Geruch in meine Nase. Die Pizza! Auweia, die hatte ich jetzt ganz vergessen …

Baywatch bei Nacht

Hendrik (32), Journalist, Innsbruck,
über Sanne (30), Bürokauffrau, München

Eigentlich hätten wir schon längst nach Hause fahren wollen. Aber das Wetter war einfach zu schön, und so hatten Sanne und ich beschlossen, dass wir einfach noch einen Tag blaumachen wollten. Ein weiterer Tag hier in Süditalien, Sonne, Strand, Meer, Prosecco e Pizza e Amore, das ganze Programm eben. Zweifelsohne besser als ein Bürotag bei tristem Wetter, umgeben von frustrierten Kollegen und Bergen von abzuarbeitenden Unterlagen.

Zwar saß uns ein wenig das schlechte Gewissen im Nacken, aber wir versuchten tunlichst, es zu ignorieren. Wenn man sich Folgendes vor Augen hält, ist ein schlechtes Gewissen beim Blaumachen nämlich schlicht und einfach unangebracht: Erstens einmal lebt man nicht, um zu arbeiten, sondern arbeitet, um zu leben. Zweitens sagt kein Arbeitgeber dieser Welt Danke, wenn man sich laufend zum Affen macht und dann irgendwann im Burnout landet. Im

33

Gegenteil, dann heißt es nämlich: Das war doch absehbar, dass du irgendwann zusammenklappst. Warum hast du dich auch so verausgabt, selber schuld! Warum ich das mit solcher Sicherheit behaupten kann? Weil ich es bereits am eigenen Leib erfahren habe.

Wie auch immer, Sanne und ich hatten uns für den nächsten Tag krankgemeldet, entschlossen uns solidarisch, einen auf unerreichbar zu machen, und schalteten feierlich beide gleichzeitig unsere Handys aus. Was für ein befreiendes Gefühl!

»Ich werf sowieso bald hin und mach etwas, was ich wirklich will!«, verkündete Sanne mit leuchtenden Augen, als wir uns abends in der Pizzeria gegenübersaßen.

An meinen Spaghetti vongole kauend, nickte ich zustimmend. »Was genau das ist, weiß ich zwar noch nicht … aber ich werde es herausfinden. Oder es wird *mich* finden. Da kommt was, ich spür es.«

Sanne, meine Geliebte, beste Freundin, Seelenverwandte. Sie liebte das Träumen, und mit ihr konnte man die besten Luftschlösser des Universums bauen. Seit zwei Jahren waren wir zusammen, und ich genoss jede Minute mit ihr. Ließ mich immer mehr in die geborgene Harmonie dieser Beziehung hineinsinken, wie ich es mich noch nie zuvor getraut hatte.

Sanne war bei Weitem nicht die schönste, klügste, talentierteste, perfekteste Frau, die bis dato meinen Weg gekreuzt hatte. Das war aber auch nichts, was mich störte. Denn sie hatte etwas anderes an sich – etwas, was sämtliche Ängste vor dem Verletztwerden, die mich bei all meinen Freundinnen zuvor so fest im Griff gehabt hatten, nach und nach auslöschte. Sanne besaß etwas ganz Besonderes: ein gutes, warmes, riesengroßes Herz. Ihre aufrichtige Zuneigung umgab meine zuvor so oft gemarterte Seele wie eine große, weiche, schützende Hand. Anders könnte ich es nicht erklären, was ich da fühlte. Ich liebte sie und fühlte mich von ihr geliebt. Ganz einfach. Und ich wollte dieses Gefühl nach Möglichkeit nicht mehr missen.

Aber – wie die meisten Dinge, die nach außen hin so schön klingen, die Sache hatte natürlich auch einen Haken. Wie konnte es anders sein? Es gibt kein Yin ohne ein Yang, kein Licht ohne Dunkel, nichts Gutes ohne etwas Böses. Alles hat zwei Seiten. Besagte zweite Seite unserer Beziehung war die, dass unser Sex grottenschlecht war – gelinde ausgedrückt. So sehr wir uns in der Vertikalen verstanden, so sehr scheiterten wir in der Horizontalen. Das lag weder an ihr noch an mir, sondern daran, dass wir diesbezüglich einfach nicht harmonierten. Nicht, dass ich sie nicht begehrenswert fand, im Gegenteil. Sie hatte ein wahnsinniges »Fahrgestell«, wenn ich das mal typisch männlich ausdrücken darf. Ihr Anblick trieb mir regelmäßig die Schweißperlen auf die Stirn. Und sie fand mich ebenfalls heiß, davon war ich überzeugt.

Nein, vielmehr war es so, dass die unbändigen Funken, die zwischen uns sprühten, jedes Mal verloschen, sobald es zur Sache ging. Es war wie verhext: Sobald wir nackt nebeneinander im Bett lagen, war der Zauber verloren. Immer wieder stoppte sie mich, während wir miteinander schliefen, mittendrin ab, einfach, weil es irgendwie nicht passte. Genauso oft war es aber auch schon passiert, dass ich gar nicht in sie eindringen konnte, weil – so peinlich mir das ist – mir auf dem Weg dorthin mein Ständer schlappgemacht hatte. Das klingt nicht nur frustrierend, es ist es auch. Unser Sex war ein einziges Trauerspiel. Und obwohl uns das beiden bewusst war, wanden wir uns wie aalglatte Würmer darum herum, diese Sache zu thematisieren. Dazu funktionierte sonst alles zu reibungslos. Wir vermieden es mit allen Mitteln, unserer blumig-rosaroten Harmonie einen schwarzen Fleck zu verpassen. Und legten deshalb einen undurchdringlichen Mantel des Schweigens über das Thema Sex.

Klar, dass jegliche sexuelle Aktionen dadurch auch immer weniger wurden. Und natürlich war ich es mittlerweile ein wenig leid, ständig auf »Handbetrieb« angewiesen zu sein, um meiner Libido gerecht zu werden. Aber ich hoffte; bläute mir Tag für Tag aufs

Neue ein, dass eines Tages alles anders sein würde. Dass wir gemeinsam durch die Betten turnen würden wie die Wilden.

»Prost, Peter! … Peter?« Erwartungsvoll guckte mich Sanne an, ihr Glas in meine Richtung gestreckt.

»Oh, tut mir leid, Baby. Ich war in Gedanken. Prost. Auf uns!«, entgegnete ich. Und dachte bei mir: Und darauf, dass wir irgendwann so was wie ein Sexleben haben. Bitte, Gott oder Universum oder was auch immer da draußen ist, hilf uns verdammt noch mal in die Kiste, das kann doch nicht so schwer sein! »Du bist so hübsch.«

Das war sie wirklich, wie sie da saß, zierlich und mit den braunen Locken. Keine makellose Schönheit, aber lieblich und anmutig.

»Danke, Peter – du machst mich ganz verlegen. Was meinst du, was sollen wir heute noch machen? Es wäre warm genug für einen Strandspaziergang oder so.«

Ich fand es zwar nicht sonderlich warm, und eigentlich zog es mich schon in Richtung warmes Bett – aber Sanne einen Wunsch abzuschlagen, das schaffte ich aus Prinzip nicht.

Und der Spaziergang war es dann auch allemal wert. Der Sand unter unseren Füßen war noch angenehm warm, und die salzige Brise, die durch unsere Haare wehte, roch nach Sommer und Freiheit. Einer Freiheit, die man zu Hause, eingebunden in Job und Alltag, niemals in dieser Intensität fühlen konnte. Ich sinnierte gerade darüber, was ich tun konnte, um meinem, oder besser gesagt unserem, öden täglichen Leben mehr Qualität zu verleihen, als mich Sanne wiederum aus meinen Gedanken riss: »Wollen wir heute noch etwas Verrücktes machen?«

Ich war verwirrt. Musste erst einmal zurück in den Moment kommen. Das Meer rauschte leise. Meine Freundin war stehen geblieben und grinste mich verwegen an. Ihre Augen blitzten im Licht des Vollmondes. Und da waren sie wieder, diese Funken, die ich so gut kannte, denen ich aber nicht mehr vertrauen konnte. Wollte sie jetzt mit mir schlafen? Würde es wieder schiefgehen? Was, wenn ich wieder schlappmachte? Oder sie wieder mittendrin abbrach? Das Gedankenkarussell in meinem Schädel machte sich selbstständig. Nicht normal, denn im Prinzip funktionieren Männergehirne bei der Aussicht auf Sex eher nach der »On-off«-Manier. Für sorgenvolle Gedanken ist da üblicherweise kein Platz.

»Ich wollte schon immer auf einem Rettungsschwimmer-Turm gefickt werden.«

Öhm. Was. Hatte. Sie. Da. Gerade. Gesagt? Ich musste mich verhört haben.

»Du hast schon richtig verstanden.«

Ich stand wohl ziemlich unter Schock, denn sogar mein Gedankenkarussell hatte sich entschieden, eine Pause einzulegen.

»Komm.« Sanne nahm meine Hand und zog mich ein paar Meter weiter zu dem Turm, den ich bislang gar nicht wahrgenommen hatte. Er war aus Holz, weiß lackiert, und am Dach prangte ein Schild mit der Aufschrift »Salvataggio«.

Rund 20 Sprossen führten auf den Turm. Sie knarrten, als wir ihn erklommen. Ich schnaufte, was aber, glaube ich, nicht an der Anstrengung lag, sondern an der Situation, der ich da gerade hilflos ausgeliefert war. Sanne lehnte sich mit dem Rücken an die Wand des Turms. Ernst sah sie mich an. Und plötzlich fasste sie sich an ihr Kleid und riss es mit einem Ruck auseinander. Wie sich herausstellte, trug sie keinen BH. Ihre Nippel reckten sich mir im hellen Vollmondlicht neckisch entgegen. Das klingt jetzt nach billigem Groschenroman, aber so war es.

Ich hatte einen Ständer. Die Funken flogen also noch. Aber wie lange noch? Haltet die Klappe, ihr verdammten Gedanken … Peter wird die Schäfchen jetzt ins Trockene bringen … oder vielmehr ins Feuchte, ha ha!

»Fick mich.«

Noch nie hatte ich solche Worte aus Sannes Mund vernommen. Sie wirkte auch auf einmal ganz anders, so, als wäre sie nicht sie selbst. Mir gefiel das aber, und meinem Schwanz gefiel es auch. Also, ich ließ mich nicht zweimal bitten …

Als mein Schwanz den Weg in sie fand, fühlte es sich an, als würde ich explodieren. Sanne stöhnte nur leise, aber ich spürte, wie sie es genoss. Ich kann nicht sagen, wie lange wir da knutschten und uns bewegten, dann wieder stillhielten, dann wieder Gas gaben, dann wieder still wurden. Irgendwann konnte ich mich nicht mehr halten und kam. Mein ganzer Körper zuckte. Sanne hielt mich fest umklammert. Nach ein paar Minuten des Verharrens rutschte mein bestes Stück aus ihr heraus. Trotzdem fühlte ich mich immer noch irgendwie geil. Und ich spürte, dass auch meine Freundin noch erregt atmete. Ich drückte sie gegen die Wand und ging vor ihr auf die Knie. Ließ meine Zunge kreisen und wartete, bis auch sie zuckend den Höhepunkt erreichte. Sanne sank zu mir auf den Boden, ich nahm sie in den Arm und so lehnten wir da, erschöpft, entspannt, glücklich. Das war Sex, aber das war auch Liebe, so wie ich sie noch nie gespürt hatte. Worte waren keine mehr nötig in dieser Nacht.

Ein paar Stunden später wachte ich erschrocken auf. Oh nein, wir waren hier eingepennt! Ich mit halb heruntergelassenen Hosen, Sanne mit ihrem zerrissenen Kleid. Es dämmerte bereits ein wenig.

»Baby, Baby! Wach auf!« Ich schüttelte sie, bis sie verwirrt die Augen öffnete. »Wir müssen weg, bevor es richtig hell wird!«

Und so kletterten wir wieder nach unten, ich half Sanne, die ihr Kleid notdürftig mit einer Hand zusammenhielt, um nicht völlig im Freien dazustehen. Da es gerade erst dämmerte, war auf den Straßen zum Glück noch nichts los, und wir blieben auf dem Weg zu unserem Hotel weitgehend unentdeckt. Am Portier schummelten wir uns engumschlungen vorbei.

Ich weiß nicht, woran es lag – aber obwohl Sanne und ich das erste Mal so richtig geil und hemmungslos gevögelt hatten, war der Zauber da bereits wieder verflogen. Wir verloren auch diesmal kein Wort darüber. Es gab auch keine Wiederholung, vielmehr gab es nach dieser Nacht überhaupt keine sexuelle Annäherung mehr zwischen Sanne und mir.

Es war, als hätten wir uns mit der Baywatch-Turm-Geschichte noch einmal heftig gegen etwas aufgebäumt, was leider unaufhaltsam auf uns zurollte: das Ende unserer gemeinsamen Zeit. Zwei Monate später trennten wir uns nämlich. Unter vielen Tränen, aber trotzdem gänzlich im Guten. Was hätten wir uns auch vorwerfen sollen? Dass wir uns vielleicht zu nahe gewesen waren, um guten Sex haben zu können? Dass wir uns zu sehr geliebt hatten, um das Rein-raus-Spiel zu spielen?

Ich rede mir bis heute ein, dass es genau so gewesen ist. Es muss einfach so gewesen sein. Und deshalb denke ich auch immer noch – trotz meiner neuen Beziehung, die ganz und gar nicht schlecht ist – wehmütig an Sanne zurück. Jeden einzelnen Tag.

5

Blackout

Christoph (29), Künstler, Wien,
über Vero (26), Tischlerin, Salzburg

Mann, ist mir schlecht. Und mein Schädel dröhnt. Irgendwie bin ich auch hungrig. Meine Nase ist in die Matratze gepresst. Tut ganz schön weh. Ich sollte mich aus dieser Position befreien. Umständlich drehe ich mich auf den Rücken.

Alles dauert dreimal so lang wie sonst. Mies, richtig mies ist das. In der Wand am Fußende meines Bettes befindet sich ein doppeltes Fenster. Davor tummeln sich Schneeflocken. Ich sehe ihnen konzentriert zu, und dabei beginnen sogar meine Augen zu schmerzen. Dann fällt mir auf: Es ist schon hell. Wann bin ich das letzte Mal aufgestanden, als es schon so hell war? Irgendetwas stimmt da nicht.

Herrje, ich muss doch arbeiten gehen!, schießt es mir durch den Kopf. Mist! Warum ist der verdammte Wecker nicht angegangen?

Mal wieder kein Verlass auf die Technik! Ich schwinge die Beine aus dem Bett und kippe dabei fast ganz raus.

Plötzlich bewegt sich links von mir etwas im Bett. Ein blonder Wuschelkopf taucht unter der Decke auf. Der Schreck fährt mir in alle Glieder. Der Wuschelkopf gibt stöhnende Geräusche von sich, und jetzt kommt auch das zum Kopf gehörige sommersprossige Gesicht mit braunen Augen zum Vorschein. Der Nebel lichtet sich ein bisschen.

»Ich muss arbeiten gehen!«, rufe ich panisch.

»Christoph. Ganz ruhig. Es ist Sonntag«, murmelt die Frau, deren Name mir im selben Moment wieder einfällt: Vero.

Ich halte inne. Sie hat recht. Gestern war Samstag, dann muss heute logischerweise Sonntag sein. Beeindruckt recke ich einen Daumen in die Höhe. Die Frau in meinem Bett zieht eine Grimasse, die ich nicht deuten kann. Dann schlägt sie die Decke zur Seite und gibt den Blick auf ihren nackten Körper frei. Zu der Erinnerung an ihren Namen gesellen sich Schlag auf Schlag weitere Bilder. Während ich wie bestellt und nicht abgeholt neben dem Bett stehe, hat sie sich schon angezogen.

»Ich bin dann mal weg, mein Auto steht im Parkverbot«, meint sie, drückt mir einen Kuss auf die Wange und ist dann wirklich einfach weg. Das geht mir alles zu schnell, da kommen meine Gehirnwindungen noch nicht mit heute. Erst mal einen Kaffee.

Ich sitze an dem kleinen Holztisch in meiner – zugegeben – ziemlich schäbigen Küche und picke die Erinnerungs-Puzzleteilchen vom Vorabend zusammen, versuche, sie in meinem Gedächtnis chronologisch zu ordnen. Mir geht es immer noch nicht besser. Die Vitamin-Brausetablette sprudelt in dem Wasserglas vor sich hin. Als sie sich aufgelöst hat, trinke ich das prickelnde Zeug in einem Zug. Das muss helfen. Habe ich eigentlich Veros Nummer? Ich glaube nicht. Ich weiß es nicht. Dieses Puzzleteilchen fehlt noch.

»Vero ist Tischlerin«, hatte mir Gerhard gestern verraten. Das hatte mich beeindruckt.

»Woher kennst du sie?«, wollte ich sofort wissen.

»Von meiner abgebrochenen Tischlerlehre«, erwiderte er. Gerhard ist Maler, also bildender Künstler, genau wie ich, und wir feierten unsere erste offizielle Vernissage. Für jemanden wie uns, der fast nur von Brot und Wasser lebt, um seinen Traum zu verwirklichen – nämlich, als ernstgenommener Künstler zu leben –, war das ein Meilenstein. Ich male schon, seit ich acht Jahre alt war. Zur Zeit beschäftige ich mich mit abstrakter Malerei. Im Gegensatz zu vielen anderen mit künstlerischen Ambitionen wurde ich von meinen Eltern immer unterstützt in dem, was ich mache – nicht finanziell, das konnten sie sich nicht leisten, aber sie standen immer hinter mir und haben auch nie versucht, mir meine Leidenschaft auszureden. Klar, als Künstler wird man auch schnell mal belächelt. Man ist beliebte Zielscheibe für Sticheleien à la: »Der soll lieber was Gescheites lernen, anstatt dem Staat auf der Tasche zu liegen.« Wer hört so etwas schon gerne? Aber das ist jetzt auch nicht Thema. Wie gesagt, wer es so weit geschafft hat, dass seine Bilder in einer Galerie ausgestellt werden, der gilt in unseren Kreisen als Glückspilz.

»Die würde ich sofort mit nach Hause nehmen«, meinte ich. Eine Tischlerin, und das, obwohl sie so aussah, als wöge sie keine 50 Kilo. Ich konnte mir diese zarte Person kaum an einem Hobeltisch vorstellen.

»Ist zurzeit auch Single«, verriet Gerhard mir. »Soviel ich weiß jedenfalls.«

Das war zwar eine gute Nachricht, aber ich schätzte meine Chancen trotzdem nicht gut ein. Denn Vero war von drei Männern umzingelt, die sie alle unverblümt anbrieten. Und ich bin keiner, der sich gut gegen Konkurrenz behaupten kann. Die drei waren auch wesentlich größer als ich und sahen aus, als würden sie ihre Feierabende sämtlich im Fitnesstempel verbringen. Einer, er hatte Oberarme wie ein Möbelpacker, legte gerade den Arm um mein Objekt der Begierde. Ich beschloss, dass ich mir die Mühe sparen konnte, und schwirrte ab. Lieber würde ich etwaigen Interessenten die Bedeutung meiner Bilder näherbringen.

»Und was soll dieses Bild ausdrücken?«, ertönte es auf einmal neben mir. Uff! Sie! Es dauerte etwas, bis ich meine Stimme wiederfand.

»Die Tristesse eines Malers, der sich in seiner Profession gefangen sieht, die vielleicht die einzige Liebe seines Lebens bleiben wird.« Ich klopfte mir innerlich auf die Schulter für diesen philosophisch formulierten Satz.

»Aha. Ziemlich schwer zu erkennen in dem ganzen bunten Trara drumherum.« Trara! Was die sich traute. Sie kräuselte ihre sommersprossige Stupsnase. Ich verguckte mich auf der Stelle in sie und konnte nichts entgegnen, geschweige denn ihr böse sein.

Vero, die Tischlerin, und ich landeten schließlich auf einer Parkbank. Ich fröstelte, ihr aber schien die Kälte nichts auszumachen. Ich hielt durch, schließlich gab es mit dieser Frau eventuell noch etwas zu erleben. Obwohl sie mit Kunst nicht viel am Hut hatte, wie sie es mir ja gerade ganz offen vor den Latz geknallt hatte, war sie genau mein Fall. Sie trank keinen Alkohol und ernährte sich vegetarisch, genau wie ich. Zwei Dinge, für die sie sofort Pluspunkte bei mir sammelte. Ganz abgesehen davon, dass sie komplett authentisch und sexy rüberkam, was durch ihr süßes Aussehen noch potenziert wurde.

»Sag mal, ich will dir ja nicht zu nahe treten – aber hast du vielleicht was zum Rauchen da?«, fragte sie irgendwann schüchtern.

Ja, hatte ich. Irgendein Laster hat doch jeder. Und meins war zurzeit das Kiffen. Ich nickte und fischte meine kleine Metalldose mit dem Stoff aus meiner Jackentasche.

»Da bin ich aber beruhigt, dass ich jetzt nicht als Drogentante dastehe.« Genüsslich zog sie am Joint und reichte ihn mir weiter. Es war neues Zeug, das ich von Joschi bekommen hatte. Er hatte mich gewarnt, dass der Stoff stark und mit Vorsicht zu genießen sei. Schon nach wenigen Zügen kugelten wir uns vor Lachen.

»Ich habe Hunger«, verkündete Vero gedehnt, nachdem unsere Lachorgie langsam abflaute. Die berühmte kiffbedingte Fressgier.

»Da gibt es einen geilen Imbissladen um die Ecke, der sollte noch offen haben«, sagte ich und führte sie dorthin. Es war bereits stockdunkel, und ein paarmal knallten wir fast hin. Dann setzten wir uns mit unserer Beute auf eine Gehsteigkante. Vero stopfte ihre Pommes frites hastig in sich rein; das war so süß, dass ich sie am liebsten als Ganzes aufgefressen hätte.

»Musst du nicht heute noch nach Hause fahren?«, fragte ich schließlich, da ich ja bereits wusste, dass sie nicht aus der Stadt war.

»Ich hatte eigentlich vor, im Auto zu schlafen«, verriet sie mir.

»Bei dieser Kälte?«, fragte ich entsetzt.

Sie zuckte nur mit den Schultern. Damit war mir klar, dass wir die Nacht gemeinsam verbringen würden. Und tatsächlich landeten wir in meiner Bude.

»Schön hier«, kommentierte sie, nachdem sie einen wankenden Streifzug durch die Wohnung unternommen hatte.

Ich lachte kurz bitter auf, denn mir war sehr wohl bewusst, dass sie das nur der Höflichkeit wegen gesagt hatte. Meine Wohnung war bereits bei meinem Einzug ein Loch gewesen (ohne jede Übertreibung) – und das hatte sich bis heute nicht geändert. Vero betrachtete die Bilder in meinem kleinen Atelier.

»Noch mehr Farbkleckse. So viele Farben«, bemerkte sie mit schwerer Zunge. Der Stoff tat seine Wirkung. Aber sie hatte offensichtlich noch nicht genug. »Hast du noch was da?«

Wir gingen auf den Balkon und ich drehte noch ein Teil. Im fahlen Licht der Außenlampe konnte ich erkennen, dass ihre Augen schon rote Ränder hatten. Eine Nebenwirkung des Marihuanas. Wir saßen in zwei Decken gehüllt da, zogen gierig an der Tüte, lachten wieder eine Runde und fingen dann, in der Phase des Ruhigerwerdens, an, uns gegenseitig die Welt zu erklären. Hätte irgendjemand uns zugehört, er hätte uns für komplett wahnsinnig erklärt – wir wiederum fanden unser Gespräch hochphilosophisch.

Schließlich kamen wir über Umwege auf das Thema Sex zu sprechen. Ich wurde dabei ganz wuschig.

»Wenn Sex auch für Frauen nur reine Triebbefriedigung wäre, was würdest du davon halten?«, warf Vero schließlich in den Raum.

Ich überlegte gründlich und fügte mir dann aus einzelnen Gedankenbruchteilen eine Antwort zusammen: »Das würde die Welt besser machen. Viele Probleme, wie Beziehungsdramen, würde es dann nicht mehr geben. Im Grunde genommen sind wir doch alle nur Tiere.«

Vero bekam einen Lachanfall. Schließlich meinte sie: »Gut, für mich ist es heute so. Reine Triebbefriedigung. Sonst nichts. Hast du überhaupt schon einmal bekifft gevögelt?«

Wieder musste ich nachdenken, und währenddessen überlegte ich schon, wo wir es treiben sollten. »Nein, hab ich nicht.«

Das sollte sich in dieser Nacht ändern. Wir landeten in meinem Schlafzimmer, das meiner Meinung nach den einzigen einigermaßen herzeigbaren Raum in meiner Wohnung darstellt. Ich schälte sie aus ihre Klamotten, zog ihr die Stiefel aus und mir selbst die engen Jeans von den Beinen. Sie zerrte an meinem Pulli, und schließlich waren wir beide nackt. Ich hatte jegliches Zeitgefühl verloren, alles passierte irgendwie so langsam, und doch rasten die Sekunden. Bei jeder zu schnellen Bewegung wurde mir schwindlig, aber die Geilheit, die ich verspürte, war eine andere als im unbekifften Zustand. Ich dachte noch an das Kondom und fand eines im Kästchen neben dem Bett.

»Erdbeere«, erklärte ich, und Vero lachte auf.

»Ich mag Erdbeeren. Sooo gerne.« Sie riss mich über sich und dirigierte mein Ding zwischen ihre Beine. »Noch nicht, lassen wir uns Zeit«, sprach sie betont langsam und sah mich aus schläfrigen Augen an.

Ich wartete also vor dem Eingang und hielt inne.

»Nur ein bisschen«, meinte sie dann und ich schob mich zentimeterweise in sie.

Sie schien völlig in Trance zu sein. Auch mir wurde immer schwummriger, aber es war nicht unangenehm. Ich hatte Gedanken, die ich sonst beim Sex nicht hatte. Gedanken an Bilder, Farben, die sich auf ihrem Bauch ausbreiteten. Ich verschmierte die imaginäre Farbe auf ihren Brüsten, malte rote Kreise rund um die Nippel herum, während ich wie in Zeitlupe immer weiter in sie eindrang. Sie zog mich an den Haaren heran, um mich zu küssen, und in meinem Kopf explodierten die Farben.

»Wie heißt du noch mal?«, fragte sie, als wir unsere Lippen atemlos voneinander lösten.

»Christoph … Chris …toph«, stöhnte ich langsam und stieß zweimal zu. Ein warmer Schauer lief mir über den Rücken. In meinem Kopf formte sich ein Satz: Das Zeug kann nicht normal sein.

Vero schien komplett weggetreten, sie lallte irgendetwas, was ich schließlich als »Mach weiter, mach bitte weiter« identifizierte.

Das tat ich, und stimulierte sie dabei noch mit meiner Hand. Auf einmal bemerkte ich, dass ich so sehr neben mir stand, als wäre ich ein Außenstehender, der uns beim Vögeln beobachtete. Ich sah unsere verschlungenen Körper vom Sessel neben meinem Schrank aus und war doch irgendwie zugleich im Bett. Eine irre Erfahrung. Das machte mich so sehr an, dass ich augenblicklich kam. Es tat mir leid für Vero, ich hätte es ihr gerne besser besorgt. Aber als ich mich etwas gefangen hatte und mich entschuldigen wollte, war sie bereits eingeschlafen. Ich deckte sie zu und strich ihr über die blonden Locken. Was für eine schöne Frau.

»Irre. Irre, irre, irre«, sagte ich dabei immer wieder vor mich hin. Etwas anderes fiel mir nicht mehr ein. Toll. Ich führte Selbstgespräche. Dann legte ich mich hin und knipste das Licht aus. Ich muss Joschi morgen fragen, was das für ein Höllenzeug ist. Ich glaube, das war mein letzter Gedanke, bevor ich einschlief.

6

Cybersexy

Don (28), Makler,
über Sophia (28), Studentin,
beide Düsseldorf

Ich langweile mich gerade fürchterlich. Draußen schüttet es seit Tagen wie aus Kübeln und ich bin hier auf einem Weiterbildungs-Seminar. An einem Ort, an dem sich Fuchs und Hase Gute Nacht sagen. Es gibt nichts außer dem Hotel, und hier ist tote Hose, weil Nebensaison. Ich bin auch der Einzige, der aus meinem Büro hier ist. Die anderen haben offensichtlich schon gewusst, warum sie sich diese Fortbildung ersparen. Der Vortragende schafft es, mich schon nach wenigen Worten in einen Dämmerzustand zu versetzen. Vielleicht sollte er sich mal als Hypnotiseur versuchen, ich bin mir sicher, er wäre talentiert.

Wenigstens bekomme ich die vier Tage bezahlt, wäre ja noch schöner. Und das Essen hier ist auch ganz gut, heute Abend gab es Antipasti, Steak mit Bratkartoffeln, Salat und Crème Brulée.

Und dazu einen guten Roten. Das war lecker, aber jetzt? Auf den Wellness-Bereich habe ich keine Lust. Schwitzen, Schwimmen, Massiertwerden, pah – dem kann ich nichts abgewinnen. Verdammt, ich will nicht schon wieder fernsehen. Der Regen prasselt ans Fenster. Ich seufze, klappe meinen Rechner auf, logge mich ins W-Lan ein und sehe, dass meine Freundin Sophia online ist.

»Hey Babe, schon zu Hause? Kuss :-*«

»Hey Süßer! Ja, gerade eben heimgekommen. Die Vorlesungen heute waren grauenhaft. Und die Prüfung nächste Woche kann ich, glaub ich, verschieben.«

»Warum?«

»Komme nicht zum Lernen. Tine hat solchen Stress mit Mark, ich kann fast jeden Abend Babysitter spielen :-) Du weißt schon, mit Prosecco en masse … kennst sie ja.«

»Klingt jedenfalls nicht nach Babysitten :-D«

»Ach … egal. Ich hab ihr jedenfalls versprochen, auch heute noch mal vorbeizuschauen. Miss you übrigens!!!«

»Vermisse dich auch!«

»Wie war denn dein Tag? Sorry, dass ich noch nicht gefragt habe. Wie unhöflich von mir. Mein Kopf ist zurzeit so überladen mit anderen Dingen …«

»Kein Prob. War öde wie immer. Hier regnets wie Sau. Ich langweile mich zu Tode. Aber nur noch zwei Tage, dann bin ich wieder daheim.«

»Freu mich drauf :-)«

»Ich ebenso :-)«

»Bist du noch länger online? Ich muss mir mal kurz was zu essen machen. Könnte ein ganzes Pferd verschlingen.«

»Mach das, Baby. Ich surf derweil ein wenig herum.«

Eigentlich müsste ich mich ja auf den Vortrag vorbereiten, den ich nächste Woche in der Firma halten muss. Es geht dabei um ein wichtiges Umstrukturierungsprojekt, für das mein Chef gerne ein Konzept von mir hätte. Obwohl ich die Thematik interessant finde, habe ich mich bis jetzt noch keine Minute mit der Präsentation dazu beschäftigt. Ich öffne Power Point und spiele ein wenig mit den Vorlagen herum, frage mich, welche Leute ihre Präsentation wohl heutzutage noch mit geschmacklosen Hintergrundbildern verschandeln, ärgere mich dann aber so über die kitschigen Sonnenuntergänge und Strandaufnahmen, dass ich das Programm gleich wieder schließe. Dann schalte ich das Radio ein und ärgere mich stattdessen lieber über das grauenhafte Gejaule von irgendsoeinem voll angesagten R&B-Sänger. Wie viele Frauen diesen Stümper wohl wegen seiner pseudo-gefühlvollen Texte anschmachten und ihm diesen kranken Scheiß auch noch abnehmen? Ich wette, in Wirklichkeit ist dieser Typ ein Arschloch ohne Eier, der den ganzen Tag vor sich hin popelt und Frauen wie Dreck behandelt. So.

Ja, es stimmt, ich bin heute sehr launisch. Aber wer bei diesem Wetter und meinem Tagesprogramm in der Pampa festsitzt und sich das auch noch selbst ausgesucht hat, darf launisch sein. Gleich werfe ich mit der Fernbedienung nach dem scheppernden Radio, ich schwörs!

»So, meine Makkaroni mit Käse sind fertig, jam jam!«

»Sehr gut, Süße. Halte mich bitte davon ab, ein Attentat zu begehen.«

»Wieso das?«

»Ach, vergiss es.«

»Gut, wie du willst. Ich frage nicht weiter nach.«

»Ist auch besser so.«

»Trink doch ein Gläschen gegen deine miese Laune, Schatz.«

»DAS ist es! Danke, Süße. Bin mal kurz an der Hotelbar. See you!«

Ich hechte förmlich die Treppe hinunter und stoße dabei fast jemanden um, der gerade auf dem Weg nach oben ist. Hey – das muss der einzige Gast außer mir sein! Vielleicht sollte ich mich mit ihm anfreunden? Den Gedanken verwerfe ich allerdings wieder, als ich im Halbdunkeln einen bösen Blick ernte. Lieber nicht, der Typ sieht aus wie Kater Karlo. Deshalb lächle ich nur entschuldigend und arbeite mich weiter vor zur Bar.

»Einen guten Roten hätte ich gerne, bitte schön. Am liebsten den, den's heute zum Abendessen gegeben hat.« Der Barmensch reicht mir wortlos eine Flasche, ich inspiziere das Etikett und nicke. »Bitte schreiben Sie's auf Zimmer 22.«

»Wieder da. Der Bardolino ist offen.«

»Och schade, und ich nicht dabei ;-) Lass es dir schmecken.«

»Alle Achtung, das Zeug ist gut. Ayayayyyyyyyyyyyyyy!«

»Prösterchen :-D Ich geh mal kurz eine rauchen.«

»Nicht doch, bleib da, Süße! Mir ist doch so fad …«

Es dauert ewig, bis sie wiederkommt. Ich könnte eigentlich auch eine rauchen gehen, aber wenn ich nach draußen sehe, bezweifle ich, dass ich irgendwo ein trockenes Plätzchen finde, wo eine Zigarette brennen würde. Das Hotel ist natürlich ein Nichtraucherschuppen. Außerdem wollte ich die Kippen doch ohnehin sein lassen. Ich seufze. Einstweilen habe ich schon das dritte Glas in Arbeit. Hach, Sophia ist schon eine tolle Frau, und ich glaube, ich habe noch nie eine Freundin so vermisst. Ist das gut? Ja, wahrscheinlich.

Pling! Endlich – da, das Chatfenster ploppt wieder auf.

»So, die Lunge ist verpestet und ich bin wieder auf Stellung. Hab ich eigentlich erwähnt, dass ich heute noch zu Tine sollte?«

»Ja, aber … dein Liebster braucht doch eine Beschäftigung!«

»Das ist jetzt die Mitleidstour, die kenne ich schon :-)«

»Ertappt!«

»Jup.«

»Sophia?«

»Jaaaaaaaaa?«

»Ich muss dich was fragen.«

»Nur zu.«

»Ich trau mich nicht.«

»?«

»Okay … was hast du an?«

»Blödmann!«

»Ich meine es ernst.«

»Okay. Wenn du's genau wissen willst: Gerade nur Höschen und BH, weil ich eigentlich noch duschen wollte, bevor ich zu Tine fahre.«

»Auweia.«

»Was?«

»Ich stelle mir gerade vor, wie du nur in deiner Unterwäsche am Schreibtisch sitzt …«

»:-)«

»Was für Unterwäsche ist es?«

»Ein schwarz-weinroter BH und schwarze Spitzen-French-Knickers, falls du dir darunter etwas vorstellen kannst (was ich ehrlich gesagt bezweifle :-))«

»Du bist gemein :-) French what? Nö, okay, ich geb's zu – ich hab keine Ahnung. Allerdings kann ich mir deinen geilen Arsch in jeder Unterwäsche vorstellen.«

»Don? Was hast du da gerade vor? Sag bloß nicht …«

»Wieso nicht?«

»Ach … ich weiß nicht.«

»Ich sitze hier einsam in einem Hotelzimmer und bin meilenweit von dir entfernt …«

»:-P«

»So, jetzt werde ich aufstehen und mir meine Hose ausziehen. Und das T-Shirt auch.«

»Was hast du an?«

»Noch schwarze Boxershorts. Falls du dir etwas drunter vorstellen kannst :-D«

»Ich kann mir deinen geilen Körper in allem vorstellen. Und natürlich weiß ich, was Boxershorts sind.«

»Sie haben vorne schon 'ne ganz schöne Beule.«

»Aaaaah … wovon kommt das?«

»Ich glaube, meinem Schwanz gefällt die Vorstellung, dass da am anderen Ende der Leitung eine rattenscharfe Lady in heißer Unterwäsche sitzt.«

»Pfuh, Schatz … du machst mich verlegen. Ich weiß nicht, ob ich das gut finde ;-)«

»Ich find's gut. Ich würde mal kurz auf Videotelefonie umschalten, was hältst du davon?«

»Gut. Machen wir das.«

Ich lege mich aufs Bett und das Notebook neben mich. Dann rufe ich an und warte, bis sich Sophias Bild langsam aus Pixeln aufbaut. Schließlich habe ich sie ganz vor mir, nicht in HD, aber immerhin so, dass ich weiß, dass sie es ist. Im Hintergrund kann ich unser Schlafzimmer erkennen. Sie hat sich also auch aufs Bett gelegt. Sie grinst mich an und winkt.

»Hörst du mich?«

»Ja.«

»Ich seh dich nur ganz schlecht …«

»Macht nichts. Ich denke, ich könnte ihn jetzt mal rausholen …«

»Oh Mann …«

»Ich fange jetzt ganz langsam an zu wichsen. Dabei stelle ich mir vor, wie du deine Hand in deinem Höschen verschwinden lässt.«

»Ich versuche es. Ich glaube, da ist es schon ganz feucht.«

»Verdammt, Sophia …«

»Was soll ich jetzt tun?«

»Steck dir einen Finger in die Pussy.«

»Okay, ich mach's.«

»Wie fühlt es sich an?«

»So, als wär's deiner. Ich lasse ihn langsam am Eingang kreisen, so wie du das immer machst.«

Mein Puls rast, ich nehme mein Weinglas vom Tisch und gieße mir einen Riesenschluck in die Kehle. Ich bin heiß, ich kommuniziere mit ihr, aber ich kann sie nicht anfassen, sondern nur zusehen. Wie schräg die Situation doch ist.

»Rück doch mal den Rechner so hin, dass ich es sehen kann.«

»Was sehen?«

»Deine Hand in deinem Höschen.«

Ihr Kopf verschwindet, der Bildschirm zeigt kurz ihre Brüste in besagtem BH, dann ihren flachen Bauch, dann das gewünschte Bild. Das ist gerade besser als jeder Porno. Interaktiv, aber nur bis zu einem gewissen Grad.

»Zieh es aus.«

Ich sehe, wie sie sich das schwarze Spitzending nach unten schiebt. Nun habe ich ihre Scham in Großaufnahme vor mir. Meine Hand reibt meinen Schwanz.

»Ich würde gerne sehen, wie du dich selber streichelst.«

»Gut, kannst du haben. Aber nur, wenn ich bei dir auch zusehen darf.«

Kurz bin ich beschämt, dann rücke ich die Kamera des Notebooks so, dass ihr Fokus auf meinem Unterleib liegt. In einem kleinen Bild links unten kann ich das Bild sehen, das Sophie jetzt von mir gesendet bekommt. Meine Hand in Arbeit. Darüber in groß die weiße Haut ihres Venushügels. Dieser kombinierte Anblick von ihr und mir erregt mich zusätzlich.

»Ich bin so geil, Sophie.«

»Ich auch. Reib deinen Schwanz schneller.«

»Oh, nein, ich kann nicht, dann komme ich.«

Ihr Finger verschwindet zwischen ihren hellen Schamlippen und sie beginnt, ihn auf und ab zu bewegen.

»Ja, zeig mir, wie du es dir selber machst.«

Sie stöhnt leise auf. Ohne, dass ich es will, werden auch meine Handbewegungen wieder schneller. Ich muss aufpassen, ich will nicht, dass dieser Live-Porno jetzt schon vorbei ist.

»Stell dir vor, du würdest dich jetzt hinter mich legen und dein Ding ganz langsam in mich reinstecken.«

Die Vorstellung macht mich schier verrückt. Vor meinem inneren Auge sehe ich, wie ich ihr einen leichten Klaps auf den Hintern gebe. Ein Gedanke, der mich richtig anmacht, ich bin mir aber nicht sicher, ob ihr das nicht zu viel wäre. Dann sage ich es doch. Sie kichert kurz auf.

»Dann würdest du mich von hinten umfassen und deine Hände über meinen Bauch zu den Brüsten raufwandern lassen.«

Ich stelle mir vor, dass ich ihre Nippel zwischen die Fingerspitzen nehme und leicht drücke. Dann lenke ich meinen Blick wieder auf das Display und sehe, wie sich ihre Finger (mittlerweile sind es zwei) an ihrer Muschi immer schneller bewegen.

»Ich … ich komme«, stößt sie gepresst heraus. Schnaufend beobachte ich, wie ihr Becken nach hinten sinkt. Jetzt kann ich auch nicht mehr. Wie in Schallgeschwindigkeit schieße ich auf meinen Orgasmus zu. Erlöst sinke ich zur Seite. Wir sind noch connected. Ich richte mich auf und bin der Erste, der wieder Worte findet.

»Das … das war unglaublich«, sage ich zu Sophies Becken, das noch immer weißhäutig den Bildschirm einnimmt. Ihre Hand ruht auf dem Schambein, ihr Unterbauch bewegt sich im Rhythmus ihres Atems sanft auf und ab. »Sophie?«

Sie setzt sich aufs Bett und richtet die Kamera wieder auf ihr Gesicht. Es ist gerötet.

»Ja … das war wirklich unglaublich«, lacht sie. Ich greife mir mein Glas und proste ihr zu.

»Arsch. Ich hab nix!«, protestiert sie grinsend.

»Ja, wenn du hier sein könntest …«

»Wer will schon in einem Hotel in der Pampa sein?«, scherzt sie.

»Aber zum Glück bist du ja in zwei Tagen wieder daheim.«

»Stimmt. Und dann kannst du dir sicher sein, dass ich dich so was von nehmen werde! Inklusive Klaps auf den Hintern. Aber dann real.« Sie errötet noch mehr, hebt aber den Daumen.

»Mach das, Süßer. Und, bist du jetzt entspannter als vorhin?«

»Da kannst du Gift drauf nehmen.«

»Sehr gut. Dann gehen wir jetzt am besten beide schlafen.«

»Und Tines Liebeskummer?«

»Och, der ist bestimmt immer noch schlimm, aber trotzdem muss er heute mal Pause machen. Wär wohl nicht so förderlich, wenn ich ihr erzähle, was ich gerade erlebt habe …«

7

Dem Schlamm sei Dank

Julian (24), Student, Graz,
über Emily (22), Studentin,
Eisenstadt

Die Bässe wummerten aus den Boxen und das Partyzelt zuckte im blitzenden Stroboskoplicht. Es war schwer, in der tanzenden Menschenmenge einzelne Gesichter auszumachen. Seit mindestens einer halben Stunde war ich bereits auf der Suche nach Emily – bislang leider erfolglos. Es roch nach Schweiß, Zigaretten und Alkohol, die feuchte Hitze machte das Atmen schwer. Aus Angst, zu dehydrieren und mit einem Kollaps inmitten der Menge umzukippen, beschloss ich, mir noch ein großes Mineralwasser zu gönnen.

Also kämpfte ich mich zur Theke durch und brüllte der knapp bekleideten Lady dahinter zu, was ich wollte. Dafür erntete ich ein Paar hochgezogene Augenbrauen. Anscheinend gilt man als Sonderling, wenn man auf einer der größten Surferpartys weltweit

Sprudel statt Stoff bestellt. Aber das kümmerte mich nicht. Ich trank keinen Alkohol mehr, seit ich mein Sportstudium begonnen hatte. In der Zeit nach dem Abi, damals hatte ich in Griechenland und auf Sardinien als Surflehrer gejobbt, war das ganz anders gewesen. Da hatte ich noch alles runtergekippt, was mir in die Finger kam. Alter Falter, was hatte ich damals an Räuschen angesammelt ...

Allerdings macht das der Körper auf Dauer nicht mit. Meiner streikte irgendwann, was sich darin äußerte, dass ich permanent an Magenschmerzen litt und auch meine Performance auf dem Brett spürbar nachließ. Deshalb hatte ich dem Hochprozentigen Adieu gesagt und beschränkte mich seitdem auf einen Spritzer da und dort.

In Österreich ist das gar nicht so einfach – vor allem nicht im Burgenland, der sonnigsten Region der Republik, in der an allen Ecken und Enden Wein angebaut wird. Der Rebensaft zählt hier sozusagen schon zu den Grundnahrungsmitteln. Das sonnige Burgenland gilt aber auch als Surfmekka Österreichs. Es gibt hier einen Steppensee, und aufgrund der nicht vorhandenen Berge pfeift der Wind ordentlich durch. Genau deshalb verbrachte ich auch so viel Zeit hier, wenn ich nicht gerade in der Steiermark in der Uni saß. Ich sprang hin und wieder als Lehrer bei einer der Surfschulen ein. Allerdings nicht an diesem Wochenende – da wollte ich nämlich nur als Zuschauer fungieren und mich amüsieren: Der Surf-Worldcup findet einmal im Jahr statt und dauert fast zwei Wochen. Ein Event, das ich mir nie im Leben entgehen lassen würde!

Der Sommer hatte schon ein wenig Einzug gehalten und ich war im Appartment eines meiner Kumpels aus der Surfschule einquartiert.

Ein weiterer Vorteil des Burgenlandes sind die Mädels. Es gibt viele davon – und die meisten von ihnen sind total scharf darauf, sich einen Surfer zu angeln. Wer als Mann den charakteristischen Look aufweist – zerzauste Haare, Boardshorts, Flip-Flops –, hat den Joker in der Tasche und damit schon fast automatisch gewonnen. Es mag vielleicht verwerflich sein, aber hier zählt meist nicht, was ein Typ sagt, sondern welches Image er hat. Egal, welchen Stuss ein Typ von sich gibt – wenn er nur cool genug aussieht, hängen die Mädels an seinen Lippen und schmeißen sich ihm förmlich vor die Füße.

Interessant ist, dass gerade die Mädchen, die selbst so gar nichts mit Sport am Hut haben, diejenigen sind, die am auffälligsten nach den Beachboys gieren. Sie mascherln sich für die Disco auf, als ob es kein Morgen mehr gäbe, und warten dann an der Theke darauf, endlich abgeschleppt zu werden. Hier muss keiner zweimal Bitte sagen. Klar, dass diese Tatsache von den Jungs sehr geschätzt und bereitwillig ausgenutzt wird.

Ich will nicht arrogant klingen – aber ich hatte es immer besonders leicht. Mit meinen langen dunkelblonden Haaren, meinem durchtrainierten Körper und meiner stets guten Laune bin ich der Prototyp des perfekten Beachboys, so, wie man ihn sich vorstellt. Außerdem konnte ich die Mädels mit spannenden Storys aus der ganzen Welt beeindrucken. So auch Emily.

Unser erstes Zusammentreffen hatte bereits ein Jahr zuvor stattgefunden, auf einer der zahlreichen Worldcup-Feten. Seitdem trafen wir uns immer wieder einmal am See und gingen einen Kaffee trinken oder gemeinsam essen. Sie war die Cousine eines Freundes und surfte selbst. Ich muss zugeben, dass es nicht schwer ist, in mein Beuteschema zu fallen – Hauptsache, das Mädel hat dunkle Haare, ist schlank und sportlich. Emily erfüllte all diese Kriterien. Sie hatte einen tollen, muskulösen Körper, und ihre blauen Augen leuchteten im Kontrast zu ihrer dunklen Mähne, die ihr bis über die Hälfte ihres Rückens reichte. Sie war aber nicht nur schön, sondern auch intelligent und witzig. Was sie allerdings am interessantesten machte, war die Tatsache, dass sie nicht sofort auf mich angesprungen war. Das kannte ich so nicht – üblicherweise brauchte ich mich nicht anzustrengen, um ans Ziel zu gelangen. Wir hatten uns einmal kurz geküsst, das war's aber auch schon gewesen. Mittlerweile baggerte ich sie seit einem Jahr an, was das Zeug hielt – ohne durchschlagenden Erfolg. Und das, obwohl ich meinen Charme bei ihr spielen ließ wie bei keiner anderen.

Langsam wurde ich sauer, weil sie noch immer nicht wieder aufgetaucht war. Sie hatte doch nur auf die Toilette gehen wollen – das konnte doch um Himmels willen nicht so lange dauern! Ich nippte gelangweilt an meinem Mineralwasser und beobachtete die Brunftszenarios um mich herum. Es war richtiggehend peinlich, was man da zu sehen bekam. Reality-Soaps sind ein Scheiß dagegen! Vor lauter Fremdschämen musste ich wegschauen und widmete mich anderen Gedanken. Als ich schon zwischen Plan B – mir ein anderes Opfer suchen – und Plan C – einfach nach Hause gehen – herumüberlegte, tauchte sie endlich wieder in der Menge auf.

»Wo bist du bloß die ganze Zeit gewesen?«, fragte ich und bereute sogleich den stinkigen Unterton in meiner Stimme.

»Ich habe noch Gregor getroffen, einen Studienkollegen von mir. Der ist so witzig, wir haben sooo gelacht«, erzählte sie, griff sich ohne zu fragen meinen Becher und nahm einen großen Schluck.

Ich wurde immer angepisster. Ich wollte a) nichts von Gregor wissen und b) schon gar nicht, dass dieser Typ sie zum Lachen brachte. Wer auch immer er überhaupt war.

Offensichtlich war ihr mein säuerlicher Gesichtsausdruck nicht entgangen, denn sie streichelte mir mit geschürzten Lippen über die Wange.

»Nicht böse sein, lieber Julian«, säuselte sie und blinzelte mich verschwörerisch an. »Jetzt bin ich ja wieder bei dir.«

Moment mal … flirtete sie jetzt endlich einmal mit mir? Ich hoffte es doch! Ich gab ihr noch ein Getränk aus und beschloss, dass ich in Sachen Emily heute noch einmal Vollgas geben würde. Sollte es an diesem Abend nicht klappen, würde ich meine Energien endgültig anderweitig einsetzen, basta.

Als hätte mein Beschluss irgendwo einen unsichtbaren Schalter umgelegt, verlief dieser Abend anders als die anderen mit Emily.

Plötzlich funkelten ihre Augen mich herausfordernd an, sie warf immer wieder ihr Haar nach hinten und legte ihren Hals frei. Typische Flirtsignale, die man(n) kennt. Dann begann sie, lasziv neben mir zu tanzen. Das konnte sie ausgesprochen gut. Die Hoffnung auf mehr keimte immer stärker in mir. Als ein schräger Vogel sie von hinten antanzte, warf sie mir einen hilfesuchenden Blick zu. Mein Einsatz.

Ich bewegte mich zu ihr, legte den Arm um ihre Schulter und zog sie beschützend zur Seite. An ihrem Gesichtsausdruck konnte ich sehen, dass sie das beeindruckt hatte. Sie legte beide Arme um mich und animierte mich zum Tanzen. Meine Hände ruhten mittlerweile auf ihrem Rücken, den ihr Neckholder-Top freigab. Ihre Haut glühte in der Hitze des Partyzeltes. Mir ging es nicht anders, ich spürte unter meinem T-Shirt ein paar Schweißtropfen langsam die Wirbelsäule hinuntergleiten. Es dauerte nicht mehr lange, und wir knutschten endlich. Dieses Mal bedeutend länger und intensiver als bei unserem letzten Kuss.

»Mir ist heiß, ich möchte nach draußen«, rief Emily mir ins Ohr, und ich folgte ihr.

»Ach du Kacke – warum muss es gerade jetzt regnen?« Emily glitschte auf ihren dünnen Sandalen in den nassen Erdboden des Geländes.

»Schlammschlacht«, kommentierte ich nüchtern und nahm ihre Hand, um sie zu sichern, damit sie nicht ausrutschte.

Es war umsonst – nach wenigen Schritten zog es ihr die Füße nach oben und sie landete unsanft auf dem Rücken. »Au, verdammt!«, schrie sie und setzte sich ungelenk auf.

»Hast du dir wehgetan?« Sie murmelte nur Unverständliches. Ich half ihr beim Aufstehen. Ihre ganze Rückseite war voller dunkelbraunem Schlamm.

»Ich glaube, ich habe mir den Knöchel verstaucht. Mist, das hat mir jetzt gerade noch gefehlt! So kann ich nicht mal mehr nach Hause radeln. Aua!« Mühsam versuchte sie, ein paar Schritte zu gehen. Es funktionierte mehr schlecht als recht. Da war meine Manneskraft gefragt.

»Komm, ich nehm dich huckepack.« Noch bevor sie protestieren konnte, ging ich in die Hocke und umfasste links und rechts ihre Kniekehlen.

»Heyyy, was soll das?«, jammerte sie mehr amüsiert als empört. »Ich brauche ein Taxi, das mich heimbringt!«

»Vergiss es. So einen Schmutzfinken wie dich nimmt doch keiner mit.« Sie schimpfte weiter wie ein Rohrspatz, aber ich ignorierte es einfach.

»Wo gehen wir hin?«, fragte sie irgendwann, aber auch darauf bekam sie keine Antwort. Ich hatte einen Plan gefasst und den wollte ich jetzt umsetzen.

Bei der Surfschule angekommen, brannten meine Arme und mein Rücken wie Feuer. Auch wenn Emily keine 60 Kilo wiegen konnte, war ich von meiner Trageaktion fix und fertig. Den starken Mann raushängen lassen gleicht manchmal wirklich einer Tortur. Aber was tut man nicht alles …

Ich ließ Emily wieder auf die Beine. »Geht's?«

»Nicht so toll. Tut noch immer ganz schön weh. Und was machen wir jetzt hier?« Sie sah mich aus großen Augen an. Na, was wohl …

»Wir machen es uns jetzt ein bissl gemütlich.« Ich kramte den Schlüssel für die Schule aus meiner Hose und sperrte auf. Da ich an diesem Tag als Letzter gegangen war und am nächsten Morgen gleich wieder eine Früheinheit leitete, hatte ich ihn noch dabei.

»Dürfen wir das?«, fragte meine Begleitung.

»Nö.« Natürlich würde ich Probleme bekommen, wenn mein Chef erfuhr, was ich hier trieb. Aber in manchen Momenten muss man auch mal fünfe gerade sein lassen. Außerdem konnte er schlecht auf mich verzichten – er hatte ohnehin schon zu wenig Mitarbeiter.

»Hier gibt's ja gar kein Licht«, bemerkte Emily, als wir das Office betraten.

»Doch, normalerweise schon. Aber die Birne ist kaputt. Ist aber kein Problem. Julian hat immer eine Lösung parat.« Ich griff unter den Tresen und brachte mit triumphierendem Grinsen eine Packung Teelichter zum Vorschein. Emily gab mir beeindruckt ein Daumen-hoch-Zeichen. Das weiche Kerzenlicht machte es richtig gemütlich. Die lila Ledercouch, die mein Chef erst letzte Woche für die Schule besorgt hatte, wurde dadurch erst richtig einladend.

»Et voilà – bitte machen Sie es sich bequem, Madame.«

»Ich kann nicht. Ich bin doch von oben bis unten schmutzig.«

Ich hoffte, sie würde heute noch viel schmutziger werden. »Hm, na dann müssen Madame sich wohl oder übel ihrer Kleidung entledigen, nicht wahr?«, grinste ich sie belustigt an.

Sie seufzte nur. »Wie du meinst.«

Ich sah zu, wie sie sich aus ihrem Top schälte. Dann schlug ich vor, ihr beim Ausziehen der Hose zu helfen, weil sie ja so schlecht stehen konnte. Sie überlegte kurz, willigte dann aber ein. Diesen Moment nutzte ich gnadenlos aus. Ich ließ mich wie in Zeitlupe vor ihr auf die Knie sinken und öffnete die Knöpfe ihrer Jeans, einen nach dem anderen, eins, zwei, drei, vier. Dann zog ich ihr langsam die Hose nach unten. Sie trug einen gelben Bikini. Ich ließ meine Finger vorsichtig über die Stellen gleiten, an denen ihr Bikinihöschen aufhörte. Das brachte mich auf 180. Als hätte sie plötzlich keine Schmerzen mehr, stieß sie ihre Sandalen von den Füßen und stieg aus ihrer Hose. Ich drückte meinen Kopf gegen ihr Schambein. Wenn es jetzt nicht passieren würde, ich wüsste nicht wann dann.

Sie zog mich an meinem Kragen hoch und wir knutschten, während wir uns – ich rückwärts, sie vorwärts – auf die lila Couch zubewegten. Mein Shirt und meine Boardshorts flogen in weitem Bogen durchs Office. Der Augenblick, in dem es wahr wurde – ich vögelte Emily, endlich! –, war berauschend.

»Wir müssen leise sein«, hatte ich sie gewarnt, noch bevor ich in sie eingedrungen war. Sie lag auf der Couch, ich auf ihr drauf, ihre Unterschenkel ruhten auf meinen Schultern.

Der Akt selbst dauerte nicht sonderlich lange, weil wir beide ziemlich schnell kamen. Dennoch war der Sex unglaublich geil, was nicht nur an der »verbotenen« Location lag, sondern vor allem daran, dass ich genau spüren konnte, wie sehr Emily es genoss. Danach schliefen wir an Ort und Stelle ein und erwachten erst wieder, als die ersten Sonnenstrahlen sich ihren Weg durch die kleinen Fenster bahnten. Emily verabschiedete sich mit einem Kuss und humpelte davon, ich blieb und wartete, bis die ersten Schüler kamen.

Dieses erste Mal war nicht das letzte Mal, dass Emily und ich es miteinander trieben. Aber ich bin dem Regen an diesem Abend immer noch ziemlich dankbar – oder vielmehr dem Schlamm.

8

Der Gipfel der Lust

Jonas (39), Lehrbeauftragter,
über Luise (33), Medienfachfrau,
beide Wien

Es war damals unser erster richtiger gemeinsamer Urlaub. Zugegeben, ich hatte keine Ahnung, auf was ich mich da eingelassen hatte und was sich daraus weiter entwickeln würde. Bislang hatten Luise und ich eher so etwas wie eine sehr freundschaftliche Affäre geführt, mit regelmäßigen Treffen, langen Gesprächen, viel Spaß und auch Sex, gutem Sex, perfektem Sex.

Sie hatte schon öfter Andeutungen gemacht, dass bei ihr Gefühle im Spiel waren. Das ist an und für sich ja nicht schlimm. Mich jedoch hatte es jedes Mal sehr verunsichert, denn ich wusste ehrlich gesagt nicht genau, wie es um meine Gefühle für sie stand. Mal war ich hoffnungslos in sie verliebt und schwärmte in höchsten Tönen von ihr, sah mich mit ihr gemeinsam in den Sonnenuntergang tanzen oder uns alt und grau auf einer Parkbank Händchen halten.

Und am nächsten Tag übermannte mich die Angst, sie könne mir meine heiß geliebte Freiheit rauben oder, noch schlimmer – mich so verletzen wie meine Ex.

So oder so: Sie war zweifellos eine tolle Frau. Das hatte ich allerdings nicht gleich gecheckt. An dem Abend, als wir uns kennenlernten, fand ich sie zwar sehr attraktiv, war mir aber sicher, dass uns nicht mehr als ein wenig Spaß verbinden würde. Ich, der zottelige Outdoorfreak, ständig auf Achse, von morgens bis abends Aktivitäten, vor allem extremen sportlichen Unternehmungen, nachjagend. Sie, die stilettotragende, perfekt geschminkte Medien-Lady, die bei jeder Party auf der VIP-Liste vertreten war.

Ich hatte es leider schon oft genug erlebt: Ich lernte ein Mädel kennen, wir beschlossen, etwas miteinander zu unternehmen, ich erzählte von meinem Leben, meinen Träumen – und dann kam es schon, das mir nur zu gut bekannte Augenrollen, und ich war abgestempelt. Gut, mir war schon klar, dass es Frauen, die meine Art zu leben ebenso liebten wie ich, nicht wie Sand am Meer gab.

Ich genoss es zum Beispiel, bei Wind und Wetter eine Nacht im Zelt, irgendwo in der Pampa, zu verbringen, am nächsten Morgen auf einen Berggipfel zu klettern, dort zu frühstücken, abzusteigen, danach noch ein halbes Stündchen laufen zu gehen, später mit dem Motorrad weiterzufahren, noch eine Runde zu klettern, dann in den See zu springen, vielleicht noch schnell den Kite aufzubauen, wenn der Wind passte, eine Session einzubauen und direkt darauf auf der nächstbesten Party bis zum Morgengrauen abzutanzen. Und wieder von vorn.

Zugegeben, ein ganz schönes Programm – aber für mich waren diese Dinge mein Lebenselixier. Den Business-Marathon, der mich ins Burnout getrieben hatte, den hatte ich schon einmal erlebt – und der konnte mir für den Rest meines Lebens gestohlen bleiben.

Deshalb traute ich diesem Urlaub und vor allem Luise auch nicht ganz. Sie hatte mir zwar schon öfter bewiesen, dass sie mehr drauf hatte, als nur auf dem Eventparkett eine gute Figur im

Cocktailkleidchen, mit Hochhackigen und einem Glas Prosecco zu machen. Ich hatte gesehen, dass sie hart im Nehmen war, unternehmungslustig und alles andere als ein Hausmütterchen – aber was, wenn sich auch diesmal alles nur als eine Täuschung herausstellen würde? Zu früh gefreut, wie so oft? War es nicht naiv von mir, einen gemeinsamen Kletterurlaub im süditalienischen Hochgebirge, ohne jegliche Planung, vorzuschlagen? War es nicht umso blauäugiger von ihr, ihr warmes Bett gegen vier Nächte mit einem hyperaktiven Berufsjugendlichen wie mir in einem Minizelt zu tauschen?

Wie auch immer. Jetzt waren wir hier. Die erste Nacht hatten wir am Ufer eines türkisgrünen Gebirgssees verbracht, irgendwo im Nirgendwo. Es war eiskalt gewesen, aber wir hatten uns zusammengekuschelt, und so war es doch richtig romantisch geworden. Luise hatte sich über nichts beschwert – weder über den harten, steinigen Boden im Zelt, noch über die Kälte, noch über die fehlenden Sanitäranlagen –, was mich einerseits verwunderte, andererseits aber natürlich freute. Ich stellte meinen Wagen auf dem sonnenüberfluteten Parkplatz ab, noch leicht benommen von den vielen Kehren, die ich auf dem Weg auf den Pass bewältigt hatte.

Luise stieg aus und schnappte sich noch schnell einen Müsliriegel – mehr gab es zum Frühstück nicht, wir waren so früh aufgebrochen, dass noch kein Café weit und breit geöffnet gewesen wäre – sofern es überhaupt eines gegeben hätte.

»Gut, gehen wir's an. Hier, dein Klettergurt, warte, ich helfe dir beim Überziehen.«

Dankbar grinste sie mich an. »Du bist wirklich ein Gentleman, danke.«

Der Weg zu dem Klettersteig, den ich gewählt hatte, war steinig und führte an einem Grat entlang. Ich ließ Luise vorausgehen, damit ich sie im Auge hatte. Sie und ihren Hintern, an dem ich mich nie würde sattsehen können. Holla die Waldfee! Ruhig bleiben, Brauner … Trittsicher ging sie voran, beeindruckend für jemanden, der, wie sie sagte, in den letzten Jahren keinen Sport außer Joggen betrieben hatte. Auch Höhenangst hatte sie offenbar keine, es schien ihr wenig auszumachen, dass der Grat, auf dem wir uns bewegten, ziemlich ausgesetzt war und es nur ein paar Meter links von uns Hunderte Meter in die Tiefe ging. Schon bald hatten wir den Stollen erreicht, durch den es weiter nach oben gehen sollte. Zeit für unsere Stirnlampen. Sie sah wirklich süß aus, wie sie da so in ihrer Bergsteigerkluft vor mir stand. Kurz überfluteten mich Gedanken, wie es wohl wäre, sie jetzt einfach auszuziehen und es in dem Stolleneingang mit Panoramablick auf die gegenüberliegenden Gebirgsmassive zu treiben … aber ein Blick auf den felsigen Untergrund, und ich verwarf ich diese Fantasie. Es war für uns beide besser, konzentriert zu bleiben. Es reichte doch, dass ich mit einer Frau auf Klettertour war, die das sogar zu genießen schien. Ein Schäferstündchen einzuschieben wäre dann doch zu viel des Guten gewesen.

Am Ende des Stollens angekommen, machten wir eine kleine Zigarettenpause. Dann küsste sie mich.

»Mir gefällt es hier. Ich wollte so was schon immer machen. Super, dass du diese Idee hattest!«

Der Kuss und diese Worte dazu – und schon brach in meiner Hose ein Höllenfeuer aus. Ich konnte kaum mehr von ihr lassen, begann ihren Hintern zu kneten, ließ meine Hände zu ihren Brüsten wandern.

»Mach mal langsam«, lachte sie. »Wir haben noch die Tour zu bewältigen.«

Okay, gut. Musste ich eben mit meinem Megaständer weitergehen. Nicht angenehm, aber für jemanden mit jahrelanger Bergerfahrung kein Problem.

Meine Güte – die kletterte ja wie eine Bergziege! Und ständig hatte ich ihren Hintern direkt vor meinen Augen! Ich kämpfte damit, meine eigentliche Aufgabe, nämlich auf sie aufzupassen, mit dem Tornado in meinen Boxershorts zu vereinbaren – und mit dem schmutzigen Filmchen, das in meinem Kopf ablief. Ich stellte mir gerade vor, wie sie nackt vor mir kletterte, bekleidet nur mit dem Klettergurt, fast wie Strapse …

»Alles in Ordnung mit dir? Du schnaufst so …«, unterbrach sie mein Kopfkino. Geübt hängte ich meinen Karabiner ins Kletterseil.

»Ja, alles in Ordnung. Ich bin nur verdammt scharf auf dich«, gab ich grinsend zu.

»Oh, ein perfekter Zeitpunkt! Dann gib mal acht, dass du nicht abstürzt.«

War das jetzt eine Abfuhr? Dir werde ich es schon noch zeigen, du kleine Angeberin, dachte ich und kletterte weiter.

Nach rund zwei Stunden hatten wir es geschafft. Gipfelsieg! Die Sonne strahlte, es war warm geworden, und wir konnten unsere Jacken ausziehen. Das wäre doch nun die perfekte Gelegenheit, endlich ein wenig traute Zweisamkeit in der Natur zu genießen … sich ein lauschiges Plätzchen zu suchen, die mitgebrachte Decke auszubreiten … Denkste! Kurz, nachdem wir mit unserer Fotosession am Gipfelkreuz fertig waren, tauchte eine lärmende Gruppe Italiener auf. Es gibt drei Dinge, die Italiener auszeichnen: Sie tauchen selten alleine auf, sind immer einen Tick zu laut, und alles, was sie sagen, klingt so, als würden sie jemanden bis aufs Letzte beschimpfen. Genervt zündete ich mir eine Zigarette an.

»Und jetzt?« Sie sah mich mit großen Augen an.

»Hm … keine Ahnung. Wir können den Abstieg zu Fuß nehmen oder wir gehen ein Stück und steigen in die Gondel«, schlug ich vor. »Dann sind wir schneller unten und können uns irgendwo eine Pizza einverleiben. Hätten wir uns doch verdient, oder?«

»Gondel klingt gut. Ich bin dabei!«

Ich schnallte meinen Rucksack wieder um und warf den quasselnden Italienern noch einen bösen Blick zu. Mann, war ich sauer – sie hatten mir meinen Masterplan gründlichst versaut. Sex am Gipfel – da hätte die Wendung »Gipfel der Lust« doch gleich eine andere Bedeutung bekommen …

Bei der Gondel angekommen, hatte ich mich schon damit abgefunden, mit dem Sex für heute noch etwas warten zu müssen. Pfff, nicht mal mehr im Hochgebirge kann man sich etwas Privatsphäre erhoffen … Aber gut – hohe Erwartungen führen doch meist zu gar nix, da ist es besser, einfach auf nichts zu hoffen, dann kann man noch überrascht werden. Ist doch so!

Zum Glück hatten wir wenigstens die Gondel für uns alleine. Wir machten es uns einander gegenübersitzend auf den kleinen, harten Bänken bequem.

»Luise, magst du nicht herkommen zu mir? Von hier aus kannst du nach unten schauen. Die Fahrt dauert jetzt sicher noch 20 Minuten.«

»20 Minuten? Wow. Ja, okay.« Und schon schwang sie ihren schönen Hintern neben mich.

Und dann lag plötzlich eine seltsame Spannung in der Luft, die mich nervös machte. Luise rutschte auch unruhig neben mir hin und her.

»Ist was?«, fragte ich in die Stille hinein.

»Nö.«

Ich lauschte ihren unregelmäßigen Atemzügen und bemerkte dabei, dass meine ebenso aus dem Rhythmus geraten waren. Was war da los? Auf einmal checkte ich es: Die seltsame Spannung war pures erotisches Knistern. Ich wandte mich zu Luise und sah ihr in die blauen Augen. Sie sagte kein Wort, aber trotzdem war alles klar. Wir fielen übereinander her, knutschten, als gäbe es kein Morgen mehr. Mein Ständer bekam die gefühlte Dimension eines Zeppelins, und als ich meine Hand in ihre Hose wandern ließ, fühlte ich, dass auch sie ganz scharf geworden war.

Dann ging alles ganz schnell. Luise stand auf, stützte sich mit den Händen an der vorderen Scheibe der Gondel ab und drehte mir den Rücken zu. Ich verstand. Mit ein paar schnellen Griffen öffnete ich ihre Hose und schob sie gemeinsam mit ihrem Höschen nach unten. Dann öffnete ich meine Hose und entließ meinen pochenden Schwanz in die Freiheit. Als ich in sie eindrang, stöhnte sie laut auf.

Es war wie ein bizarrer Traum. Ich steckte in einer Frau, die dieselben Dinge liebte wie ich. In einer Gondel, mit Panoramablick auf die Südtiroler Berge. Fast kitschig, wäre die Situation nicht so oberhammeraffengeil gewesen! Ich begann, mich zu bewegen, langsam, dann fester, schneller. Irgendwann fanden wir einen gemeinsamen Rhythmus, in dem wir uns bewegten und leise stöhnten. Ich hielt ihre Brüste umfasst und blickte auf ihren Hintern, der da vor und zurück wippte. Sah zu, wie mein Schwanz sich hinein- und wieder herausbewegte. Blickte auf die Berge. Blickte auf ihren Pferdeschwanz, der vor mir hin und her schwang, im gleichen Rhythmus, in dem wir vögelten. Atmete den Geruch von Sex, der sich langsam in der Gondel ausbreitete. Steckte meine Hand vorne in ihre Hose, fühlte, wie feucht sie war, und stimulierte sie mit kreisenden Bewegungen.

»Oh mein Gott, wenn du so weitermachst, dann komme ich gleich«, rief sie stöhnend aus.

»Das will ich ja …«, presste ich heraus.

Es dauerte keine Minute, bis ich spürte, wie es um meinen Schwanz herum ganz fest wurde und dann plötzlich zu zucken begann. Das war zu viel für mich. Der Orgasmus übermannte mich wie eine Lawine. Mir wurde fast schwindlig. Am Rande bekam ich noch mit, dass Luise laut auflachte, das tat sie immer, kurz nachdem sie gekommen war.

Schnaufend und schwitzend standen wir noch eine Zeit lang da, zusammengekrümmt, ich hinter ihr, immer noch in ihr drin, mich an ihr festklammernd, sie immer noch leise glucksend. Als wir uns voneinander lösten und unsere roten Gesichter sahen, bekamen wir beide einen Lachkrampf. Bis Luise auf einmal aufgeregt rief: »Schnell, anziehen, wir sind gleich da!«

Mist, ja, sie hatte recht – die Talstation war schon gefährlich nahe. Schnurstracks zogen wir unsere Hosen wieder hoch. Puh, gerade noch geschafft! Da öffnete sich schon die Automatiktür, wir rafften unsere Sachen zusammen und sprangen aus der Gondel.

Auf dem Weg nach draußen kamen wir an einer kleinen Kabine vorbei, in der ein Mann saß, offenbar der Typ, der die Seilbahn überwachte. Ein kleiner, dunkelhaariger, italienischer Typ – einer, der bestimmt auch gerne laut und viel redete. Als wir an ihm vorbeigingen, grinste er uns unverhohlen an – und bildete ein Victory-Zeichen mit seinen Fingern.

Mir rutschte fast das Herz in die Hose. »Verdammt, meinst du, der hat uns beobachtet? Gibt's da Videoüberwachung in den Gondeln?«

Luise brach schon wieder in Lachen aus. »Und wenn schon … ist doch egal. Der bekommt so was sicher nicht jeden Tag zu sehen!« Recht hatte sie.

9

Die andere Seite

Lars (22), Wirtschaftsstudent,
über Marcel (22), Jurastudent,
beide Berlin

Das hatte ich nun davon. Marcel war weit und breit nirgends mehr zu sehen. Ich war alleine, gefangen inmitten einer Menge shakender, schwitzender, nach Testosteron riechender Typen. Die meisten davon mit nackten Oberkörpern, gut durchtrainiert, wie ich neidlos zugeben musste. Einige von ihnen mit glitzernden Muskelshirts, die die darunterliegenden gut definierten Körper immer noch deutlich erkennen ließen. Einige von ihnen mit Glitzerkrawatten, manche mit Haarreifen, die lustige Fühler trugen. Andere überhaupt nur noch mit Lederstring. Ja, richtig gelesen! Aber was hatte ich mir auch dabei gedacht, als Hetero auf einem Schwulen-Event aufzukreuzen?

Ich spürte, dass immer wieder Augenpaare auf mich gerichtet wurden. Hin und wieder erhaschte ich einen neugierigen Blick, dem ich jedes Mal sofort auswich. Ich fühlte mich wie die Beute inmitten einer Horde von Hyänen. In meiner aufkeimenden Panik bildete ich mir schon ein, die Männer um mich herum würden ebenso schrill lachen wie die hässlichen Raubviecher.

Als bester Freund einer Schwulette hat man es eben nicht leicht. Für alle, die jetzt empört den Zeigefinger heben: Marcel hat mir ausdrücklich erlaubt, ihn Schwulette zu nennen. Er findet's sogar lustig. Wir kennen uns schon, seit wir etwa vier Jahre alt waren. An die Zeit davor kann ich mich nicht so erinnern, aber an die Zeit mit zwei oder drei kann man sich ja als Erwachsener kaum noch erinnern, nicht wahr?

Marcel und ich sind Nachbarskinder gewesen, und seit dem Kindergarten ein Herz und eine Seele. Damals, als wir uns bewusst kennenlernten, war er für mich noch ein Junge wie jeder andere auch. Einer, der damals noch Martin hieß und nicht Marcel. Einer, der auch alle Jungsspiele mitmachte, bei jedem Blödsinn dabei war und sich in schöner Regelmäßigkeit die Knie aufschlug oder irgendetwas Hausarrestsreifes anstellte. Wenn es wieder so weit war, dass einer von uns Hausarrest erteilt bekam, kommunizierten wir stundenlang über unsere Zimmerfenster hinweg, die genau gegenüber voneinander lagen – getrennt nur durch die beiden schmalen Grasstreifen, die zu den Gärten unserer Elternhäuser gehörten. Wir schrieben uns mit dickem Filzstift Nachrichten auf große Papierblätter und hielten diese ans Fenster, sodass der andere sie lesen konnte.

Ich kann gar nicht sagen, wann ich mir das erste Mal gedacht habe, dass Marcel anders sein könnte als die anderen Jungs. Dass er Prügeleien verabscheute wie die Pest, war nicht wirklich ein probates Zeichen für Homosexualität. So richtig wunderte ich mich eigentlich erst, als sich zeigte, dass er kein ernsthaftes Interesse an Mädchen zu haben schien. Es gibt sie bestimmt, diese Spätzünder – aber bei Marcel war auch mit 17 noch keinerlei Interesse am weiblichen Geschlecht vorhanden. Was es ihm schwer machte. Die anderen Jungs waren schonungslos. Ihr Spott war ihm sicher – permanent und auf die grausame Art und Weise, die bei halbstarken Männern eben üblich ist. Er hat mir erst viel später mal verraten, dass ihre Beschimpfungen à la »schwule Sau« ihn gerade deshalb so tief trafen, weil ihm damals schon bewusst geworden war, dass er tatsächlich schwul war.

Mir gegenüber hatte er mit 18 sein Coming-out, auf unserer Abi-Abschlussfeier. Im Freudentaumel und leicht angeschickert wurde er plötzlich redefreudig. Nahm mich beiseite, sah mich mit ernstem Blick an und sprach es ohne Umschweife aus: »Ich bin schwul.«

Ich wusste damals gar nicht, ob ich jetzt geschockt sein sollte oder nicht. Würde sich jetzt etwas ändern? War mein bester Freund noch immer derselbe? Ich sagte also erst mal zehn Minuten gar nichts. Wie ein Film im Schnelldurchlauf flackerten Bilder durch meinen Kopf. Dinge, die wir gemeinsam erlebt hatten: Ich, wie ich mich auf dem Schulhof schützend vor ihm aufbaue, als er schon wieder fast Prügel von der Prolorunde aus der Nebenklasse kassiert. Er, wie er mir ohne zu zögern hundert Euro in die Hand drückt, damit ich sie heimlich meinem Vater zurückgeben kann, dem ich sie zuvor geklaut hatte, um sie in einen Abend mit einem Mädchen zu investieren, das es im Nachhinein nicht wert gewesen ist … Wie oft hatten wir uns eigentlich gegenseitig den Arsch gerettet? Unzählbar oft.

Irgendwann musste ich die – für mich – alles entscheidende Frage stellen: »Besteht jemals die Gefahr, dass du mich ficken willst? Oder dich in mich verknallst? Oder … oh nein, ist das vielleicht schon passiert?« Mit schreckgeweiteten Augen wartete ich auf seine Antwort.

Die bestand jedoch nur aus schallendem Gelächter. »Lars, ehrlich … no way, Bro …«, presste er jauchzend heraus, »ich finde dich totally unsexy.«

Bamm, das saß. Auch wenn ich erleichtert war, das war dann doch alles andere als ein Kompliment.

Er fuhr fort: »Oh verdammt, ich hoffe einfach nur, dass sich jetzt nichts ändert zwischen uns. In einer Sache kannst du dir jedenfalls sicher sein: Du bist für mich ein komplett asexuelles Wesen.«

Und obwohl ich es mir damals gar nicht zugetraut hätte – an unserer Freundschaft änderte sich nicht viel. Wir gingen beide nach Berlin, um zu studieren, sahen uns immer noch regelmäßig und hatten den gleichen Spaß wie vor seinem Coming-out. Viel hatte sich nicht geändert, denn das Frauen-Gesprächsthema hatte es zwischen Marcel und mir ohnehin nie gegeben. Unsere Gemeinsamkeiten waren andere: Trotz seiner Homosexualität war er nämlich schon immer der totale Technik- und Autofreak, genauso wie ich.

Dass ich von seinen sexuellen Kontakten mit Männern, die er, seit wir in Berlin waren, regelmäßig hatte, keine Details erzählt haben wollte, akzeptierte er, ohne zu mucken. Wir konnten einander wegen solcher Dinge auch von Anfang an herrlich auf die Schippe nehmen. Wenn Marcel von meinen Problemen mit irgendwelchen Girls Wind bekam, versuchte er, mich im Scherz zu bekehren: »Wenn du die Seite wechselst, kannst du dir das Tralala mit den Weibern sparen. Bei uns Homos läuft das alles viel unkomplizierter ab.«

Allerdings bewies er oft genug das Gegenteil – nämlich, wenn er sich entschied, es doch wieder mal mit einer festen Beziehung zu versuchen. Waren die ersten Wochen auch immer ein ständiges Schweben auf Wolke sieben, schlichen sich im Laufe der Zeit dunkle Schatten ein. Und ich sage es euch: Gegen zickende Schwule sind die meisten Frauen harmlos, das schwöre ich.

Marcel ist immer noch nicht wieder aufgekreuzt. So langsam frage ich mich, ob ich mir das noch länger antun soll – hier auf ihn warten und mich von den Homos mit den Augen ausziehen lassen. Würden sie sich alle urplötzlich in geile Schnitten verwandeln, die mich ebenso begaffen – es wäre das Paradies hier. Eine gute Fee käme mir jetzt gerade recht. Nur funktioniert das mit den Wunschträumen leider in der Realität nur selten.

Nein, das hier ist nichts für mich. Ganz ehrlich: Wenn der beste Freund schwul ist, dann ist der Zugang zu diesem Thema ein anderer. Marcel hat auch immer wieder gepredigt, dass viele Männer diese Neigung in sich tragen, sich aber nicht trauen, sie auszuleben, oder sie partout nicht wahrhaben wollen und deshalb verdrängen. Natürlich habe ich auch immer wieder in mich »hineingefühlt«, ich bin nicht feige und habe auch keine Angst vor dem Schwulsein. Wieso denn auch – mein Kumpel Nummer eins ist ein Homo, ich wäre also in bester Gesellschaft. Aber da ist nix, nix, gar nix. Ich bin so hetero, wie man es nur sein kann. Genau deshalb widern mich die begierigen Blicke um mich herum gerade auch so an. Ich muss weg hier!

Gerade, als ich beschließe, von hier zu verschwinden, erscheint Marcel wieder auf der Bildfläche. Er wechselt noch ein paar Worte mit einem Typen und schlägt dann mit ihm ein. Eine sehr unschwule Geste für zwei Schwule, denke ich und muss ein bisschen grinsen. Lässig im Takt der Beats wippend, zieht mein bester Freund ein Duckface und tanzt auf mich zu. Ich versuche, ihm verständlich zu machen, dass ich nach Hause gehen will, aber er ignoriert mich und stößt mich ein paarmal herausfordernd mit der Hüfte an. Ich verdrehe die Augen. Dieses Getue brauche ich gerade gar nicht.

»Ich hau jetzt ab!!!«, brülle ich aus Leibeskräften und hoffe, dass meine Botschaft durch die Elektro-Beats in Marcels Ohr dringt.

Das tut sie offensichtlich, aber er grinst nur und schüttelt den Kopf.

Wenn ich etwas hasse, dann ist das, wenn mich jemand nicht ernst nimmt. Da mache ich auch bei ihm keine Ausnahme. Mit saurer Miene sehe ich zu, wie er sich weiter einen abtanzt. Jetzt sind die begierigen Blicke auf ihn gerichtet und ich bin uninteressant geworden. Klar, in der Szene kommt er bestimmt saugut an. Mit seiner blonden, halblangen, zerfransten Mähne und der stets gebräunten Haut sieht er aus wie ein Surferjunge, der gerade vom

Strand kommt und sich nur zufällig in die Stadt verirrt hat. Dabei kann er weder surfen, noch ist er besonders gerne am Strand. Aber mit so einem Look ist er unter Homos ein Exot – und Exoten sind dort immer heiß begehrt. Vor allem, wenn sie so hübsch sind wie Marcel.

Dass er von allen Seiten angestarrt wird, ignoriert er jedoch komplett. Stattdessen grinst er mich beim Tanzen unvermindert an. Ich denke natürlich erst an ein freundschaftliches Grinsen, mit dem er mir signalisieren will, wie gut er drauf ist. Als er schließlich mit dem Grinsen aufhört, meine Augen mit seinem Blick aber trotzdem nicht loslässt, bekomme ich ein komisches Gefühl. Irgendwie wird mir flau im Magen. Ich befürchte, dass nun das eintritt, wovor ich seit Marcels Coming-out immer wieder Angst habe. Er will mich testen. Er ist so drauf mit seiner Kombi aus Alkohol und was weiß ich noch was, dass er es wissen will. Jetzt. Heute.

Sein Blick wird herausfordernder und mein Herz beginnt, schneller zu klopfen, passt sich den wummernden Beats im Hintergrund an. Ich denke kurz ans Weglaufen, aber meine Beine sind wie taub und bewegen sich nicht von der Stelle. Marcel kommt immer näher. Er reicht mir eine Hand, und wie in Trance ergreife ich sie. Dann zieht er mich in Richtung der Toilette des Clubs. Ich wanke hinterher wie ein Roboter, der auf reinen Gehorsam programmiert wurde. Gesichter ziehen an mir vorbei, Gerüche, Wortfetzen, Musik. Ich bekomme nichts mehr mit. Ich mache einfach das, was Marcel will, obwohl ich nicht weiß, ob ich das auch will. Ich kann nur irgendwie nicht aufhalten, was hier gerade passiert. Er öffnet eine der Klotüren und schiebt mich hinein. Dann schließt er die Tür, deren Innenseite von oben bis unten mit Stickern und Krakeleien übersät ist. Die wichtigsten Weisheiten des Lebens findet man auf WC-Türen, so viel ist sicher.

Wir stehen einander in der schäbigen Kabine gegenüber, von außen dringt der Lärm-Mix des Clubs zu uns herein. Ich sehe in Marcels grüne Augen, die mich fixieren. Ich weiß nicht, wie ich beschreiben soll, wie er mich ansieht. Zärtlich? Das könnte es treffen. Ich tue nichts. Er soll mich führen. Will ich das überhaupt? Egal. Er soll mich führen.

Marcel bewegt seine Hände zu meinem Hosenschlitz, ohne den Blick von mir abzuwenden. Geschickt öffnet er mit einer Hand die Knöpfe meiner Jeans. Als seine Hand in meine Boxershorts gleitet, stöhne ich auf. Scheiße, ich werde von einem Mann berührt und habe einen Steifen, schießt es mir durch den Kopf. Aber es ist nun einmal Tatsache. Marcel reibt meinen Schwanz, so wie es noch keine Frau zuvor getan hat. Irgendwie fester, irgendwie aber auch gefühlvoller. Auf jeden Fall männlicher. Scheiß drauf, denke ich, was habe ich schon zu verlieren. Ich bin gerade geil wie Nachbars Lumpi. Ich will nicht, dass er aufhört. Nein, ich will sogar mehr: Ich will seinen Arsch anfassen, will wissen, wie sich ein Männerarsch anfühlt, wenn man ihn so richtig fest knetet. Wahrscheinlich ist er knackig, durchtrainiert, mit feinem blonden Flaum.

Als ich gerade die Wellen genieße, die durch meinen Körper wogen, während ich an den Hintern meines besten Freundes denke, spüre ich plötzlich, wie es um meinen Schwanz warm und weich wird. Ich bekomme einen geblasen. So gekonnt, wie Marcel seine Lippen auf meinem Teil auf und ab bewegt, so gekonnt knetet er währenddessen meine Eier. Jetzt schiebt er auch noch seine zweite Hand zwischen meine Beine, drängt sie auseinander und beginnt, einen Finger an meinem Hintertürchen hin und her zu bewegen. Ich werde fast wahnsinnig, mir schießen Gefühle durch den Körper, von denen ich bislang nicht wusste, dass es sie gibt. Fuck, verdammt, was tue ich hier … aber gerade noch rechtzeitig, bevor sich schon wieder störende Gedanken in mein Hirn schieben wollen, geht es los: Ich werde von einem heftigen Orgasmus durchgeschüttelt, vielleicht dem heftigsten meines Lebens.

Als die Wellen in meinem Körper sich langsam wieder glätten, öffne ich die Augen. Marcel steht an die gegenüberliegende Wand der Kabine gelehnt da und schaut mich schon wieder so an. Ich keuche noch immer und kann nichts sagen. Ich wüsste auch gar nicht was, mein Kopf ist noch nicht klar. Ich habe noch nicht realisiert, was da gerade eben geschehen ist. Ich sehe Marcel nur in die Augen, und obwohl ich nicht spreche, versteht er die unausgesprochene Frage: Warum?

Und er antwortet: »Ich weiß es nicht. Offensichtlich hat mich heute der Teufel geritten. Das war nicht geplant, Lars. Aber irgendwie wollte ich dir die andere Seite zeigen. Einfach nur zeigen. Und keine Angst, ich steh echt nicht auf dich.«

10

Die Schneekönigin

David (28), Skilehrer, München,
über Michelle (26), Studentin, Berlin

Wieder einmal froren sich meine Schüler den Arsch ab, und ich konnte nur den Kopf schütteln. Nun gut, es waren Deutsche – aber die deutschen Winter sind auch nicht wärmer als die in Österreich. Vielleicht lag es daran, dass meine Gruppe gänzlich aus Berlinern bestand, und so, wie sie sich anstellten, handelte es sich um eingefleischte Stadtmenschen.

Ob sie überhaupt schon einmal Schnee zu Gesicht bekommen hatten?

»So, wir nehmen jetzt noch das flache Stück bis vor zum Lift, schafft ihr das?«, rief ich ihnen aufmunternd zu.

Die Bommeln ihrer bunten Mützen wippten vor und zurück.

»Okay, dann los! Alle mir nach!« Ich setzte meine Babyschwünge in den weichen Schnee und achtete darauf, dass meine Schützlinge hinter mir sich nicht gegenseitig über den Haufen fuhren.

Seit vier Wochen dasselbe, sechs Tage pro Woche. Ich hatte einen Saisonjob als Skilehrer in Österreich angenommen. Es war meine erste Arbeit dieser Art, nachdem ich eine einwöchige Skilehrer-Ausbildung abgeschlossen hatte. Im Gegensatz zu dem, was ich hier jeden Tag erlebte, war diese eine Woche Party pur gewesen! Zumindest hatte ich mich dabei auf der Piste austoben können. Dieser Spaß kam nun etwas zu kurz – Tag für Tag durfte ich blutigen Anfängern erklären, wie man seine Skistöcke hält, wie man einen Bogen macht und wie man auf der Piste stehen bleibt. Ich liebte es, andere das Skifahren zu lehren. Aber vom frühen Morgen an bis zu dem Zeitpunkt, an dem die Lifte schlossen, ohne nennenswerte Pausen dazwischen – das war grenzwertig. Es war wirklich zum Gähnen.

»Na, Feierrrabend fürrr heute, odrrr?« Mein Kollege Urs klopfte mir auf die Schulter. Ich konnte ihn kaum verstehen, denn er war Schweizer und redete auch so. »Zwei Bierrr kriegen wirrr, bitte schön!«, bestellte er bei der drallen Lady hinter der Bar. Wie jeden Abend traf man sich erst mal in der Après-Ski-Hütte zum After-Work-Drink.

»Morgen kommt so feiner Powder und ich hab ab neun eine Gruppe, mit der ich wieder auf den Biene-Maja-Hang muss«, jammerte ich. Doch offensichtlich stieß ich bei ihm auf kein Verständnis.

Er zuckte nur mit den Schultern, prostete mir zu und widmete sich seinem Bier. »Hast ja eh einen Tag in derrr Woche frrrei, odrrr?«, meinte er, als er mit einem Zug die halbe Flasche geleert hatte.

Ich blickte zur anderen Seite der Bar hinüber, vielleicht gab es zumindest brauchbare Beute für den heutigen Abend. Ja, ich gebe es zu: Als Skilehrer hat man leichtes Spiel, und natürlich nutzte ich das schamlos aus. Es gibt so ein paar Berufe, die sind schon die halbe Miete bei den Frauen, da schmelzen die Mädels dahin und man erspart sich die Extra-Performance: Ski- und Surflehrer, Pilot und Arzt zum Beispiel. Astronauten mal außer Konkurrenz – von denen gibt's doch echt nur eine Handvoll. Denen gönne ich das aber auch.

Eine dunkelhaarige Beauty stach mir besonders ins Auge. Sie inspizierte die Holztheke vor sich, das Rambazamba rund um sie herum ließ sie anscheinend völlig kalt. Links und rechts von ihr gaben sich zwei Kerle mit Bommelmütze die volle Après-Ski-Ladung: Jägermeister und Ausdruckstanz zu schlechter Schlagermusik.

Aber Moment mal – diese Mützen hatte ich doch schon einmal gesehen! Ja sicher – das waren zwei aus der Gruppe, die ich heute unterrichtet hatte. Die Berliner. Und sie, die Schönheit in der Mitte, war auch eine von ihnen. An ihr langes, schwarzes Haar konnte ich mich erinnern, aber ihr hübsches Gesicht hatte sie tagsüber hinter einer riesigen Skibrille versteckt gehalten. Das half ihr jetzt aber nichts mehr – ich hatte sie auf dem Radar und würde sie knacken.

»Na, gefällt's dir hier?« Zugegeben, meine Anmache war auch schon mal einfallsreicher gewesen.

»Eigentlich nicht«, antwortete sie.

»Warum nicht? Und wie heißt du überhaupt?«, fragte ich sie, ohne die Antwort auf meine erste Frage abzuwarten.

»Michelle«, sagte sie, »das hättest du dir eigentlich auch merken können. Wir haben uns im Kurs doch alle vorgestellt.« Eins zu null für sie.

»Willst du was trinken?«, versuchte ich, meinen Fauxpas auszubügeln.

»Nein, danke, ich trinke keinen Alkohol.« Auch die Musik gefiele ihr nicht, alles sei viel zu laut, die Leute zu rüpelhaft und überhaupt würde sie jetzt schlafen gehen. An diesem Abend bekam ich also einen Korb von Michelle.

Leider änderte sich dies auch an den folgenden Tagen nicht. Ich begann, langsam an mir selbst zu zweifeln. Ich, der knackige, gut aussehende Skilehrer, an dem normalerweise kein Mädel vorbei konnte! All meine Anmachversuche prallten an Michelle ab wie ein Gummiball an einer Betonwand. Und ich versuchte es wirklich jeden Abend mit neuen Mitteln. Ich spielte den coolen Macho, den verletzlichen Frauenversteher, den abenteuerlichen Weltenbummler. Nichts funktionierte. Und ich wurde immer verrückter nach diesem Mädchen, das aussah wie Schneewittchen.

Erst am Abend vor ihrer Rückkehr nach Berlin schien ich Michelles Nerv etwas getroffen zu haben: mit dem ernsten Intellektuellen. Als ich über Literatur zu sprechen begann (mein Allgemeinwissen ist nicht schlecht, und ich habe sogar einige Wälzer der Weltliteratur gelesen), wurde sie hellhörig. Sie verriet mir, dass sie Gedichte schrieb und Literaturwissenschaften studierte. Ich gab zu, dass ich in puncto Fachwissen nicht mit ihr mithalten konnte, aber ich bemerkte, dass sie plötzlich viel zugänglicher war. Trotzdem, an diesem Abend ergab sich nichts mehr zwischen uns.

»Ehrlich gesagt bin ich froh, wenn ich wieder zu Hause bin«, meinte sie. »Diese verrauchten Lokale hier, diese billige Musik und der ganze Alkohol … ganz ehrlich, das ist nicht meine Welt. In Berlin gehe ich kaum aus.«

Nein, sie war absolut kein Partygirl. Vielleicht faszinierte mich ja gerade das an ihr. Ob sie wohl immer so verhalten war? Ich gab vor, sie gut verstehen zu können, und jammerte, wie schwer man es als Saisonarbeiter hatte und so hart für sein Studium wirtschaften musste. Dafür bekam ich zwar keinen Kuss, aber ihre Telefonnummer.

»Du kannst dich ja mal melden, wenn du mal in Berlin bist.«
Ich steckte den Zettel mit der Nummer ein. Für alle Fälle.

Am nächsten Tag hatte ich Michelle schon fast wieder vergessen. Es kamen neue Mädchen ins Skigebiet. Mädchen, bei denen ich bessere Karten und leichtes Spiel hatte. Was ich schamlos ausnutzte. Nicht, dass mich das wirklich glücklich machte, aber die partyträchtigen Abende, die in diversen Hotelbetten endeten, waren der Ausgleich zu den Tagen, die ich mit mehr oder weniger talentierten Skianfängern verbrachte, denen ich ständig dasselbe predigte.

Nach vier Monaten war Saisonfinale, worüber ich mehr als froh war. Viel länger hätte mein Körper das nicht durchgehalten: jeden Abend Après-Ski, jeden Abend Alkohol. Ich freute mich auf drei Wochen Urlaub, bevor ich mich entscheiden musste, welchen Job ich als Nächstes angehen sollte.

»Hast du Lust auf ein paar Tage Berlin?«, fragte mich mein guter Freund Leo ein paar Tage später am Telefon. Seit er dort wohnte, und das waren immerhin schon zwei Jahre, hatte ich ihn noch nie besucht. Also sagte ich zu und packte meine Tasche. Als ich meine Skijacke weghängte – ich würde sie in Berlin nicht brauchen –, fiel mir Michelle wieder ein. Sie wohnte ja auch dort. Ob ich sie nicht mal anrufen sollte? Der Zettel mit ihrer Nummer war noch in meiner Jackentasche. Ich speicherte die Nummer in mein Handy.

»Ja, toll, jetzt bist du hier und hast schon wieder 'ne Tusse am Start, anstatt dass wir mal miteinander einen heben gehen«, beschwerte sich Leo, als ich ihm von meinem Date mit Michelle berichtete.

»Ach Leo, ich habe doch selbst nicht damit gerechnet, dass sie zusagt«, rechtfertigte ich mich. Und das war die Wahrheit. Ich hatte Michelle eine SMS geschrieben und sie hatte mich daraufhin sofort angerufen. Natürlich musste ich sie fragen, ob wir uns treffen, wenn ich schon in Berlin war! Als sie sofort zugesagt hatte, war ich perplex.

Sie sah noch besser aus, als ich sie in Erinnerung hatte. Meine Schneekönigin, wie ich sie insgeheim nannte, kam in engen Leggings, einem langen Top, einer Lederjacke und heißen Stiefeln auf mich zu. Ihre schwarzen Haare wippten mit jedem Schritt. Mir schien auch, dass sie keinen BH unter ihrem Top trug. Meine Gedanken schlugen Purzelbäume. Wir küssten uns links und rechts zur Begrüßung und gingen dann in das Lokal, das sie vorgeschlagen hatte. Ein Vietnamese. Schon, als sie sich ihre Frühlingsrolle zwischen die Lippen schob, hätte ich sie anspringen wollen. Aber da ich ja den ernsthaften Intellektuellen geben musste, konnte ich mir das nicht erlauben. Zum Glück redete sie so viel über ihr Studium, dass ich mich aufs Essen konzentrieren konnte und darauf, sie genauer zu mustern. Hätte sie gewusst, dass sie mir vor meinem inneren Auge schon längst nackt gegenübersaß, hätte sie mir vielleicht eine geknallt. So nickte ich nur an den mir als richtig erscheinenden Stellen ihres Monologes und ließ meinen Gedanken freien Lauf. Ich tüftelte an einem Plan, wie ich sie von mir überzeugen konnte.

Vielleicht sollte ich schlaue Fragen stellen. Über ihre letzte Beziehung? Ihre Vorlieben bei Männern? Ob sie mit mir darüber reden würde? Irgendwie schien sie mir doch zu zugeknöpft dafür. Aber wieso hatte sie sich dann mit mir getroffen? Ich grübelte, während ich mein Thai-Chili in mich hineinschaufelte, und ich grübelte noch, als mein Teller schon längst leer gegessen war und die Rechnung serviert wurde.

»Sag mal, seit wann hörst du mir schon nicht mehr zu?«, meinte mein Gegenüber auf einmal. Ich schreckte auf.

»Oh, oh … das tut mir leid«, entschuldigte ich mich eifrig.

»Na egal, ist ja auch nicht so wichtig. Ich wollte eigentlich nur wissen, ob du noch mit zu mir kommst?«, gab sie zurück.

Mir stockte der Atem. Was hatte sie da gerade gesagt, die Schneekönigin? Dieses zurückhaltende, ernste Wesen, von dem ich bislang nur Abfuhren kassiert hatte? Hatte ich mich verhört? Nein, bestimmt nicht. Jetzt nur noch richtig antworten, David, dann kann nichts mehr schiefgehen. Du bist wieder im Spiel.

»Liebend gern, Michelle.«

Stille Wasser sind verdammt tief. Das wurde mir klar, als mir Michelle an die Wäsche ging – natürlich erst, nachdem sie mir mit hingebungsvoller Stimme drei Gedichte vorgetragen hatte. An den Inhalt der Gedichte kann ich mich nicht mehr erinnern, bloß daran, dass ich wie ein Wackeldackel blöde nickte und sie sich plötzlich wie aus dem Nichts auf mich stürzte. Wie eine Raubkatze!

Sie riss mich an den Haaren, kratzte mir über Rücken und Oberkörper und fetzte mir förmlich die Kleider vom Leib. Wirklich, diese Frau war eine richtige Bestie. Als ich nackt vor ihr auf dem Bett saß, nahm sie meine Hand und steckte sich Zeige- und Mittelfinger in den Mund. Sie saugte wie wild. Natürlich stellte ich mir vor, sie würde das auch mit meinem Schwanz tun – und schon, als ich es gedacht hatte, versenkte sie ihren Kopf zwischen meinen Beinen. Und wie die blasen konnte! Zwischendurch ließ sie ganz leicht ihre Zähne über meine Eichel gleiten. Das Gefühl war unglaublich irre.

Dann durfte ich sie lecken. Sie schmeckte wie Zuckerwatte. Ich gab alles, ließ meine Zunge kreisen und meine Finger zugleich virtuos in ihr herumtanzen. Meine oralen Künste sollten den ihren in nichts nachstehen. Schließlich fragte ich sie, ob sie einen Gummi da hätte.

Sie nickte, meinte aber gleich: »Aber das geht sowieso nicht.«

Ich war kurz baff.

Sie erklärte: »Ich habe meine Tage und trage einen Stöpsel.«

Okay, das verstand ich.

Grinsend fuhr sie fort: »Aber von hinten geht schon. Also richtig von hinten, meine ich.«

Mein Mund wurde trocken. Bis zu diesem Zeitpunkt hatte ich noch nie Analsex gehabt. Nicht, dass ich es nicht gewollt hätte – i wo! Aber noch hatte mich keine auf diese Art und Weise rangelassen. Jetzt sollte es also so weit sein. Darauf war ich nicht vorbereitet gewesen.

»Warum zögerst du? Angst? Nicht dein Ding?« Die nackte Schönheit vor mir sah mich erwartungsvoll an.

Angst? So was konnte ich nicht auf mir sitzen lassen. »Legen wir los.«

Es war komplett neu, nicht zu vergleichen mit allem, was ich zuvor erlebt hatte. Ich spürte die Enge des ehemaligen Sperrgebietes, fühlte sie um meine Schwanzspitze gleiten und mich schließlich ganz umfassen: Ich war endlich drin. Was soll ich sagen – ich hielt genau 30 Sekunden durch, dann war's vorbei. Michelle hatte mit meinem Tempo natürlich nicht mithalten können, und deshalb war es an mir, ihr jetzt noch einen Höhepunkt zu bescheren. Ich tauchte also noch einmal ab und leckte sie ausgiebigst. Erst, als ihr Körper sich nach allen Seiten bog und sie vor Lust schrie, war ich zufrieden. Dann lag ich da und grinste in mich hinein. Ich und die Schneekönigin. Mit ihr hatte ich heute komplettes Neuland erkundet – Neuland, das ich von diesem Tag an immer wieder mit Freuden betreten würde.

Drei in einer Nacht

Sascha (24), Kfz-Techniker,
über Maike (22), Studentin, Christina (21), Kellnerin, und
Anna (22), Studentin, alle Hamburg

»Du verdammtes Arschloch!« Annas wütende Worte hallen in meinem Kopf nach. Er dröhnt noch von der Ohrfeige, die ich gerade von ihr bekommen habe.

Nein, was ich hier tue, gehört sich absolut nicht. Es ist moralisch verwerflich, unartig, rücksichtslos gegenüber den Gefühlen anderer, triebgesteuert. Es ist »typisch Mann«, würden viele Frauen sagen und dabei mit den Augen rollen.

Ebenso typisch Frau, sage ich – hab's schließlich schon oft genug erlebt. Die Weiber kennen keine Skrupel. Ich denke da nur an Sanja: Sagt, sie würde mir ihr Leben lang treu bleiben. Und was macht die Bitch? Betrügt mich hinterrücks schon längst mit Hannes, diesem auftrainierten Muckibären mit 'nem Hirn wie'n Stecknadelkopf. Dann kommt alles raus, sie macht einen auf Heulboje, meint, sie hätte sich vernachlässigt gefühlt und blabla. Oder Nina, die Ex von meinem besten Kumpel Nico. Die Möchtegern-Prinzessin auf der Suche nach ihrem Prinzen, mit weißem Pferd und so. Ich könnte kotzen, wenn ich an sie denke. Die hat Nico für so 'nen BWL-Typen verlassen, so einen Business-Checker, nur weil der mehr Kohle hatte und ihr das Blaue vom Himmel versprach. Das war schon ein Jahr lang so mit dem gegangen – und Nico war die ganze Zeit ahnungslos gewesen.

Nee, danke, auf so'n Scheiß kann ich getrost verzichten. Eine feste Freundin brauch ich nicht mehr. Besser locker in der Gegend rumvögeln, ohne Verpflichtungen, ohne Lügerei und so 'nen Kram. Aber das geht ja mit den Frauen anscheinend ganz schlecht. Die verstehen das nicht. Dabei ist es nun wirklich kein Geheimnis, dass ich stets mehrere Puppen am Start habe.

Aber immerhin hab ich die Wette gewonnen. Jetzt bekomm ich Dennis' supergeilgetunte Karre für ein Wochenende. Meine hab ich ja leider vor Kurzem gegen die Wand gefahren. Totalschaden. Da werd ich noch 'ne Weile arbeiten müssen, bis ich mir was Neues checken kann. Die Wette war geil: Ich habe behauptet, dass ich locker drei Schnitten an einem Abend klarmachen könnte. Natürlich großes Gelächter bei den Jungs. Wir waren in unserem Clubhaus, im Keller von Martins Eltern, ein großes Besäufnis. War auch nötig, um das Begräbnis meiner megageilen VW-Rakete zu feiern.

Dennis war sofort auf 180. Der war sowieso sauer, weil ich Roxy flachgelegt habe, auf die er schon immer scharf war. Jedenfalls blaffte er mich an, dass ich mich nicht so aufblasen solle. Das würde ich doch nie im Leben schaffen. So ein Flachwichser. Martin beobachtete unser Wortgefecht amüsiert, und kurz, bevor Dennis mir einen Kinnhaken verpassen wollte, ging er dazwischen.

»So, jetzt aber mal halblang. Ich hab 'ne Idee.« Dennis hielt in der Bewegung inne. »Wenn Sascha es schafft, auf meiner Geburtstagsfete drei Bräute zu knallen, bekommt er deine Karre für die Fahrt nach Berlin.« (Ich hatte mir Karten für ein dreitägiges

Festival in der Hauptstadt besorgt und schon den ganzen Abend rumgejammert, dass ich ganz und gar keinen Bock hatte, dort mit der Bahn hinzufahren.)

Dennis sah zuerst Martin, dann mich an. Klarer Fall von »wenn-Blicke-töten-könnten«. Ich grinste ihn unverschämt an.

»Das packt der doch nie«, kommentierte er abschätzig.

»Und wenn doch?«, gab ich herausfordernd zurück.

Es ging noch ein paar Mal so hin und her, bis er schließlich einwilligte. Handschlag. Top, die Wette gilt!

Und heute war der Abend der Abende endlich gekommen. Ich hatte gute Vorarbeit geleistet. Ich wusste, dass Christina, Anna und Maike vor Ort sein würden. Drei wirklich heiße Bräute, die ich schon von einigen Partys kannte. Mit Anna hatte ich sogar schon ein paarmal rumgemacht, ich wußte, dass sie auf mich stand. Bei Christina und Maike vermutete ich es nur, aber der Rest würde sich schon ergeben. Alle drei hatten einige Tage vor dem Stichtag eine nette SMS von mir bekommen. Frauen stehen auf so was. Wer das weiß, hat schon halb gewonnen. An meinem großen Abend musste ich also nur noch herausfinden, wer mein erstes Opfer sein würde.

Schließlich wurde es Maike. Ich wässerte sie mit Bier an. Wir standen an der Theke und ich gab alles. Sag 'ner Frau, sie sei die Schönste auf der Welt, und du kannst alles von ihr haben. Klar, zu plump sollte es nicht sein. Aber je höher der Pegel, desto mehr kannst du andrücken.

»Und du hast wirklich die ganzen letzten Tage schon an mich gedacht?«, lallte Maike mit seligem Lächeln.

Ich nickte und tat verlegen, was ich natürlich nicht war.

»Das ist sooo lieb!«, schwärmte sie.

Während meiner Mission sah ich mich immer wieder verstohlen in der Menge um. Anna und Christina sollten natürlich nicht zu viel davon mitbekommen, nicht dass sie noch eifersüchtig wurden! Jedes Mal, wenn ich zur Toilette ging – und das war aufgrund meines Bierkonsums häufig –, wechselte ich mit einer der beiden ein paar Worte, um sie warmzuhalten. Zu meiner Überraschung funktionierte das ganz gut.

Irgendwann schlug ich Maike dann vor, nach draußen zu gehen. »Ich würde mich gern ein wenig ungestört mit dir unterhalten.« Das funktioniert immer. Ich führte sie aus dem Keller. Martin und Dennis beobachteten mich dabei.

Es war eine laue Nacht. Wir setzten uns auf die kleine Bank vor der Gartenhütte, die Martins Eltern dort hingebaut hatten.

»Du bist so schön, Maike«, schwärmte ich sie an, und es dauerte keine drei Sekunden mehr, bis wir knutschten. Etwa zwei Minuten später war meine Hand unter ihrem Kleid, fünf Minuten später saß sie auf mir drauf, zehn Minuten später rollte sie mir 'nen Gummi über, dann vögelten wir, weitere drei Minuten später war alles vorbei.

»Mir ist schlecht«, meinte sie dann. »Ich gehe nach Hause.«

Das war mir nicht unrecht, so war wenigstens eine potenzielle Eifersuchts-Kandidatin aus dem Spiel.

Zurück im Partykeller, genehmigte ich mir erst mal ein Bier. Der Sex mit Maike war gut gewesen, aber ich hatte noch lange nicht genug. Und vor allem wollte ich es Dennis so richtig zeigen. Ich suchte ihn in der Menge, wartete, bis sich unsere Blicke trafen, und reckte den Daumen in die Höhe. Nummer eins – check! Der kann seine Karre schon mal volltanken für mich! Auf seinen angewiderten Gesichtsausdruck hin schenkte ich ihm ein dreckiges Grinsen.

So, und wer sollte nun die Nächste sein? Ah, da war Christina. Sie unterhielt sich gerade mit Martin, das traf sich gut.

»Darf ich bitte diese wunder-wunderschöne Frau kurz entführen?«, fragte ich und legte meinen Arm um Christinas Schulter. Sie würde der schwierigste Fall werden, das war mir klar. Christina galt als etwas prüde, außerdem trank sie im Vergleich zu den anderen Mädels wenig, da sie Leichtathletik machte. Sport und Alkohol vertragen sich ja bekanntlich nicht so gut. Martin hob beide Hände und zog grinsend ab.

»Weißt du, ich wollte dich schon immer unbedingt kennenlernen«, fing ich an. »Aber du bist ja immer von so vielen Männern umgeben. Da traut sich meinereiner ja kaum ran. Aber kein Wunder, so gut, wie du aussiehst!«

Das hatte gesessen. Christina ließ sich sofort einen Drink von mir ausgeben. Und da sie Alkohol nicht gewohnt war, reichte dieser eine auch, um sie weich werden zu lassen. Noch einmal zog ich meine Tour ab. Allerdings hatte ich diesmal Annas Blicke im Rücken. Ich schickte ein paar Stoßgebete nach oben, dass sie mir jetzt bloß keinen Strich durch die Rechnung machte. Schnell tippte ich eine SMS an Martin: *Beschäftige Anna bitte, bis ich hier fertig bin.* Ich wusste, Martin stand auf meiner Seite, er konnte mit Dennis ohnehin nicht so gut. Aus dem Augenwinkel konnte ich beobachten, wie er sein Handy aus der Hosentasche holte, die SMS las und in meine Richtung nickte. Ich dankte ihm so unauffällig wie möglich. Schon startete er mit einem Drink zu Anna aufs Sofa. Daran erkennt man gute Freunde.

»Was läuft denn da ab?«, fragte Christina, die das Ganze anscheinend mitbekommen hatte.

»Och, nichts«, meinte ich beiläufig. »Ist auch nicht so wichtig. Aber entschuldige bitte, ich habe die schönste Frau der Welt gerade etwas vernachlässigt. Darf ich das wiedergutmachen?«

Ich durfte. So diskret wie möglich brachte ich Christina nach draußen. Sie wankte schon ein wenig, und ich stützte sie. Dann wieder das gleiche Spiel. Knutschen, fummeln, Sex. Ich vernaschte sie direkt an der Hausmauer, im Stehen. Der Gummi wanderte dann in die Mülltonne. Christina wollte allerdings noch mal mit nach unten gehen.

Sie wollte auch noch knutschen, aber ich gab mich distanziert. »Mir ist nicht so gut«, meinte ich.

Auf ihre Fragen, was denn jetzt mit uns sei, antwortete ich nur knapp: »Ich hab's nicht so mit Beziehungen.« Was ja auch voll und ganz der Wahrheit entsprach.

Etwas angefressen dampfte sie ab, worüber ich natürlich froh war. Ich fühlte mich jetzt bereits wie der geilste Typ ever. Zwei Schnitten hatte ich schon geknackt, für die letzte an diesem Abend würde ich mir mehr Zeit nehmen. Anna war die Schärfste von den dreien, auf sie freute ich mich ganz besonders. Nachdem ich Dennis triumphierend zwei Finger gezeigt hatte, suchte ich meine Nummer drei. Sie saß immer noch mit Martin auf dem alten Sofa.

»Ist hier noch Platz für mich?«, fragte ich, wartete aber keine Antwort ab, sondern quetschte mich frech zwischen die beiden.

»He!«, rief Martin gespielt empört.

»Ich warte doch schon den ganzen Abend darauf, mit dieser Frau reden zu können – und dauernd kommst du mir in die Quere!«, beschwerte ich mich. Ich musste aufpassen, nicht zu lachen, und Martin ging es anscheinend ebenso.

»Ich hol mir mal 'n Bier«, seufzte er und stand auf. Anna, die offensichtlich beeindruckt war von meiner Aktion, lächelte mich an und prostete mir zu.

Aber dann kam es doch: »Wer waren denn die Mädels, mit denen du vorhin geredet hast?«

»Och, du, das waren alte Schulfreundinnen. Du weißt ja, wie das ist. Geschichten aufwärmen und so.«

Sie sah mich prüfend an, gab sich dann aber mit meiner Antwort zufrieden. Klar, in diesem Fall war ich nicht ganz ehrlich, das gebe ich zu – aber sie hatte auch nicht explizit weiter gefragt, und für mein Vorhaben wär's mir zu gefährlich gewesen. Nur nichts riskieren, dann geht die Nummer stressfrei über die Bühne, sagte ich mir. Und irgendwann verließ ich den Keller auch mit der schönen Anna, um mit ihr »ungestört zu sein«. Natürlich nicht, ohne zuvor Dennis ein Zeichen zu geben – drei Finger!

Anna wollte allerdings nicht nach draußen gehen, es war ihr zu kalt, erklärte sie. Gut, dann musste eben eine Alternative her. Da ich wusste, wo Martins Zimmer war, entschied ich mich für dieses. Es war dunkel und leer, das Bett säuberlich gemacht, alles stand ordentlich an seinem Platz. Martins Mutter hatte offensichtlich ganze Arbeit geleistet. Bei einem Chaoten wie ihm war das auch notwendig.

»Anna, du bist mir die letzten Tage nicht aus dem Kopf gegangen«, legte ich los. Und verfuhr wie gehabt. Schließlich lag Anna nackt vor mir auf der weißen Überdecke.

»Ich mach's aber nur mit Gummi«, meinte sie, und ich nickte. Kein Problem. Zum dritten Mal heute zog ich mir den transparenten Schlauch über. Dann fing ich an, es ihr zu besorgen, und innerlich klopfte ich mir schon auf die Schulter. Ich, der obergeile Typ, der drei Schnitten an einem Abend knallen konnte! Als Anna schon unter mir stöhnte, öffnete sich plötzlich die Tür. Ich stoppte und sah zur Tür, genau wie Anna. Da stand Christina.

»Du Dreckschwein!«, brüllte sie. »Zuerst vögelst du mich und dann … Aaaaaaah!«

In mir überschlug sich alles. Ich brachte keinen Ton heraus, blieb so liegen, wie ich war, und sah Anna an. Und da knallte es auch schon.

Eine Woche später: Ein knurrender Dennis drückt mir den Schlüssel in die Hand. »Dass du sie wirklich abgezogen hast, kannst du immer noch nicht beweisen«, meint er angefressen.

»Aber so was von«, entgegne ich und stecke den Schlüssel grinsend in meine Hosentasche. Darin vibriert es auch schon wieder. *Arschloch*, schreibt Anna.

12

Einmal geht's noch

Dietmar (34), im Außendienst,
über Svenja (33), Architektin,
beide Graz

Es hätte alles so schön sein können. Wenn nur Svenja nicht neben mir gesessen hätte. Wir waren im Sessellift auf dem Weg zur Bergstation. Unter uns tief verschneite Hänge, weißer Powder, der nur darauf wartete, von unseren Kanten zerschnitten zu werden. Ich konnte es kaum erwarten, endlich oben angekommen zu sein, die Skischuhe enger zu schnallen und loszulegen. Das würde allerdings noch ein paar Minuten dauern.

Svenja ignorierte mich komplett. Und ich machte dasselbe mit ihr. Ich überlegte, was ich tun konnte, damit sie sich ärgerte. Ha, genau! Rauchen. Svenja hasste es, wenn jemand neben ihr rauchte. Umständlich fingerte ich die Marlboros aus meiner Skijacke. Svenja ignorierte mich noch immer. Dann zündete ich mir eine an und blies genüsslich den Rauch in die Luft. Ich hatte Glück: Der leichte Wind ging genau in ihre Richtung, ich nebelte sie also richtig schön ein. Sie rümpfte die Nase und sah mich böse an. Diesen Blick kannte ich nur zu gut. Und jetzt gerade freute ich mich darüber wie ein Schneekönig. Ich lachte mir ins Fäustchen und nahm den nächsten tiefen Zug.

Svenja war meine Ex. Wir waren sieben Jahre zusammen gewesen. Sieben Jahre Rosenkrieg. Es hatte kaum einen Tag gegeben, an dem wir uns nicht gefetzt hatten. Im Nachhinein fragte ich mich, wie ich das überhaupt so lange durchgestanden hatte. Nun gut, vielleicht dachte sie ähnlich. Wahrscheinlich waren wir einfach zu verschieden. Es nervt ja schon, wenn man in einer Beziehung an dem Punkt ist, wo man ständig aus einer Mücke einen Elefanten macht – wir machten Tag für Tag Elefanten aus Amöben. Ich kann mich noch gut daran erinnern, wie einmal eine Autofahrt völlig eskaliert war, weil ich aus Versehen gehupt hatte und Svenja deswegen total ausflippte. Wir hatten uns ganze drei Stunden lang gestritten. Oder ein anderes Mal, als wiederum ich derjenige gewesen war, der sie als irre beschimpfte, weil sie sich ein Kleid gekauft hatte, das meiner Meinung nach völlig überteuert war. Mindestens vier Stunden dicke Luft. (Okay, ich gebe es zu – ich hatte auch meinen Anteil an unserem Scheitern.)

Dazwischen, also zwischen unseren Gefechten, war es echt gut gewesen. Wenn ich ehrlich bin, hatte ich davor und auch danach nie wieder so intensive Gefühle für eine Frau. Wir konnten prima miteinander lachen. Und der Sex, meine Güte, der Sex mit Svenja. Unbeschreiblich! Trotzdem, die Zeit ohne Stress war prozentual einfach zu gering gewesen. Wir trennten uns – nicht im Guten, sondern (wieder einmal) mit einem monstermäßigen Streit. Ich war aus unserer gemeinsamen Wohnung ausgezogen und hatte nahezu alles, was mir gehört hatte, dort gelassen. Ich wollte Svenja einfach nicht mehr sehen.

Und jetzt? Jetzt saß ich plötzlich wieder neben ihr, auf einem Sessellift. Und das alles nur, weil sie zufällig mit einer Freundin eines guten Kumpels von mir befreundet ist. Unser gemeinsamer Skitrip war schon lange geplant gewesen. Nur hatte mich niemand darüber informiert, dass Svenja mit von der Partie sein sollte. Diesbezüglich hatte ich also mit meinem Kumpel noch ein Hühnchen zu rupfen. Ich war mir sicher, er hatte mir absichtlich nichts gesagt. Klar, hätte ich gewusst, dass Svenja eine der sechs Personen sein würde, mit der ich eine Woche lang Spaß im Schnee haben sollte, ich hätte beinhart abgesagt. Mein Spaß reduzierte sich durch ihre bloße Anwesenheit um ein Vielfaches.

Endlich konnten wir aussteigen, und ich musste ihre Nähe nicht mehr ertragen. Kaum auszuhalten, diese negativen Vibes, die sich da zwischen uns ausbreiteten. Den Rest der Woche würde ich ihr aus dem Weg gehen, so viel war sicher.

»Danke, dass du mir nichts gesagt hast«, raunte ich Heinz zu, als wir beim Abendessen nebeneinander am Buffet standen.

Er grinste nur. »Wusste ich ja, dass du sonst nicht mitgekommen wärst.«

Da hatte er verdammt noch mal recht.

Beim Essen ergatterte ich Gott sei Dank den Platz, der am weitesten entfernt von Svenjas war. So bestand nicht die Gefahr, dass wir uns irgendwie in die Quere kamen. Viel lieber unterhielt ich mich mit den anderen. Außer mir und meiner Ex waren zwar nur Pärchen mitgekommen, aber die waren durchweg coole Häute.

»Wir sollten morgen noch mehr ins Gelände fahren«, schlug Tom vor. »Es schneit in der Nacht – das gibt perfekten Powder. Wer ist morgen um neun Uhr dabei?«

Ich hob die Hand. Das bedeutete, kein exzessives Feiern mehr heute. Aber wer das Gefühl kennt, einen tief verschneiten Hang hinunterzugleiten, weiß, dass man dafür auf vieles verzichtet.

Beim Frühstück am nächsten Morgen hatte ich Pech. Es war noch niemand von den anderen da – außer Svenja. Sie stand schon am Buffet und füllte sich gerade eine Tasse mit Filterkaffee ein. Halb Kaffee, halb warme Milch, ein Löffel Zucker. Erstaunlich, wie gut mein Gehirn das noch abgespeichert hatte. Als sie mich erblickte, grüßte sie kurz, aber nicht freundlich. Ich tat es ihr gleich. Dann saßen wir gemeinsam am Tisch und schwiegen uns an. Die Luft zwischen uns war so dick, jedes Wort wäre darin stecken geblieben. In mir stieg schon wieder die Wut hoch, ich konnte nicht einmal genau sagen warum. Wie gut, dass schließlich Tom und Moni kamen und als Pufferzone zwischen uns fungierten.

»Also, habt ihr alle euer Material beisammen? Funktionieren die Suchgeräte?« Heinz war quasi der Anführer unserer Truppe, der stets den Überblick über alles behielt. Wir hatten eine Reihe von Abfahrten geplant, die teilweise ziemlich gefährlich waren. Gefährlich deshalb, weil es bei der aktuellen Schneelage schnell mal passieren konnte, dass dort eine Lawine abging. Und flutsch kann man daruntergeraten … so was passiert schneller, als man denkt. Es bringt aber nichts, gleich vom Worst Case auszugehen. Sonst fährt die Angst immer mit – und der ganze schöne Spaß geht flöten. Eine Portion Respekt sollte man allerdings im Gepäck haben. Sonde, Schaufel und Suchgerät waren also Pflicht für alle.

Mein Herz raste vor Freude und Aufregung, als ich die ersten Schwünge in den weichen Schnee setzte. Weil ich versprochen hatte, von allen Fotos zu machen, war ich als Letzter losgefahren. Von allen hatte ich Bilder gemacht, außer von Svenja. Ups, dachte ich voller Schadenfreude.

Nach etwa hundert Metern blieb ich wieder stehen und zückte die Kamera. Gerade, als ich Tom fotografieren wollte, sah ich ihn mit beiden Skistöcken in der Luft herumfuchteln. Unser vereinbartes Alarmzeichen. Was war da los? Oh nein, da lag jemand im Schnee. Ich zoomte näher heran. Da lag ein gelb-blaues Bündel im Schnee, aus dem zwei Schier herausstanden. Das war eindeutig Svenja. Moni und Nike hatten sich ihre Bretter abgeschnallt und knieten bei ihr. Anscheinend konnte sie nicht aufstehen. Verdammt, was hatte sie angestellt? Ich kannte sie doch als erfahrene Freeriderin. Mir wurde ganz flau im Magen. Ich hatte nicht die geringste Lust, mich jetzt um meine Exfreundin zu kümmern – schließlich würde es sich dann kaum mehr vermeiden lassen, mit ihr zu reden. Aber was blieb mir schon anderes übrig, als zu den anderen zu fahren? Als ich unten angekommen war und sie dort liegen sah, ging mir ihr Anblick doch durch und durch. Sieben gemeinsame Jahre vergisst man nicht ganz. Sogar ein »Wie geht's dir?« rang ich mir ab.

Der Arzt, zu dem wir Svenja brachten, stellte fest, dass sie sich die Schulter gestaucht hatte. Nichts allzu Tragisches also, aber trotzdem hatte uns der Unfall einen gehörigen Schrecken eingejagt.

Abends saßen wir alle zusammen, Svenja trug den Arm in einer Schlinge und war in Anbetracht der Umstände ganz gut drauf. »Die Schmerzmittel knallen voll in die Birne«, lachte sie.

Es schien irgendwie, als habe sich die dicke Luft zwischen ihr und mir ein wenig aufgelockert. Ich war wirklich, wirklich froh, dass ihr nicht mehr passiert war. Die Schmerzmittel schienen sie allerdings echt schlapp zu machen. Es war noch nicht mal zehn Uhr, als sie sich verabschiedete und meinte, ihr würden sonst noch in derselben Minute die Augen zufallen. Mein »Gute Nacht« klang diesmal sogar versöhnlich-freundlich.

Wir anderen hielten noch bis Mitternacht durch. Schon schräg, wie viele Stunden man damit verbringen kann, über Schneelagen, Skiformen, Bindungen und Skischuhe zu fachsimpeln. Ich konnte mich glücklich schätzen, dass ich in dieser Runde gelandet war, in der alle anderen ebenso verrückt nach dem weißen Pulver waren wie ich. Darüber sinnierte ich auf meinem Zimmer noch ein wenig nach und schlief schließlich über meinen Gedanken ein. Nach kurzer Zeit wurde ich jedoch von meiner vollen Blase wieder geweckt.

In der Herberge, in der wir abgestiegen waren, befand sich das Klo noch ganz klassisch auf dem Gang. Nur mit meinen Shorts bekleidet, schlich mich hinaus. Auf dem WC war es eiskalt. Ich wollte so schnell wie möglich wieder in mein Zimmer und unter die warme Decke zurück.

Doch das sollte nicht passieren. Denn als ich fertig war und zurück huschen wollte, stieß ich im Flur fast mit Svenja zusammen. Sie trug nur ein knappes blaues Nachthemd.

»Ich wollte gerade aufs Klo«, erklärte sie hastig, als wäre es nötig, sich hierfür zu rechtfertigen. Ich denke, ihr war dieses fast intime Zusammentreffen genauso peinlich wie mir. Verlegen nickte ich.

»Wie geht es dir eigentlich … mit der Schulter?«

»Geht so, es tut schon heftig weh, jetzt wo die Schmerzmittel nachlassen.«

»Hmh.«

»Deshalb kann ich nicht schlafen.«

Schweigend sahen wir uns an. Und auf einmal prusteten wir los.

»Pschhht, wir müssen doch leise sein hier«, japste sie, als sie sich wieder gefangen hatte.

»Ich finde es nur irgendwie lustig, dass wir hier schon den zweiten Tag sind und noch gar nicht gestritten haben«, flüsterte ich.

»Das geht mir genauso.«

Und damit war das Eis zwischen uns gebrochen. Svenja fragte, ob ich noch mit ihr aufs Zimmer kommen wolle – »auf einen Film«, wie sie behauptete (sie hatte sogar einen Mini-Fernseher dort stehen) – und ich willigte ein.

Der Fernseher blieb dann allerdings aus. Denn während wir in den »guten alten Zeiten« schwelgten, und damit meine ich wirklich nur die guten, wurde ich so scharf auf sie, dass ich gar nicht anders konnte, als mich auf sie zu stürzen. Die Küsse schmeckten vertraut, und auch ihr Haar roch noch immer nach dem gleichen Shampoo wie früher. Es war nicht nötig, sich langsam aneinander heranzutasten. Wir kannten ja die Vorlieben des anderen bereits. Der einzige Unterschied zu früher war Svenjas verletzte Schulter.

»Auuuuuuuuuuuuu!«, jaulte sie auf, als ich mich zu überschwänglich auf sie warf. Ich entschuldigte mich, und zum Glück lachte sie gleich wieder.

»Ich werde vorsichtig sein«, versprach ich ihr mit einem Augenzwinkern.

Den anderen so gut zu kennen kann auch spannend sein, wie
mir an diesem Abend klar wurde. Es machte mir Spaß, meine Ex
genau an den Stellen zu stimulieren, an denen sie es am liebsten
mochte. Sie liebte es schon immer, in den Nacken gebissen zu werden, und sie gurrte wie ein Täubchen, wenn man ihr leicht in den
Hintern biss. Oralsex war so gar nicht ihres, deshalb ließ ich meine
Finger spielen. Und wie früher streichelte auch sie mich genauso,
wie es mich heiß machte: Sie fasste meinen Schwanz richtig fest an
und knabberte an meinen Brustwarzen (ja, es gibt auch Männer,
die das mögen!).

Als ich in sie eindrang, tat ich dies zuerst nur mit der Spitze,
weil ich wusste, dass sie dann richtig abgehen würde. Schließlich
bettelte sie schon fast darum, dass ich endlich ganz in sie eindrang.
Diesen Wunsch erfüllte ich ihr nur zu gerne. Es war eine massive
Explosion, mit der ich an diesem Abend kam. Und soweit ich es
mitbekommen habe, war auch Svenjas Orgasmus einer der hefti-
geren Sorte gewesen.

»Ich kann mich gar nicht erinnern, wann es das letzte Mal so
geil war«, unterbrach ich die Stille danach.

»Geht mir ähnlich. Trotzdem, du weißt eh, dass Sex mit dem Ex
eigentlich ein No-go ist«, lachte Svenja.

»Eh. Aber hast du noch nie was von ›einmal geht's noch‹ gehört?«
Hatte sie nicht.

Die weiteren fünf Urlaubstage liefen völlig entspannt ab. Svenja
und ich hatten noch gemeinsam im Bett liegend beschlossen, dass
wir es nicht ein zweites Mal miteinander versuchen würden. Immerhin hatten wir sieben Jahre gemeinsam verbracht und keinen
Weg gefunden, nicht zu streiten. Es würde also auch weiterhin
nicht funktionieren, davon gingen wir zumindest aus.

Allerdings besuchte ich sie noch drei Mal in ihrem Zimmer, um
das zu tun, worin wir miteinander gut waren. Schließlich konnte

sie mit ihrer Schulter nicht Ski fahren und war den ganzen Tag unterbeschäftigt. Da hatte sie sich doch wenigstens nachts ein bisschen Abwechslung verdient.

13

Fight Club

Piet (28), Bürokaufmann,
über Susi (26), Angestellte,
beide Essen

»Du Arsch!« – Wenn ich nur wüsste, was ich jetzt schon wieder falsch gemacht habe! Es ist wirklich zum Verzweifeln. 52 Wochen kennen wir uns jetzt – und die Zahl der Streitereien, die wir in dieser Zeit erlebt haben, dürfte ins Vierstellige gehen, da verwette ich meine linke Hand drauf. Das Ärgerliche an der ganzen Sache ist, dass ich mich für keinen dieser Streite verantwortlich fühle. Ich bin in jeder Lebenslage überzeugter Pazifist. Wenn ich einem Disput aus dem Weg gehen kann, dann tu ich's. Aber Susi … die kann eine richtige Kampfzicke sein. Ich hüte mich davor, zu behaupten, sie hätte Haare auf den Zähnen. Schließlich liebe ich sie doch. Aber manchmal … da könnte ich sie glatt gegen die Wand klatschen. So wie jetzt gerade. Ich atme tief durch und zähle innerlich bis zehn. Es hilft nichts. Ich balle die Fäuste, sodass sich meine Fingernägel ins Fleisch meiner Hände graben. Hilft auch nicht viel. Immer noch habe ich ihr wutverzerrtes Gesicht vor Augen. Brrrrrh, so schön sie auch sonst ist – dieser Anblick ist zum Fürchten. Wenn sie will, kann sie nämlich eine richtige Fratze ziehen. Dann kneift sie die Augen so fest zusammen, dass von dem Babyblau ihrer Iris kaum noch etwas zu sehen ist. Ihr ganzes kleines Gesicht ist dann übersät von Falten, die sie normalerweise gar nicht hat. Nicht schön, nicht schön. Fürchte fast, dass es gleich aus ihren Ohren dampft.

Okay, wenn ich so darüber nachdenke, wird mir schon klar, warum sie so wütend abgedampft ist. Die eigene Freundin »Gollum« zu nennen, das ist schon recht dreist. Obwohl sie's verdient hat!

Das Problem an diesen vielen Streitereien sind nicht nur die Gefechte an sich. Natürlich sind diese unangenehm, schmerzhaft und auf Dauer schlichtweg nervtötend. Das wirklich große Dilemma ist aber ein anderes: Wenn es im Schnitt jeden zweiten Tag knatscht und beide Partner nichts von Versöhnungssex halten, dann ist die Zeitspanne für sexuelle Handlungen sehr reduziert. Bedenkt man, dass in diese ohnehin beschränkte Zeitspanne auch noch notwendige Tätigkeiten wie Arbeiten und essenzielle körperliche Bedürfnisse wie Nahrungsaufnahme oder Schlafen fallen, liegt die übrig bleibende potenzielle Vögelzeit bei null.

Das ist auch der Grund, warum Susi und ich schon ein Jahr zusammen sind, man unsere sexuellen Interaktionen jedoch an zwei Händen abzählen kann. Wer sich jetzt fragt, wie ich das als Mann aushalte, der fragt sich das zu Recht. Ich kann aber nur ganz ehrlich antworten: Ich liebe sie eben. Deshalb habe ich mir auch abgewöhnt, meinen Jungs von meiner unfreiwilligen Abstinenz zu erzählen. Es trifft einen schon hart, wenn die besten Kumpels nur mehr ungläubig den Kopf schütteln. Wenn du immer und immer wieder zu hören bekommst: »Hm, ja, okay, die Susi mag ja schon eine Nette sein, aber willst du etwa dein Leben lang verzichten? Ich meine, Piet, denk doch mal nach …« Und so weiter und so fort. So was ist nicht schön. Und weil ich in puncto Susi nicht ins Zweifeln kommen will, winde ich mich wie ein Wurm um sämtliche Sex-gespräche herum. Nur immer schön vom Thema ablenken, wenn's brenzlig wird.

Ich meine, die Jungs sind ja auch nicht ganz doof – aber sie lassen mich meistens in Ruhe mit dem Thema. Man kann ja auch ganz gut über Sport und Autos reden oder so 'nen Kram. Männer tun sich mit inhaltslosen Gesprächen prinzipiell nicht schwer.

Ich überlege, was ich jetzt am besten mache. Gleich nach Hause? Geht nicht, da ist Susi doch bestimmt hin. Und wenn ich dort auf-kreuze, geht das Trara bestimmt gleich wieder von vorne los. Weil sie sich auch nie beruhigen kann! Hm … zu Tom? Nein, der rät mir wahrscheinlich, ihr den Laufpass zu geben. Schlecht. Ich könnte mir mal wieder mein Mountainbike schnappen und mir meine Wut aus den Gliedern strampeln. Besser. Das ist doch mal ein Plan!

Nach einer zweistündigen Tour bin ich fix und fertig. Der Schweiß rinnt mir in Bächen den Rücken hinab, mein Gesicht muss krebsrot sein. Puls wie 'ne Rakete! Früher war ich auch mal fitter. Na ja, das kann sich wieder ändern. Wenn ich nach jeder Beziehungs-Fehde eine Runde radeln gehe, sehe ich bald aus wie Brad Pitt oder einer von denen. Meine Güte, der hat's sicher auch nicht leicht mit diesem Hungerhaken und den vielen Bälgern am Bein. Die Angelina, die sieht zwar klasse aus, aber immer auch ein bisschen frustriert, nicht wahr?

Der Gedanke, dass es jemandem wie Brad auch nicht besser geht als mir, erleichtert mich enorm. So sehr sogar, dass ich verhältnis-mäßig gute Laune habe, als ich unsere Wohnung betrete. Es sieht so aus, als wäre die Luft rein, vielleicht hat Susi sich ja schon zum Lesen ins Bett verzogen. Schlecht wär's nicht, dann kann ich direkt auf die Couch wandern und den Fernseher einschalten. Zumindest für heute Abend bin ich vor weiteren Raubtierangriffen sicher.

Zu früh gefreut: Als ich in die Küche gehe, um mir ein Glas Wasser zu holen, steht sie dort und schmiert sich gerade ein Brot. Sie hört mich, dreht sich um und blitzt mich böse an. Fehlt nur noch, dass sie zu fauchen beginnt und mir übers Gesicht kratzt. Bei dieser Vorstellung schaue ich offenbar so debil drein, dass sogar sie kurz lachen muss. Kurz steigt Freude in mir auf, aber da räuspert sie sich schon, als hätte ich sie bei etwas Schlimmem ertappt (Lachen!), und zieht die Mundwinkel wieder demonstrativ nach unten. Schon wieder zu früh gefreut. Wie immer versuche ich, die Situation doch noch irgendwie zu retten.

»Susiii … wir sollten aufhören mit dem Scheiß. Jetzt haben wir gestern unser Einjähriges gefeiert, ich hab echt versucht, alle Register zu ziehen, und du kannst deine Streitlust einfach nicht im Zaum halten! Jetzt denk doch mal ernsthaft nach: Wie viel Zeit verbringen wir eigentlich miteinander, in der wir uns verstehen? Ich kann mich nicht an zwei Tage ohne Auseinandersetzung erinnern! Ich meine, Babe – ganz ehrlich, ich weiß nicht, wie lange ich das noch durchstehe!«

Als ich meinen Monolog beendet habe, keuche ich, so sehr habe ich mich dabei verausgabt. Ich möchte doch einfach nur, dass sie das Ganze endlich ernst nimmt! Und mir ist es wirklich ernst. Das, was ich gerade gesagt habe, war alles andere als heiße Luft, das wird mir jetzt erst so richtig klar. Susis Mimik zeigt mir unverkennbar, wie geschockt sie von meinen Worten ist. Mist, ich wollte sie doch nicht verletzen. Grundgütiger, die Situation ist wirklich verfahren. Am besten, ich halte ab jetzt einfach die Fresse.

Susi geht langsam in der Küche auf und ab. Jetzt ist sie es, die schnauft. Ich habe keine Ahnung, was nun passieren wird, und überlege, ob ich schon mal in Deckung gehen soll. Fliegendes Geschirr? Hatten wir schon. Schreikrampf? Gehört zum Standard-Repertoire. Mit den Fäusten gegen die Wand hämmern? Macht sie nicht mehr – hat sie schon bitter bereut, weil aua. Ich beobachte sie, warte ab und bleibe wachsam wie ein Tier, jederzeit bereit, die Flucht anzutreten.

Sie wendet sich in meine Richtung und sieht mich an. Schnauft noch einmal. Ich weiche einen Schritt zurück. Sie macht einen auf mich zu. Das Ganze wiederholt sich ein paar Mal. Ein Schritt von mir nach hinten – einer von ihr nach vorne. Trapp, trapp. Bis mein Hintern an einem der Küchenschränke anstößt. So, jetzt ist es vorbei mit der Flucht. Was soll ich jetzt tun? Mir fällt ein: In Filmen macht das Opfer in dieser Szene immer die Augen zu und wartet, was kommt. Gute Idee – das mache ich auch. Augen zu und warten, auf den Schlag, den Tritt, die Ohrfeige, was auch immer jetzt kommen mag.

Plötzlich zucke ich zusammen – ich spüre weiche Lippen auf meinen. Das ist das, womit ich jetzt am wenigsten gerechnet hätte. Ganz traue ich der Situation nicht und küsse deshalb nur vorsichtig zurück. Eigentlich bin ich immer noch wütend. Wütend, weil ich überhaupt so was wie Angst vor meiner Freundin haben muss! Trotzdem, die Geilheit bahnt sich unaufhaltsam einen Weg in meine Hose.

Irgendwas in mir will sich aber auch für diese Wut rächen. Es bringt mich dazu, dass ich so richtig fest in Susis Lippen beiße. Sie schreit leise auf, wehrt sich aber nicht. Stattdessen packt sie mich am Nacken und beißt ebenfalls zu. Sie hält meinen Kopf so fest, dass ich nicht weg kann. Unsere Zähne stoßen aufeinander, es hat nichts mehr mit zärtlichem Knutschen zu tun. So, wie unsere Zungen miteinander rangeln, wirkt es eher, als würden wir unseren Kampf weiter austragen. Nonverbal. Ich packe sie an den Haaren und ziehe ihren Kopf ein wenig nach hinten, wodurch sie mir ihren Hals entgegenreckt. Etwas zärtlicher als bei ihren Lippen beiße ich hinein. Sie lässt mich gewähren, stöhnt sogar auf dabei. Langsam bekomme ich wirklich Gefallen an der Sache. Susi öffnet die Augen und sieht mich an. Ihre Pupillen schimmern groß und dunkel. Böse. Aggressiv. Aber auch irgendwie geil. Ich merke, wie es mich anmacht. Es scheint, als wäre das hier unser ganz persönlicher, privater Fight Club. Und dieses Mal kämpfen wir nicht mit Worten.

Ich lasse Susis lange Haare nicht los, sondern beginne, sie daran in Richtung des Küchentisches zu lotsen. Sie protestiert nicht und hievt ihren Hintern auf die Holzplatte. Als kleines Dankeschön für meinen festen Griff kratzt sie mit beiden Händen über meinen Rücken, und obwohl ich noch mein T-Shirt anhabe, weiß ich, dass ihre Nägel Striemen hinterlassen werden. Jetzt fasst sie nach meinen Haaren, lässt ihren Oberkörper auf die Tischplatte sinken und zieht mich mit. Wieder knallen unsere Zähne beim Küssen aufeinander. Ich will nur noch eines: in sie rein.

»Ich werde dich jetzt ficken«, kündige ich deshalb an – ohne den Ansatz eines Lächelns. Das wäre hier gerade fehl am Platz.

Sie starrt mich nur ausdruckslos an und nickt kurz, so als wäre ich ihr Gebieter.

Na warte, dir werde ich es schon zeigen, denke ich, greife unter ihr Sommerkleidchen und schiebe mit einer Hand das Höschen zur Seite. Als meine Hand kurz zwischen ihren Beinen verharrt, spüre ich, dass sie mehr als bereit ist, mich aufzunehmen. Ohne groß rumzufackeln, stoße ich direkt in sie hinein. Sie hat ihre Beine um mich geschlungen und drückt sie so fest zusammen, dass es fast schmerzt. Ich kralle mir ihre Hüfte und drücke ebenso beherzt zu. Am liebsten würde ich knurren vor Lust. Obwohl keiner von uns beiden beseelt lächelt, liegt eine Spannung in der Luft, die so geil ist, dass ich fast daran ersticke. Die Sommerhitze tut ihr Übriges. Wie mechanisch ramme ich mein Teil in meine Freundin, die im Takt stöhnt, aggressiver und lauter, als ich es jemals von ihr gehört habe. Ich bin wie in Trance. Irgendwann presst sie die Beine noch fester um mich, ihr Geschrei wird noch lauter und ich spüre, das sie gleich kommen wird. Das haut mir alle Sicherungen raus – und ich sinke zuckend über ihr zusammen.

Als wir dann so daliegen, sie mit dem Rücken auf dem Tisch, ich mit dem Oberkörper auf ihr, verlieren unsere Körper langsam die Härte. Susis Beine werden weicher, lassen mich los und baumeln schließlich locker nach unten. Der feste Griff ihrer Hände an meinem Rücken weicht einem vorsichtigen Streicheln, ich knete ihre Hüfte nur noch sanft. Ich recke meinen Kopf nach oben und schiele in Susis Gesicht. Unsere Augen treffen sich. Es scheint, als sei mit dem Orgasmus jegliche Aggression aus uns gewichen. Auf einmal formen sich ihre Lippen zu einem wohlwollenden Lächeln, ihre blauen Augen blitzen freundlich auf und mustern mich. Ich kann gar nicht anders, als zurückzulächeln. Hätte ich meiner Freundin auch vorher noch am liebsten den Hals umgedreht, ich könnte jetzt keinen bösen Gedanken ihr gegenüber fassen.

So fühlt er sich also an, der viel gepriesene Versöhnungssex. Geil, geil, geil! Nun, wenn es nach mir geht, können wir das in Zukunft immer so handhaben. Dann wäre meine Panik vor Streitereien jedenfalls Geschichte.

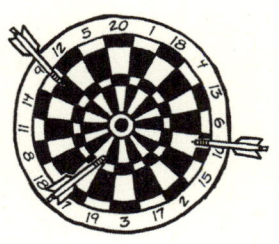

Game over

Robert (24), Programmierer,
über Lena (21), Sekretärin,
beide München

»Soso. Du willst also dein Glück herausfordern. Sollst du haben, Alter.« Ein aggressives Funkeln blitzte in Timos Augen auf, als er die Dartpfeile an sich nahm und sich in Position begab.

Ich wusste, dass ich keine Chance gegen ihn hatte. Und Timo selbst wusste das natürlich auch. Ebenso war mir klar, dass er es genoss, mich beim Darten fertigzumachen. Timo war zwar seit 15 Jahren so etwas wie mein bester Freund, aber seit zwei Monaten etwa kriselte es ein wenig zwischen uns. Der Grund dafür war seine neue Freundin, Lena. Lena war 1,70 groß, blond, kurvig. Ein Männertraum, um es kurz zu sagen. Ich mag Timo wirklich gern, er sieht echt nicht schlecht aus, und ich gönnte ihm das Glück mit Lena auch von ganzem Herzen – aber wenn ich ehrlich bin, dann war ich von Anfang an der Meinung, dass sie eine Nummer zu groß für ihn war. Mein erster Fehler war gewesen, dass ich das einmal – wenn auch nur sehr kryptisch formuliert – in einem Gespräch angedeutet hatte. Nicht gut für Timos immer schon recht labiles Ego.

»Dreimal die 20. Mach's nach oder zahl lieber gleich die nächste Runde.«

»Ich bestell schon mal.« Schließlich wusste ich, dass ich einen solchen Wurf nicht im Traum nachmachen konnte. An der Theke auf unsere Biere wartend, erwischte ich mich, wie ich an Lena dachte.

Mein zweiter Fehler war gewesen, dass ich vor Timo kein Hehl daraus gemacht hatte, dass ich seine Freundin superscharf fand und ihm – zwar im Scherz, aber immerhin – vorgeschlagen hatte, mir sofort Bescheid zu geben, wenn sie sich trennen würden und Lena wieder »frei« wäre.

Mein dritter Fehler war nicht ganz mir allein zuzuschreiben. Aber ich hätte vielleicht besser nicht darauf einsteigen sollen, als Lena mich eines Abends in Timos Beisein offensiv anflirtete, aber was sollte ich machen? Mein Ego hatte einfach Flügel bekommen. Männer im Wettbewerb – da kann die freundschaftliche Solidarität schon mal an zweite Stelle rutschen … oder? Nein, mir ist schon bewusst: Eigentlich ist es Teil des männlichen Ehrenkodex, dass Freundinnen von Freunden ein absolutes Tabu sind und auch nach Beziehungsende tabu bleiben. Punkt.

Trotzdem: Ich hatte die drei Fehler nun mal begangen. Und weil ich an diesem Abend von einer Woge schlechten Gewissens überrollt wurde, bekam Timo das Bier mit der besonders schönen Schaumkrone.

»Lena kommt übrigens nachher vorbei«, warf er plötzlich ein und wischte sich den hängen gebliebenen Schaum aus seinem Bart.

Ich war gerade noch am Trinken und verschluckte mich prompt bei seinen Worten. Nachdem Timo mir dreimal kräftig auf den Rücken geklopft hatte, konnte ich wieder atmen.

»Alles okay?«

»Jha … ächz, krchz … ja, danke.« Ich konnte doch nicht zugeben, dass mich die Nachricht von Lenas Besuch so geschockt hatte. Vor allem, wenn ich selbst nicht verstand, warum eigentlich.

Auweia! Herzklopfen bekam ich jetzt auch noch bei dem Gedanken an sie, und mein Puls kletterte auf gefühlte 180. Schon klar, schon klar. Du findest sie nur scharf, Robert, mehr ist da nicht. Und dafür, dass du sie scharf findest, kannst du nichts – Ehrenkodex hin oder her. Das sind die Hormone, die tun doch, was sie wollen. Nimm noch einen Schluck Bier und entspann dich gefälligst. Nicht, dass Timo noch was mitbekommt!

»Wirklich alles okay? Du bist so blass.«

Ich verneinte nur schweigend und deutete an, dass ich mal kurz für kleine Jungs musste. Ja, blass war ich wirklich. Na hoffentlich würde mich Lena nicht wieder so provozieren … Wieso hatte sie das überhaupt getan? Meinen Jagdtrieb gereizt. Blöde Tante. Sollte Timo doch auf *sie* sauer sein. Hirnwichserei hin oder her, es half doch alles nichts. Ich musste wieder da raus, komme, was wolle. Ich würde ihr einfach die kalte Schulter zeigen, ha!

Und da stand sie auch schon, als ich rauskam, mit dem Rücken zu mir. Unter dem engen, türkisfarbenen Sommerkleid, das sie trug, zeichneten sich ihre aufreizenden Kurven ab. Ich senkte meinen Blick, um diesem Anblick zu entkommen.

»Heyyy … Robby! Wie schön, dich wiederzusehen! Komm, lass dich knutschen!«

Ich zwang mich zu einem gequälten Lächeln. Dass die aber auch so offenherzig sein musste! Das machte es nicht leichter. Sie schlang ihre Arme um mich, drückte mir ein Küsschen links-rechts auf die Wangen und ihre Brüste gegen meinen Oberkörper. Toll. In meiner Unterhose regte sich schon was. Fast ruckartig stieß ich Lena von mir. Fiel aber, glaub ich, keinem auf – Timo bastelte an seinen Highend-Dartpfeilen herum und Lena quasselte schon drauflos. Irgendwas von der Geburtstagsfete, von der sie gerade gekommen war. Und dass sie noch immer ganz schön durstig war.

»Lasst uns mal was Handfestes bestellen, hm? Sonst werd ich noch müde. Eine Flasche Wodka, und dazu O-Saft, bitte!«

Zwei Stunden später. Die Dartscheibe hatte sich verdoppelt, Lena war noch schöner geworden, Timo noch angesäuerter als zuvor. Er hatte mitansehen müssen, wie seine Liebste wieder in die Offensive gegangen war. Nur leider nicht ihm gegenüber – sondern mir. Schonungslos hatte sie alle weiblichen Register gezogen: Titten raus, Haare nach hinten werfen, Kopf leicht neigen, Schmollmund, Augenaufschlag ... sie hatte über jeden meiner Witze vollkommen übertrieben gelacht und es sich nicht nehmen lassen, ständig meinen Ellenbogen oder meine Schulter zu berühren. Das Blöde war: Ich hatte mich auch nicht gewehrt. Kein Wunder, dass Timo mir das übel nahm. Mittlerweile blitzte er mich an, als würde er mir mit Vergnügen eine Granate in die Hose stecken und mich ohne zu zögern damit hochjagen. Ich konnte ihn irgendwie verstehen. Und trotzdem ließ ich Lenas Avancen weiter zu mir durchdringen.

So ging das Spielchen noch eine ganze Weile – doch irgendwann hatte Timo die Schnauze voll. Mit den Worten »Ihr könnt mich doch beide so was von am Arsch lecken« fegte er sein leeres Bierglas vom Tisch, stand auf, schnappte seine Jacke und räumte das Feld. Ich machte noch Anstalten, ihm nachzulaufen, aber Lena hielt mich zurück.

»Nicht. Lass ihn gehen. Er wird nicht mit dir reden wollen.«

»Aber ich will gar nicht mit ihm reden ... ich will doch nur nicht ...«

»Doch, ich glaube schon, dass du willst ...«, unterbrach mich Lena mit laszivem Unterton.

Das war dann auch der Moment, wo das Unaufhaltsame seinen Lauf nahm. Die letzten Eindrücke, die ich vor unserem ersten Kuss wahrnahm, waren Lenas süßliches Parfum und dieser Schlafzimmerblick, dem ich schon von Anfang an verfallen gewesen war. Dann spürte ich ihre Lippen, was sich gut anfühlte, dazu mischte sich das heiße Gefühl der Erregung, gepaart mit einer erneuten Woge schlechten Gewissens – und zwar einer viel, viel stärkeren als je zuvor. Sie brachte mich trotzdem nicht dazu, mich aus der Situation zurückzuziehen, so wie es sich eigentlich »gehört« hätte, was wiederum bestimmt durch den Alkohol bedingt war.

»Wir sollten uns ein ungestörtes Plätzchen suchen ...«, raunte Lena mir ins Ohr.

Der Gedanke ans Ungestörtsein mit Lena machte mich so wuschig, dass ... Nein, Robert! Spinnst du? Nicht das auch noch! Denk an deinen besten Freund! Sag, geht's dir noch gut? Was für ein Arschloch bist du überhaupt? Nicht mal dran DENKEN!!!

Aber wie es eben so ist, das Gewissen behält nicht immer die Oberhand gegenüber dem Begehren. Und so war es auch in meinem Fall. Jeglichen Gedanken an Timo und an das, was ich mit dieser Aktion anrichten würde, wischte ich weg – tief in den hintersten Winkel meines Bewusstseins.

Lenas Hände, die sich mittlerweile zwischen meinen Beinen zu schaffen machten, taten ihr Übriges. Ich wollte gar nicht mehr denken, wollte keine Verantwortung übernehmen für das, was ich da tat. Alles, was ich wollte, war Sex – und wenn Lena und ich ebendiesen miteinander haben sollten, dann sollte es eben so sein.

Sie zerrte mich auf die Damentoilette des Lokals. Dort herrschte dieser typische seifige Klogeruch, den jeder kennt. Nicht unbedingt anregend, aber in Anbetracht der Tatsache, dass da gerade eine blonde Schönheit ihre Brüste vor mir auspackte, konnte ich den Geruch locker ausblenden.

»Setz dich hin«, wies sie mich an und deutete auf den heruntergeklappten Toilettendeckel.

Ich tat, wie mir befohlen. Noch nie zuvor hatte ich erlebt, dass eine Frau so offensiv ranging. War mir aber nicht unangenehm, ist klar.

»Vor dem Hinsetzen solltest du schon noch die Hose runterlassen«, bemerkte Lena giggelnd.

Ja, da hatte sie natürlich recht. Pfuh, die raubte mir noch glatt den Verstand!

»Die Unterhose auch. Sonst geht's technisch nicht.«

Der Vorwurf, dass das männliche Gehirn im Zustand sexueller Erregung nach unten rutscht, ist zu hundert Prozent berechtigt.

Nachdem Lena sich auf mich gleiten lassen hatte, machte ich offenbar nichts mehr falsch. Wie denn auch? Schließlich erledigte *sie* fast alles. Sie bewegte sich auf mir auf und ab, mir blieb in meiner Position zwar vor Geilheit der Atem weg – aber nicht viel Bewegungsfreiheit. Das schien meine Sexpartnerin aber nicht im Mindesten zu stören. So, wie sie stöhnte, bin ich mir sicher, dass das halbe Lokal draußen mitbekam, was da auf der Toilette gerade abging. Aber diese völlig schamlose Gleichgültigkeit ihrerseits machte mich umso schärfer. Als ich kurz nach ihr kam, schrie ich mindestens ebenso laut wie Lena.

»Du bist eine Sexgöttin«, brachte ich schnaufend heraus, während sie noch auf mir saß und meinen Kopf an ihre Brüste drückte.

»Und du ein ziemliches Schwein, das soeben die Freundin seines besten Freundes gefickt hat«, entgegnete sie.

»Ach du Sch…« Mir dämmerte wieder alles, was ich in der letzten halben Stunde erfolgreich verdrängt hatte. Hastig stieß ich Lena von mir herunter und raffte meine Hosen hoch.

»Lass doch mal locker. Jetzt kannst du es eh nicht mehr rückgängig machen«, versuchte sie, mich zu besänftigen.

»Ich weiß. Aber ich muss hier weg. Einfach nur weg. Schnell weg.«

»Robby, hör mal …«

»Lena. Das war grad eine richtig miese Aktion von uns. Ich weiß auch nicht, ich muss drüber schlafen, aber morgen werde ich Timo alles beichten. Ich kann ihm sonst nicht mehr in die Augen schauen … und ich selbst kann auch nicht mehr in den Spiegel sehen.«

Lena guckte mich nur entgeistert an. Dann machte sie sich daran, ihre Bluse zuzuknöpfen, und seufzte kopfschüttelnd: »Moralapostel.«

Wie auch immer, Moralapostel hin oder her – ich würde mein Gewissen erleichtern und Timo die Wahrheit erzählen. Das beschloss ich für mich, als ich mich zu Hause taumelnd und erschöpft ins Bett begab. Nein, er hatte es nicht verdient, so hintergangen zu werden. Morgen würde ich ihn um ein Gespräch bitten, ihn zu einem Frühstück einladen und dann … ja. Dann würde die ganze Wahrheit ans Licht kommen. Keine Details über den Sex, aber schon im Großen und Ganzen, was passiert war. Er würde natürlich stinksauer sein, aber mich schlussendlich für meine Ehrlichkeit wertschätzen … meine Beweggründe verstehen, meine Reue sehen und Gnade walten lassen, weil Menschen nun einmal Fehler begehen. Unsere Freundschaft würde natürlich einen Knacks bekommen, aber das würde sie aushalten und alles würde sich von Neuem aufbauen und dann tiefer gehen als zuvor … Das in etwa waren meine letzten alkoholgeschwängerten Gedanken, bevor ich in dieser Nacht vom Schlaf übermannt wurde.

Zu dem klärenden Gespräch mit Timo kam es nie. Als ich am nächsten Morgen mit brummendem Schädel und dem Geschmack eines schon lange toten Tieres im Mund aufwachte und wie automatisch zu meinem Handy griff, hatte ich bereits eine Nachricht von Timo am Display: »Du Arschloch. Ich hätte dir viel zugetraut, aber das nicht. Lena hat mir alles erzählt. Ihr beide seid das Letzte. Game over.«

Da hatte Lena wohl schon reinen Tisch gemacht. Ich sollte nie erfahren, ob sie ihm die komplette Wahrheit oder nur ihre Version davon unterbreitet hatte. Mein ehemals bester Freund antwortete leider auf keinen meiner Anrufe mehr. Und irgendwann gab ich es schließlich auf. Der Sex mit Lena ist in meiner Erinnerung so ziemlich der beste, den ich jemals gehabt habe, aber den bitteren Nachgeschmack und den Bruch der Freundschaft mit Timo war er dann doch nicht wert.

15

Ice, Ice, Baby

Maximilian (19), Student,
über Charlotte (28), Controllerin,
Klagenfurt

»Pass doch auf, Maxi, dass du dich nicht vollkleckerst! Du läufst eh schon immer herum wie der ärgste Schmutzfink!«

Hä? War damit etwa ich gemeint? Ich unterbrach meine Arbeit, das Säubern der Eisportionierer im warmen Seifenwasser, schnappte mir noch flink ein Tuch für die nassen Hände und drehte mich um. Nein, ich war nicht gemeint. Da hieß jemand offensichtlich genauso wie ich. Betreten blickte der kleine Junge zu Boden, der soeben von seiner Mutter ausgeschimpft worden war. Das Schokoeis, das ich ihr gerade noch vorhin für ihn überreicht hatte – ein Euro pro Kugel, Sommerpreis –, breitete sich soeben auf seinem weißen »Winnie Pooh«-T-Shirt aus.

»Dass du aber auch nie aufpassen kannst! Komm, wir gehen jetzt nach Hause. Der Spielplatz ist für heute gestrichen.«

Ich bekam noch mit, wie Maxis Augen sich mit Tränen füllten und sich sein Mund verzog, was die obligatorische Heultirade nach sich ziehen würde, als auch schon die nächste Kundschaft bedient werden wollte.

»Zweimal Erdbeere und einmal weiße Schokolade, im Becher, bitte!«

Ich seufzte. Szenen wie diese gab es hier jeden Tag. Natürlich hatte ich nicht an so etwas gedacht, als ich die Zusage für den Sommerjob als Eisverkäufer am See bekommen hatte. Ich hatte gejubelt wie ein kleines Kind – schließlich sah der Job in meiner Vorstellung so aus, dass ich von früh bis spät ausschließlich mit hübschen Mädels meines Alters zu tun haben würde, die ihre Gelüste nach Vanille-, Marille-, Heidelbeer- und Was-weiß-ich-noch-welche-Sorten-Eis stillen wollten. Während ich sie bediente, würden sie erkennen, welch knackiger Sonnyboy sich da hinter den bunten Eisbergen versteckte, und noch während sie ihre Zungen genießerisch über ihre Eiskugeln gleiten ließen, würden sie mir hoffnungslos verfallen. Es sollte der Sommer meines Lebens werden. Stattdessen musste ich Tag für Tag beobachten, wie völlig überforderte Jungmütter versuchten, ihre Sprösslinge mit Süßem im Zaum zu halten. Was meistens mehr schlecht als recht funktionierte. Kleinen Kindern liegt es anscheinend in den Genen, sich von oben bis unten mit Essbarem zu beschmieren – und Eiscreme ist nun mal bestens dafür geeignet.

»Max, wie sieht's aus? Machste Umsatz?«

Oh nein. Mein Chef. Piet, ein Berliner Original, das es aus welchem Grund auch immer ins schöne Kärntner Land verschlagen hatte, wo er nun hauptberuflich anderen Menschen das Leben schwer machte. Meistens mir.

»Geht so. Es ist halt noch nicht heiß genug.«

»Noch nich heiß jenuch? So'n Blödsinn. Musste dich eben mal'n bisschen ins Zeug legen, Kleener. Komm ma rum hier, ick zeig dir, wie man dit macht.«

Was nun folgte, kannte ich schon. Piet brüllte in der Gegend herum wie einer dieser Marktschreier. Dabei machte er peinlicherweise noch einen auf Italiener. Was man ihm angesichts seiner rotblonden Haare und seiner Größe von 1,95 Meter leider nur schwer abnehmen konnte.

»Gelatiii, Signorina, kommen Se mal, Gelatiii! Das beste Gelati!«

Statt ihm eine seiner Eisspezialitäten abzukaufen, machten die Leute nun einen weiten Bogen um den Stand. Mit vor der Brust verschränkten Armen und triumphierendem Blick sah ich mir die Misere aus der Ecke an.

»Sind doch alles Idioten hier. Ick mach mich mal vom Acker, wa. Schau, dassde was unter die Leute bringst, Kleener. Du weeßt, ja, der Job is heiß begehrt – und 'nen Stümper kann ick mir hier nich leisten.«

Und damit war er auch schon wieder von dannen. Entspannt machte ich mich wieder an die Arbeit und bediente die nächsten Kunden, die sich nun, da mein exzentrischer Boss sich verdünnisiert hatte, wieder an den Eisstand trauten.

»Ich möchte bitte einmal Kokosnuss und einmal Pistazie.«

»So wie jeden Tag.«

»Ja.«

Ich blickte in zwei ausdruckslose Augen hinter einer fetten Hornbrille. Die Buchhalterin. Sie kam täglich vorbei, um sich stets dieselbe Eisration zu holen. Jeden Tag stöckelte sie im gleichen Outfit daher: schwarzes Kostümchen, weiße Bluse, schwarze Strümpfe, schwarze Pumps. Die Haare immer streng zum Zopf gebunden. Nie der Anflug eines Lächelns in ihrem Gesicht.

»Zwei Euro.«

Als sie mit ihrer Eistüte wegspazierte, sah ich ihr nach, wie jeden Tag. Sie konnte nur Buchhalterin sein, etwas anderes war nicht möglich. Ob diese Frau jemals schon gelächelt hatte? Hübsch war sie ja, aber mit einem Lächeln wäre sie … Ärger überkam mich. Jedes Mal bediente ich sie so freundlich, wie ich nur konnte, jedes

Mal prallte meine Freundlichkeit an ihr ab wie ein Fisch, der ungebremst ans Glas seines Aquariums donnert. Dabei gab es doch wirklich keinen Grund, so mies gelaunt zu sein. Es war Sommer, der See glitzerte in der Sonne, unser Eis schmeckte auch ganz passabel. Nicht so gut, wie Piet es verkaufen wollte, aber allemal konkurrenzfähig.

Aber warum dachte ich überhaupt über die Buchhalterin nach? Das schlug mir bloß auf die Laune. Ich beschloss, keinen Gedanken mehr an diese frigide Tante zu verschwenden. Hoffentlich würde sie am nächsten Tag nicht wieder kommen und mir meinen Tag versauen.

Doch tags darauf erblickte ich sie schon aus dem Augenwinkel. 16.30 Uhr, so wie immer, auf die Minute genau.

»Einmal Kokosnuss und einmal Pistazie.«

Ich überreichte ihr die Tüte wortlos und nahm die zwei Euro ohne ein Dankeschön in Empfang. Dann drehte ich mich um und widmete mich wieder einmal dem Säubern der Eisportionierer. Diesmal würde ich ihr nicht nachsehen. Und ärgern würde ich mich auch nicht über sie.

Als ich fertig war und die sauberen Portionierer abtrocknen wollte, erschrak ich. Sie stand noch immer an der gleichen Stelle. Ließ ihre Zunge über die Kokosnuss-Kugel gleiten und starrte mich unverblümt an. Ich starrte zurück. Nein, nein, Lady, ich lass mich nicht von dir veräppeln.

»Arbeitest du schon lange hier?«

Unglaublich. Die Buchhalterin will mit mir sprechen. Wie aufgezogen antwortete ich: »Seit Mai.«

»Sommerjob?«

»Ja.«

Was wollte die von mir?

»Ist gut, euer Eis. Aber du bist um einiges sympathischer als dieser dicke Deutsche, der auch manchmal da ist. Der, der immer so rumschreit.«

»Danke. Ist mein Boss.« War das ein Kompliment? Wurde ich jetzt etwa rot? So ein Scheiß.

Zu meinem Unbehagen quetschte sie mich noch weiter aus: ob ich auch aus der Stadt war, welcher Arbeit ich sonst nachging (ich hoffte, dass sie »Studieren« als Job durchgehen lassen würde, zweifelte aber schwer daran), welche Eissorten denn meine liebsten waren. Ich fühlte mich wie im falschen Film. Wieso stand da nicht ein lockeres Mädel in Shorts und knappem Top, mit offenen, sonnengebleichten Haaren und stellte mir solche Fragen? Wieso die sterile Buchhaltungstante?

Trotz dieser Gedanken fühlte ich mich irgendwie bemüßigt, weiter mit ihr zu sprechen. Nein, noch viel schlimmer: Ich musste mir eingestehen, dass es mir gefiel, wie sie mich ausfragte. Und dass diese zugeknöpft wirkende Lady eine seltsame Faszination ausübte. Nicht umsonst hatte ich mir in den letzten Wochen täglich den Kopf über sie zerbrochen. Es kam sogar noch dicker: Charlotte, so hieß sie nämlich, schlug mir vor, nach der Arbeit noch eine Runde mit ihr am See spazieren zu gehen. Und ich willigte ohne nachzudenken ein.

Charlotte kam in Jeans und Top, mit wehenden, offenen Haaren. Ich traute meinen Augen nicht. Sie sah wirklich hübsch aus, und in diesem Outfit konnte ich mir nun kaum mehr vorstellen, wie sie überhaupt jemals zu dieser steifen Buchhalterin werden konnte. Sie bemerkte auch gleich, dass ich verwundert war.

»Ja, ich sehe nicht immer so aus wie beim Arbeiten.«

»Stimmt. Gefällt mir aber ehrlich gesagt viel besser. Was arbeitest du denn überhaupt?«

»Bin Controllerin.«

Na, da hatte ich ja nicht ganz falsch gelegen.

Dem ersten Treffen mit Charlotte folgten weitere. Es stellte sich heraus, dass sie im »Arbeitsmodus«, also solange sie im Business-kostümchen durch die Gegend stöckelte, auch dementsprechend businessmäßig und seriös agierte. Sobald sie aber in ihren Freizeitklamotten war, entpuppte sie sich als lockere Gesprächspartnerin und als Frau, mit der man Pferde stehlen konnte.

Schließlich sahen wir uns sogar täglich – der Spaziergang am Wasser mit ihr war schon so etwas wie ein fixer Tagespunkt geworden. Wir hatten uns viel zu sagen, und ich schämte mich ein bisschen, dass ich ihr anfangs unterstellt hatte, sie sei frigide und zugeknöpft.

Als ich ihr davon erzählte, musste sie lachen und reagierte cool: »Da bist du bei Weitem nicht der Erste, der das denkt.«

Ihre Coolness hatte bestimmt auch etwas mit ihrem Alter zu tun – sie war fast zehn Jahre älter als ich. Das störte aber weder sie noch mich. Ich merkte, wie ich mich immer mehr darauf freute, sie abends zu sehen. Und irgendwann war ich dann verliebt. Sie ebenso, und so kam es, dass wir uns schließlich küssten. Obwohl mir mein Sexualtrieb ordentlich Druck machte, wollte ich es ganz langsam angehen lassen. Dass sie nicht eine Frau wie alle anderen war, das war mir mittlerweile klar geworden.

Aber irgendwann passierte es dann doch: unser erstes Mal.

Es war der Abend, an dem ich Charlotte – zu diesem Zeitpunkt offiziell in den Status meiner festen Freundin aufgestiegen – erstmals mit zu mir nach Hause nahm. Bislang waren wir immer nur in ihrer Wohnung gewesen. Nach einem Kinobesuch mit anschließendem Absacker führte ich sie in meine heiligen Hallen. Die genauer gesagt aus einem Schlaf-Wohn-Zimmer, einer Mini-Küche und einem Mini-mini-Bad bestanden. Studentenbude eben. Auch das nahm sie ganz locker zur Kenntnis – woraufhin mir ein Hinkelstein vom Herzen fiel. Es soll ja genügend Männer geben, die verlassen wurden, weil ihre Wohnung den Ansprüchen einer Frau nicht gerecht werden konnte.

»Nett hast du es hier.«

Boah, sogar ein Kompliment legte sie noch drauf! Das war Futter für mein Ego. Und es machte mich mutig. So mutig, dass ich an diesem Abend endlich mein Eis an die Frau bringen konnte:

Kokosnuss und Pistazie. Ihre Lieblingssorten. Als ich einen Löffel davon in ihren runden Bauchnabel gleiten ließ, stöhnte sie vor Wollust. Ich wusste nicht, wie Charlotte sexuell drauf war – vielleicht war sie auch im Bett so zugeknöpft, wie sie wirkte, wenn sie im Arbeitsmodus war? Man kann ja schließlich nie wissen. Also ließ ich Vorsicht walten und arbeitete mich langsam vor. Bis es Charlotte anscheinend zu bunt wurde:

»Können wir mal richtig anfangen? So schüchtern kenne ich dich doch gar nicht.«

Und dann gab sie Gas. Sie beschmierte nicht nur meinen ganzen Oberkörper mit einem Gemisch aus Pistazien- und Kokos-Eiscreme, sondern auch meinen Schwanz.

»Willst du, dass ich dich ganz langsam ablecke?«, fragte sie mit schelmischem Grinsen.

»Ja … ja … bitte«, flehte ich sie förmlich an.

Sie arbeitete sich von meinen Schultern zu meinen Brustwarzen über meinen Bauch bis hin zu meinen Lenden. Als sie fertig war, war ich zwar auch schon fertig (mit den Nerven), revanchierte mich aber auf die gleiche Art und Weise. Das wiederholten wir abwechselnd, so lange, bis die Eisbox geleert war. Und dann ging es erst richtig los: Die paar Jährchen, die meine Freundin mehr »auf dem Buckel« hatte, merkte ich ihr erfahrungsmäßig wirklich an. Zwar will ich bis heute nicht wissen, wie sie sich dieses Können angeeignet hat – aber eindrucksvoll war es allemal.

Ich wusste zum Beispiel nicht, dass man so unendlich geil einen geblasen kriegen kann. Ich wusste nicht, dass ich komplett willenlos werde, wenn man an meinen Brustwarzen leckt und knabbert. Ich wusste nicht, dass es einen simplen Griff gibt, mit dem man einen Mann davon abhalten kann, dass er zu früh kommt. Ich wusste auch nicht, dass eine Frau auch beim Vögeln kommen kann – bisher hatte ich gedacht, dass man Mädels nur durch Oralverkehr Orgasmen bescheren kann. Ich wusste nicht, nach wie kurzer Zeit ich schon für eine weitere Runde einsatzfähig sein konnte.

Ich wusste überhaupt nicht, dass man – abgesehen von Pornos, aber die sind doch gespielt – in der Realität so schmutzig-frivolen Sex haben kann!

In all diesen Dingen hat mich Charlotte eines Besseren belehrt. Und das schon bei unserem ersten Mal. Seit diesem Zeitpunkt hat es mich überhaupt nicht mehr gestört, dass sie zwei Gesichter hat – die Buchhalterin und die »echte« Charlotte. Denn das, was sich hinter ihrer zugeknöpften Arbeitsuniform verbirgt, lässt mein Blut jedes Mal aufs Neue in Wallung geraten.

16

Kurswechsel

Jens (32), Bürokaufmann, über
Anne (29), Werbetexterin,
beide Berlin

»Ich fasse auf diesem Boot ganz bestimmt nichts mehr an. Nicht einmal mit der Fingerspitze. Pf!« Mit arrogant in den Nacken geworfenem Kopf sprang sie auf die Hafenmauer, steckte sich graziös ihre Pumps an die Füße und stöckelte davon. Nadja.

Tom, unser Skipper, starrte ihr noch immer kopfschüttelnd nach. Und schnaubte plötzlich: »Wenn die Tussi noch ein einziges Mal ihr Mundwerk aufmacht, dann dauert es nicht mehr lange, bis sie von Bord geht. Alles wird aussehen wie ein Unfall, ich schwör's.«

Ich zog die Augenbrauen hoch und nickte nur zustimmend. Ich konnte ihn wirklich verstehen. In den letzten Tagen hatte Nadja den Bogen kontinuierlich immer mehr überspannt. Nachdem sie sich heute schon wieder Toms Aufforderung widersetzt hatte, beim Anlegen die Fender auszuwerfen (was bei Gott keine sonderlich schwierige Aufgabe ist), war sein Geduldsfaden nun wohl endgültig gerissen.

»Es sind ja nur noch drei Tage«, beschwichtigte ich ihn. Nun war er es, dessen Augenbrauen nach oben gezogen waren.

»Drei Tage, ja«, seufzte er und begann wieder, den Kopf zu schütteln.

Mittlerweile waren wir seit zehn Tagen mit der »Madame Maja« unterwegs und schipperten damit in Kroatien von Insel zu Insel. Mein Freund Jochen, ein erfolgreicher Architekt, hatte mich überredet, mitzukommen. Seine Freundin hatte ihn zwei Wochen zuvor in fiesester Manier auf den Mond geschossen – und da somit ihr Platz auf dem Boot frei geworden war, musste ihn jemand füllen. Da ich in der geplanten Zeit gerade Urlaub und nichts Besseres zu tun hatte und außerdem über Segelerfahrung verfügte, hatte ich mich bereit erklärt, diese Funktion zu übernehmen. Jochen und ich kannten uns schon seit dem Sandkasten – deshalb machte es uns beiden auch nichts aus, eine der engen Kabinen zu teilen.

Trotzdem hatte ich mir vor dem Start des Törns ein wenig Sorgen gemacht, weil ich ja bis auf Jochen niemanden kannte – die Besatzung war ein bunt zusammengewürfelter Haufen, der sich aus seinem Kollegen- und Bekanntenkreis rekrutierte. Und Architekten können ja durchaus eigen sein. (Vor allem habe ich immer noch nicht verstanden, warum diese Leute auch im Sommer bei 30 Grad plus aus Prinzip nur in schwarzen Rollis außer Haus gehen. Egal, es geht mich ja nichts an. Sollen sie eben schwitzen.)

Treffpunkt für die gesamte Besatzung war eine kleine Bar am Hafen von Grado, einem kleinen italienischen Ort an der oberen Adria. Von da aus sollten wir ablegen. Ich stand mit Flip-Flops, Jeans und Polo inmitten der schwarz rollierten, besegelschuhten Menge und nippte gerade an meinem Cappuccino, als ich mich beinahe daran verschluckte.

Grund dafür war das, was gerade durch die Tür kam. Zwei Frauen, freundschaftlich eingehakt – von denen eine aussah wie Heidi

Klum höchstpersönlich. Die zweite Frau war nicht hässlich, aber auf einer Skala von eins bis zehn bekam sie neben Heidi maximal eine Sechs. Sie ging neben dem Glamour ihrer hübschen Freundin ziemlich unter. Taten extraschöne Frauen das absichtlich? Sich eine beste Freundin zulegen, neben deren Unscheinbarkeit sie dann noch mehr glänzen konnten? Aufgefallen war mir diese Konstellation schön öfter, aber man wollte den Mädels ja nix unterstellen.

Mein Gedankengang wurde jäh unterbrochen, als sich herausstellte, dass die beiden – die hübsche, die nicht Heidi hieß, sondern Nadja, und ihre Freundin Anne – unsere Partie komplett machen sollten. Innerlich ballte ich triumphierend die Fäuste. Ich wunderte mich, dass mir Jochen nicht gesagt hatte, dass wir ein dermaßen scharfes Ladegut mitführen würden. Es war gar nicht seine Art, so etwas nicht anzusprechen. Das sagte ich ihm auch, als wir an der Theke kurz ungestört waren.

»Ouuuuuuh, Jens – glaub mir, die Nadja, die ist eine Nummer zu groß für dich. Nein, nicht nur für dich – für jeden von uns. Die drückst du nicht durch. Hübsch, aber schwierig … vergiss das lieber gleich mal.«

Nadja war schon eine Klasse für sich. Schon kurze Zeit, nachdem wir alle unsere Kabinen bezogen hatten, begann sie zu zicken: Wenn sie nur gewusst hätte, wie sch…klein das auf so einem Boot ist, dann hätte sie sich auf einer großen Jacht eingemietet. Hier im Hafen würde es unerträglich nach Fisch stinken. Und wie Tom überhaupt darauf käme, dass jemand wie sie, der keine Ahnung vom Segeln hatte und auch keine haben wollte, auf dem Boot Aufgaben übernehmen würde? Das käme bei ihr gar nicht in die Tüte, sie sei schließlich zum Urlaubmachen hier und nicht zum Arbeiten.

Und so weiter und so fort. Sogar ihre Freundin Anne schüttelte den Kopf über Nadjas Allüren, allerdings eher belustigt – für sie schien das nichts Neues zu sein. Ehrlich gesagt war ich zwar auch ein wenig peinlich berührt, weil Nadja sich so aufführte. Aber ihr Aussehen überstrahlte einfach alles und ließ jegliche Vernunft in meinem Gehirn verpuffen. Mein Kollege da unten hatte sich ohnehin vom ersten Nadja-Sichtkontakt an von meinem Kopf abgekoppelt. Und so baggerte ich sie an, was das Zeug hielt. Am ersten Tag, am zweiten, am dritten, am vierten, am fünften. Sie schien meine Avancen zu genießen.

Bald war es zur Gewohnheit geworden, dass Nadja von früh bis spät in der Sonne lag und ich sie versorgte: mit frischem Obst und mit Campari Orange – viel Campari, wenig Orangensaft, drei Eiswürfel, genauso, wie sie es gerne hatte. Als Dank bekam ich ein Lächeln und ein Augenzwinkern geschenkt. Mehr nicht. Aber wenigstens war ich der Einzige an Bord, zu dem sie nett war und der nicht ständig mit Stänker-Orgien oder irgendwelchen Arbeitsverweigerungen konfrontiert wurde! Korrigiere, auch Anne bekam nichts von ihren Allüren ab. Sie wurde vielmehr ignoriert – zumindest so lange, bis Nadja irgendetwas von ihr brauchte.

Anne war eigentlich viel netter als Nadja. Ohne zu mucken machte sie sich auf dem Boot nützlich, erwies sich, was das Segeln anging, als beeindruckend geschickt und war auch sonst eine angenehme Gesellschaft: witzig, geistreich, positiv. Hin und wieder warf sie mir, wenn wir abends gemeinsam in einem der Häfen zum Essen an einem Tisch saßen und Rotwein tranken, ein sympathisches Lächeln zu. Ein Lächeln, bei dem ich mich gut fühlte. Ein Lächeln, das sie mir schenkte, obwohl ich unverblümt ihre beste Freundin anbaggerte. Zu schade eigentlich, dass Anne sich so in Nadjas Schatten versteckte … Moment – was hatte ich da gerade gedacht? Anlächeln … gut fühlen …? Hm …

Am nächsten Morgen, es war Tag sechs unserer Segelreise, wachte ich von spitzen Schreien auf. Verschlafen rieb ich mir die Augen, stieß meinen Schlafsack zur Seite, öffnete die Kojentür und kletterte rasch an Deck. So rasch, dass ich mir den Kopf am Ausstieg anstieß und kurz nur noch Sterne sehen konnte. Als mein Blick wieder klar wurde, sah ich erst Jochen, der an den Segeln herumwerkelte. Dann sah ich Nadja – die sich in ihrem Spitzen-

Negligé vor Tom aufgebaut hatte. Wie sich herausstellte, war sie die Verursacherin der spitzen Schreie.

»Mich interessiert es einen Scheißdreck, ob alle anderen auf diese eine Insel wollen! Mir ist kalt, ich halte diesen Wind nicht länger aus, und ich will sofort zurück in den Hafen in irgendeine Bar, wo ich mich aufwärmen kann!«, schnauzte sie ihn an und fuchtelte dabei wie wild mit den Armen.

Ich löste meinen Blick von Nadjas reizender Kehrseite und schaute nach hinten. Wir hatten gerade abgelegt, der Hafen des kleinen kroatischen Küstendorfes wurde immer kleiner. Wie nett von Tom, dass er Jochen eingeteilt und mich länger schlafen hatte lassen, obwohl der Wind an diesem Tag stärker und das Wetter nicht mehr so sonnig wie an den vergangenen Tagen war.

Nadja keifte unvermindert weiter. Das war nervig. Nicht einmal ihr Anblick war es mir wert, das noch länger mitanzuhören. Ich beschloss, diese Person ab sofort nicht mehr anzubaggern, kletterte wieder hinunter und traf in unserer Mini-Küche auf Anne, die gerade duftenden Kaffee zubereitete.

»Magst du welchen?«, fragte sie mich schmunzelnd. Und fügte hinzu: »Nadja sollten wir ja heute besser kein Koffein geben, sonst wird sie noch aufgewühlter.«

Ich musste grinsen und nahm dankend eine dampfende Tasse entgegen. Dabei warf mir Anne wieder dieses Lächeln zu. Mein Herz wurde ganz warm dabei, ein Gefühl, das ich überhaupt nicht einordnen konnte. Ich war verwirrt und richtiggehend froh, dass auch die anderen – Leo, Chris und Tine – offensichtlich durch den Kaffeegeruch und das Schaukeln des Bootes wach geworden waren und aus ihren Kojen gekrochen kamen.

Das Drama um Nadja verlor an den folgenden Tagen nicht an Intensität. Man musste sich wirklich zurückhalten, um sie nicht einfach zu packen, durchzuschütteln und ihr die Meinung zu sagen. Vor allem Toms Nerven lagen mittlerweile blank. Das Wetter muckte, und die Häfen, die wir anliefen, waren durchweg ziemlich voll – Bedingungen, die es hin und wieder notwendig machten, dass alle an Bord ein wenig mithalfen – oder zumindest mitdachten. Nachdem Nadja Tom erklärt hatte, dass sie ganz bestimmt keinen Finger mehr rühren würde, war erst mal Schweigen angesagt. Toms Laune hatte sich auf uns alle übertragen, was auch kein Wunder war. Wir waren gerade wieder in einen kleinen Hafen eingelaufen, hatten aber nicht mal Lust, das Boot zu verlassen. So saßen wir untätig auf dem schaukelnden Ding und starrten Löcher in die Luft.

Ich weiß nicht, wie viel Zeit vergangen war, aber plötzlich hörte man ein energisches Stöckeln aus Richtung der Hafenmauer, das immer lauter wurde. Nadja. Sie war wohl unbemerkt von Bord gegangen. Mit schwingenden Hüften und einem beeindruckenden Blend-a-med-Grinsen kam sie aufs Boot zu.

»Leute, ich habe etwas beschlossen. Mir reicht die Sache mit dem Segeln. Viiiel zu anstrengend! Ich packe meine Sachen und bleibe hier. Hab ich gerade beschlossen. Ein Freund kommt morgen und dann verbringen wir noch ein paar Tage im Hotel. Da ist es wenigstens warm und kuschelig und der Service stimmt auch. Ihr müsst also leider auf mich verzichten …«

Hätte man die Steine gehört, die uns allen bei diesen Worten vom Herzen fielen – dann wäre irgendjemand bei dem Gepolter taub geworden. Aber anstatt zu jubeln, konnten wir unser Glück erst gar nicht fassen. Und deshalb war Nadjas Abgang auch denkbar unspektakulär. Sie verabschiedete sich nicht einmal richtig von Anne, was uns schon wunderte. Außer ein paar »Tschüss, viel Spaß«-Rufen bekam sie deshalb auch nicht viel mit auf den Weg. Tom half ihr noch bereitwillig, ihr ohnehin zu großes Gepäck von Bord zu bringen – und weg war sie.

Auch mein Bedauern hielt sich in Grenzen. Sicher, sie war ein toller Anblick gewesen. Nur leider hatte man nicht viel davon gehabt, weil nichts dahintersteckte.

»Leute, ganz ehrlich – ich bin jetzt in Feierlaune. Noch ein Tag mit Nadja, und ich hätte mich am Mast erhängt. Wer auch immer da oben dafür gesorgt hat, dass sie weg ist – ich danke dem Universum dafür! So, und jetzt lade ich euch groß zum Essen ein, und dann spendier ich den besten Wein, den sie hier haben!«, jubelte Tom, der plötzlich sein Lächeln wiedergefunden hatte.

Der Abend verlief in gelöster Stimmung, was nicht wunderlich war angesichts des Umstandes, dass nach zehn Tagen endlich niemand mehr rumzickte. Auch Anne taute spürbar auf – war ihr Nadjas Gegenwart etwa auch unangenehm gewesen? Von ihren Blicken bekam ich an diesem Abend mehr als je zuvor geschenkt. Dabei fiel mir auf, wie schön das Braun von Annes Augen eigentlich war. Jetzt, wo Nadja nicht mehr da war und mir das Hirn vernebelte …

Das mit dem »Hirnvernebeln« erledigte dann an diesem Abend der Rotwein – der Toms Versprechen gemäß wirklich der beste der Karte gewesen war. Offensichtlich aber auch der stärkste. Mich wundert noch immer, dass beim Betreten unseres Segelbootes niemand im Wasser gelandet ist. Schließlich war unser Steg nicht einmal einen halben Meter breit. Als alle torkelnd an Bord gelandet waren, beschlossen wir, dass eine weitere Flasche Wein nur Schlimmeres anrichten würde und dass es am vernünftigsten war, einfach schlafen zu gehen. Und da manchmal eben doch die Vernunft siegt, taten wir das auch.

In der Koje war Jochen neben mir unverzüglich eingeschlafen. Er schnarchte – das tat er immer, wenn er getrunken hatte. Obwohl ich bestimmt nicht weniger Promille hatte als er, fand ich keinen Schlaf. Meine Gedanken kreisten um Anne. Anne, die ein so seltsam gutes Gefühl in mir auslöste. Mir war völlig egal, welches Gefühl das war, ich hatte kein Interesse, ihm einen Namen zu geben. Da war einfach Anne mit ihren schönen braunen Augen. Anne, die ja jetzt allein in ihrer Koje lag. Und ich, den im Alkoholdunst der Teufel zu reiten begann.

Vorsichtig, um Jochen nicht aufzuwecken (eine Vorsicht, die in Anbetracht seines nahezu komatösen Zustandes völlig unnötig war), hievte ich mich aus dem Bett, öffnete die Tür und schlich mich langsam zur Kajüte gegenüber, öffnete die Tür und huschte hinein. Da stand ich nun – und konnte im Dunkeln nur ein in Decken gewickeltes Bündel auf dem Bett erkennen. Da besagter Teufel offensichtlich nicht vorhatte, von mir abzulassen, legte ich mich ohne zu zögern neben das Bündel. Meine Hände schlüpften unter die Decke und begannen, schamlos zu erkunden, was sich darunter verbarg. Ich spürte nackte Haut, viel nackte, warme Haut. Mein Penis begann hart zu werden und zu pochen.

Gerade als sich doch Zweifel in mein Gehirn schlängelten, ob das denn moralisch vertretbar war, was ich da gerade tat, begann es sich unter der Decke plötzlich zu regen. Eine Hand umfasste die meine, die gerade damit beschäftigt gewesen war, eine Pobacke zu erkunden. Mein Herz klopfte. Mir wurde mit einem Schlag bewusst, wie verwegen und verboten ich soeben gehandelt hatte. Als ich schon mit einer saftigen Ohrfeige oder gar Schlimmerem rechnete, wurde meine Hand von der anderen nach vorne gezogen und auf weiches, warmes Fleisch gedrückt.

»Hier …«, gurrte Anne und drückte ihren Rücken an mich.

Irgendwann war die Decke zwischen uns völlig verschwunden und unsere Körper klebten vor verschwitzter Erregung aneinander. Mein Zeigefinger umkreiste ihre Klit, die merklich angeschwollen war. Ihre Nässe ließ den Finger immer leichter seine Runden ziehen. Ich konnte mich kaum mehr halten und presste meinen steinharten Schwanz an Annes Hintern, dessen geile Weichheit mich schier verrückt werden ließ. Als könne sie meine Gedanken lesen, öffnete sie leicht ihre Schenkel für mich und machte meinem Schwanz Platz. Mit einem festen Stoß glitt ich in sie hinein und massierte ihre Knospe noch fester.

»Mach langsam … bitte langsam …«, keuchte sie, und ich zügelte mein Tempo. Es war saugeil, sie so langsam zu vögeln und gleichzeitig zu streicheln. Ich schloss die Augen und verfiel in einen monotonen Rhythmus des Stoßens und Fingerkreisens …

Als ich am nächsten Tag aufwachte, öffnete ich nicht sofort die Augen. Ich wusste, dass gestern etwas passiert war. Was für ein Kurswechsel. Nadja – Anne. Eine Duftmischung aus Alkohol und Sex fand den Weg in meine Nase, und ich spürte warme Haut an meiner. Mein Schwanz war inzwischen weich geworden und aus Anne herausgerutscht, trotzdem klebten unsere Geschlechter noch aneinander. Wir waren während des Sex eingeschlafen. Ich musste grinsen. Das glaubt doch keiner … Vorsichtig streichelte ich ihre zarte Schulter entlang. Es war der beste Zeitpunkt, da weiterzu-machen, wo wir nachts aufgehört hatten.

17

Laborratten schlafen nie

Richard (26), Student,
über Jen (25), Studentin,
beide Wien

»Autsch! Fuck, fuck, fuck! Scheiße!« Ich schüttelte meine rechte
Hand, als könnte ich den Schmerz abbeuteln, den die blaue Flamme
verursacht hatte. Funktionierte nicht. Wie kann man aber auch so
blöd sein und in einen Bunsenbrenner greifen? Hm. Berufsrisiko?
Nein, wohl eher Ungeschicktheit. Ich steckte meinen malträtierten
Zeigefinger in den Mund, das linderte den Schmerz ein wenig.

»Du immer mit deinen Schimpfworten!«, beschwerte sich Jen
hinter ihrer Laborbank. »Schön sprechen, Richard«, kommandier-
te sie grinsend.

»Ffföne Ffeiße«, gab ich, noch immer an meiner verbrannten
Klaue nuckelnd, zurück. Durch die Aussparung zwischen unseren
Arbeitsplätzen, die sich gegenüberlagen, konnte ich beobachten,
wie sie sich dreimal mit dem Finger an die Stirn tippte. Höchst-

wahrscheinlich rollte sie dabei auch noch mit den Augen. Nun gut, ich durfte mich nicht beschweren. Jen war wenigstens eine der wenigen in unserer Praktikumsgruppe, die nicht ohne jeglichen Humor auf die Welt gekommen war. Es war fast ein Gesetz: Wissenschafter, besonders solche, die sich dem Bereich der Gentechnik verschworen haben, verfügen garantiert über kein Privatleben, glänzen dafür aber mit beeindruckender Humorlosigkeit. Ich konnte mich wirklich glücklich schätzen, dass Jen in meiner Forschungsgruppe war. Ohne sie hätte ich vermutlich nicht viel zu lachen gehabt.

Dabei war gute Laune das, was ich zu dieser Zeit dringend und in Massen gebraucht hätte – denn in meinem Forschungsprojekt war der Wurm drin, und ich wurde mit jedem Tag, den ich mich in die Uni schleppte, frustrierter. Ich fragte mich, ob ich mein Studium überhaupt jemals abschließen würde. Schließlich schlug ich mich nun bereits seit einem dreiviertel Jahr mit Klonierungsstrategien, neuen Vektoren, Promotoren und Restriktionsenzymen herum, nur um ein stinknormales Darmbakterium endlich dazu zu bringen, ein bestimmtes Protein zu produzieren. Offensichtlich hatte besagtes Bakterium aber keine Lust, das gewünschte Protein rauszurücken. Und keiner konnte nachvollziehen warum.

Auch wenn das erst mal hochgestochen klingt – aus gentechnischer Sicht zählen solche Techniken zum Standard, es war also kein nobelpreisträchtiges Vorhaben, mit dem ich mich herumschlug. Es schien mir sogar zu banal, um es zum Inhalt meiner Diplomarbeit zu machen. Aber gut. Egal wie banal es auch sein mochte, Fakt war: Es funktionierte nicht. Das ist auch das Bittere an der Forschung: Man kann sich noch so sehr anstrengen und gewissenhaft arbeiten, wochenlang, monatelang, jahrelang – ob dabei etwas herauskommt, weiß der Kuckuck. Und in der Gentechnik ist es noch bitterer, schließlich arbeitet man durchwegs mit Dingen, die man nicht mal unter dem Mikroskop erkennen kann, und mit freiem Auge schon gar nicht.

Okay, ich rutsche zu sehr in die Materie ab. Das ganze Drumherum spielt im Prinzip ja gar keine Rolle. Wenn ich mich hier so drüber auslasse, klingt das doch fast so, als wäre man komplett bescheuert, wenn man sich für einen solchen Berufsweg entscheidet. Ist nicht so. Aber das ist eine andere Geschichte.

Jedenfalls kann ich mich noch genau an diesen einen Tag erinnern; es war Winter, ich war auf dem Weg nach Hause und es hatte gerade zu schneien begonnen. Obwohl es noch Nachmittag war, so gegen 16 Uhr, war es schon stockdunkel und die weißen Flocken schimmerten im Licht der Straßenlaternen. Ich überlegte, ob ich noch einen Abstecher zum Weihnachtsmarkt machen sollte, der am Vortag eröffnet hatte, entschied mich dann aber doch für die U-Bahn in Richtung Heimat. Die Aussicht auf einen entspannten Fernsehabend im Warmen behielt klar die Oberhand.

Dass aus dem »entspannt« nichts werden würde, wurde mir schon beim Betreten meiner WG klar. Mein Mitbewohner Max hatte wieder einmal sämtliche seiner Studienkollegen in unserer Küche platziert. Aus der Stereoanlage tönte eine Mischung aus Reggae und Ska. Der Tisch war übersät mit Bierdosen und es qualmte so dermaßen, dass ich kaum erkennen konnte, welche Chaoten sich da versammelt hatten. Da ich nicht gegrüßt wurde, nahm ich an, dass sie durch den dichten Nebel auch keine Notiz von mir nahmen. Als der stechende Geruch von Cannabis in meine Nase drang, drehte ich mich um, ging in mein Zimmer und schloss die Tür hinter mir. Nichts für ungut, aber mit Drogen hab ich's nicht so. Ich fragte mich, wie jemand wie Max und ich auf die hirnrissige Idee gekommen waren, eine WG zu gründen. In Kombination waren wir eine einzige Katastrophe, komplett konträr, wie Jekyll und Hyde, wie Tom und Jerry, wie Itchy und Scratchy. Kurz gesagt, es passte einfach nicht, und ich beschloss in diesem Moment, dass es höchste Zeit war, mich nach einer neuen Bleibe umzusehen.

Jetzt wollte ich mich aber ein wenig sinnlos berieseln lassen, um alles aus meinem Kopf zu befördern, womit ich mich tagsüber beschäftigt hatte: Basenpaarungen, TATA-Boxen, Schneide-sequenzen und Co. Leider besaß ich nur einen kleinen Fernseher, und der war in seiner Lautstärke etwas beschränkt – sodass ich es auch mit mehrmaligem festen Drücken des Volume-Knopfes nicht schaffte, die grunzende Kiffermeute in der Küche zu über-tönen. Ich wusste, es war zwecklos, sich dagegen aufzulehnen, gegen Gras in den Gehirnwindungen hat man nüchtern keine Chance. Auslachen wollte ich mich nicht lassen. Und da ich mein Haus- und Arbeitstierchen E. Coli und seine klonierungstechni-schen Staralluren ohnehin nicht aus dem Kopf bekam, fasste ich den Entschluss, aus meiner Not eine Tugend zu machen. Im dich-ten Qualm, der mittlerweile schon die Diele okkupiert hatte, zog ich mich an, verließ die Wohnung und ging ins Institut zurück. Dort brannte noch Licht. Es war bereits halb sieben geworden, aber unter Forschern ist das noch keine Zeit für den Feierabend. Warum auch, wer kein Privatleben hat … Außerdem kennen Mikroorganismen keine Uhr.

Ich schritt durch den Gang und grüßte Janne, einen finnischen Austauschstudenten, der original aussah wie ein Wikinger. Er grunzte Unverständliches und zog die Augenbrauen zusammen. Ich beschleunigte meinen Schritt, denn der Typ war mir unheim-lich. Wenn schon normale Wissenschafter es mit der Heiterkeit nicht so hatten, wie war das dann erst bei einem Finnen? Ich wollte es gar nicht wissen. Janne schien der Letzte in unserer Etage gewe-sen zu sein, denn als er die Tür ins Stiegenhaus hinter sich zufallen ließ, war alles stockdunkel. Ich sperrte das Labor auf, in dem sich mein Arbeitsplatz befand, und holte mir meine Unterlagen zur Hand. Um die Stille zu durchbrechen, schaltete ich das Radio ein. Weihnachtslieder. Von Ende Oktober bis Mitte Januar, immer das Gleiche. Wie schön.

Ich saß also auf meinem Hocker und war vollkommen vertieft in mein Laborbuch. Gerade als ich herausgefunden hatte, dass nicht ich, sondern vermutlich ein hyperaktives Restriktionsenzym schuld daran war, dass meine E. Colis kein Protein ausspuckten, hörte ich Geräusche.

»Ist da jemand?«, rief ich zwischen den Weihnachtsdudeleien hindurch nach draußen. Es war schon etwas unheimlich, nachts alleine in einem Labor. Wer den Film *Anatomie* kennt, weiß, worauf ich anspiele. Klar, wir hatten keine Seziertische, aber Mordutensilien finden sich in jedem Labor zur Genüge.

»Ha! Das gibt's doch nicht. Mit jedem hätte ich hier noch gerechnet, aber mit dir nicht«, trällerte Jen in ihrem Labormantel zur Tür rein.

Ich atmete auf.

»Du heute ganz in Zivil?«, fragte sie überrascht.

»Wenn ich alleine hier bin, arbeite ich oft ohne Mantel«, erklärte ich ihr.

»Gut, gut«, murmelte sie und ging zum Brutschrank. Als sie ihn öffnete, drang ein Schwall von Pupsgeruch ins Labor. Wie gesagt, E. Colis sind Darmbakterien.

»Ich arbeite gerne abends, da hab ich schön meine Ruhe«, verriet sie mir.

Wir quacksalberten ein wenig über unsere aktuellen Projekte und lästerten über die anderen in unserer Projektgruppe. Ich war erleichtert, dass Jen ebenso dachte wie ich. Wir saßen uns gegenüber, pipettierten minimale Flüssigkeitsmengen in winzige Plastikbehälter und hörten Weihnachtslieder. Eigentlich saugemütlich. Als Jen ihre Kulturen fertig angesetzt hatte, wanderte sie wieder zum Brutschrank und inkubierte sie. Dann warf sie ihre Latexhandschuhe weg und wusch sich die Hände. Schade, dass sie schon geht, dachte ich. Leider hatte ich selbst getrödelt und noch eine ganze Reihe an Verdünnungen zu machen.

»Bist du eigentlich schon mal beim Pipettieren massiert worden?«, fragte Jen, die auf einmal hinter mir stand, und legte ihre Hände in meinen Nacken. Ich war so konzentriert gewesen, dass ich sie nicht einmal bemerkt hatte.

Ich riss die Augen auf und sah sie belustigt an. War das jetzt eine Anmache? Ja, ganz klar, das war eine Anmache. Sie wartete meine Antwort nicht ab, sondern begann, meinen Nacken durchzukneten.

»Tut das gut?«, wollte sie wissen.

»Ja«, gab ich mit geschlossenen Augen zurück. Ich spürte Erregung in mir aufsteigen.

»Weißt du, dass ich dich eigentlich schon vom ersten Moment an ficken wollte?«, hauchte sie mir plötzlich ins Ohr.

Ich versteifte mich – so direkt hatte mich noch nie eine Frau angemacht. Aber mit mir versteifte sich auch mein Schwanz. Wie hatte es sein können, dass ich Jen bislang gar nicht so recht als Frau gesehen hatte? Sondern eher als asexuelle Kollegin? Wie konnte ich nur … Ich spürte, wie sie ihre Brüste an meine Schultern drückte.

»Jen, ich …«, setzte ich an, aber sie drehte mich abrupt auf meinem Drehhocker zu sich und küsste mich. Ich hatte noch nie vorher eine Frau erlebt, die so ranging.

Wir knutschten also, bis sie von mir abließ, mir einen fiesen Blick zuwarf und aus der Tasche ihres Labormantels einen Schlüssel fischte, den sie triumphierend zwischen zwei Fingern baumeln ließ.

»Ich werde jetzt absperren«, kündigte sie an und ging mit schwingendem Hintern zur Tür.

Ich wusste, sie wollte mich provozieren. Und das gelang ihr auch perfekt. Ganz langsam kam sie wieder auf mich zu. Ich saß nur da, auf meinem Hocker, mit geradem Rücken, in freudiger Erwartung auf das, was sie wohl mit mir vorhatte.

»Jetzt kann uns niemand mehr stören«, meinte sie und fing an, sich den Labormantel aufzuknöpfen. Als er zu Boden fiel, fragte sie neckisch: »Weitermachen?«

Ich nickte aufgeregt.

Lasziv zog sie sich ihren Strickpulli aus, dann das enge Top, das sie darunter trug.

»Weitermachen?«

»Ja«, hechelte ich förmlich.

Schließlich stand sie nur mehr in einem knappen weißen Höschen vor mir. Ich konnte meinen Blick nicht mehr von ihren weichen Brüsten wenden. Wenn ich sie nicht sofort anfasste, würde ich verrückt werden. Sie kam näher und drückte leicht meine Beine auseinander, sodass sie nun ganz nah vor mir stand.

»Küss meine Brüste«, bat sie mich.

Mit zitterndem Atem kam ich ihrer Bitte nach. Ihre Haut schmeckte wunderbar. Sie setzte sich auf mich drauf und drückte ihre Scham an mein hartes Ding. Ich sprengte schon beinahe meine Hose.

»Willst du mich jetzt ficken?«, fragte sie und fixierte mich mit ihren dunkelbraunen Augen.

Wieder nickte ich eifrig.

»Dann bist jetzt du dran mit Ausziehen.«

Sie stand auf, sodass ich mich meiner Klamotten entledigen konnte. So schnell war ich noch nie nackt gewesen.

»Setz dich hin«, meinte sie.

Das Leder des Laborhockers fühlte sich klebrig an. Ganz langsam schob sie sich ihre Unterhose nach unten. Sie war ganz glatt rasiert.

»Na dann wollen wir mal, Laborkollege«, murmelte sie leise, spreizte ihre Beine und setzte sich auf mich drauf. Ich war noch nie so schnell in einer Frau drin gewesen – ich hatte es aber auch noch nie mitbekommen, dass eine so schnell feucht werden konnte.

»Lass mich einfach machen«, forderte sie mich auf, und so tat ich nichts.

Und dieses Nichtstun, dieses »Sich-nicht-stressen-Müssen«, gab der ganzen Sache noch mehr Kick. Jen begann, sich auf und ab zu bewegen, während sie sich am Boden mit den Füßen abstützte. Sie hatte die Augen geschlossen und stöhnte ständig meinen Namen:

»Richard, Richard, Richard, es ist so geil.« Das werde ich nie vergessen.

Mein Schwanz pulsierte in ihr, und mit jeder Sekunde wurde ich geiler, ich genoss das Ganze, blieb aber völlig passiv. Als sie zuckend über mir kam und dann sogleich mein Teil aus ihrer Möse zog, fiel mir ein, dass wir kein Kondom benutzt hatten. Sie hatte also mitgedacht. Ich saß mit offenem Mund und mächtigem Ständer noch immer auf dem Hocker. Sie griff sich meinen Schwanz und rieb ihn, dass mir Hören und Sehen verging. Schließlich ergoss sich meine Geilheit auf meinen Bauch und meine Oberschenkel.

»Oh Mann, Jen, mit so etwas hatte ich nicht gerechnet«, grinste ich, als ich mich mit Papiertüchern gereinigt hatte und meine Klamotten aufsammelte. »Wenn ich gewusst hätte, dass du öfters abends hier bist, ich hätte auf gut Glück jeden Tag hier übernachtet.«

»Tja, weißt du«, gab sie lachend zurück, »Laborratten schlafen nie.«

Ich musste lachen. Den Status der asexuellen Kollegin würde sie wohl nie wieder erlangen.

Mit Vollgas ins Out

Tobias (38), Marketer,
über Mila (32), Barkeeperin,
beide Hannover

Klatsch! Und noch mal: Klatsch! Beide Ohrfeigen hallten in meinem Kopf nach, und ich bildete mir ein, sogar ein paar Sternchen zu sehen. Milas Rechte hatte es in sich. Wutentbrannt blitzte sie mich an, den Unterkiefer kamplustig nach vorne geschoben.

»Da … da … danke«, brach es aus mir heraus, und im selbem Moment wurde mir erst klar, wie bescheuert das war. Sich für zwei handfeste Ohrfeigen auch noch zu bedanken! Glückwunsch, Tobias!!!

Verdient hatte ich es nämlich wirklich nicht. Schließlich hatte ich doch gar nichts gemacht … außer meinem Freund Ralf von Milas und meinem netten Zwischenspielchen in der Clubkabine zu erzählen. Ich meine, er ist doch mein bester Freund! Als ob Mädels sich nicht austauschen würden. Schwachsinn!

Aber von Anfang an: Seit Jahren spiele ich Tennis. Nicht aus Leidenschaft, sondern um mich einigermaßen fit zu halten. Mit 38 muss man schon aufpassen, dass das Bierbäuchlein im Rahmen bleibt. Und so was wie Joggen kommt für mich nicht infrage. Ist doch stinklangweilig, stundenlang immer im gleichen Rhythmus in der Gegend herumzutrotten. Für alle, die jetzt laut protestieren: Ich habe es ja versucht, sogar mehrmals. Aber selbst mit wummernden Bässen als motivierender Beschallung bekomme ich beim Laufen jedes Mal akute Müdigkeitsanfälle. Und im Gegenzug zu dem, was allgemein propagiert wird, fühle ich mich danach nicht fit und endorphingeladen, sondern einfach nur beschissen. Somit habe ich genug Gründe gesammelt, die Laufschuhe ein für alle Mal in die hinterste Ecke meiner Abstellkammer zu verbannen.

Also Tennis. Das hat den Vorteil, dass ich mich zweimal pro Woche mit Ralf treffe. Ist ja nicht so einfach bei aus beruflichen Gründen ständig vollgestopften Terminkalendern. Zuerst ein Match auf dem roten Sand, danach der ein oder andere Belohnungsdrink im Clubhaus. Da werden dann die neuesten Neuigkeiten ausgetauscht. Nicht, dass es so viele gäbe, aber wenn in frauentechnischer Hinsicht mal was passiert, dann wird das klarerweise besprochen. So wie eben die Sache mit Mila. Ach ja, Mila …

Ich hatte sie im Club kennengelernt. Mila, die Tennisfee. Mit ihrem weißen Shirt, dem kurzen Röckchen und dem braunen Pferdeschwanz wirkte sie wie das Covergirl auf einem Katalog für Tennismode. Da konnte man nicht so einfach wegucken. Also guckte ich jedes Mal hin. Und irgendwann hatte ich das Riesenglück, dass sie meine Blicke erwiderte. Nicht nur das, sie schenkte mir sogar ein schüchternes Grinsen.

Ich saß gerade mit Ralf an der Bar des Clubhauses, als das passierte. Jetzt bloß nichts falsch machen, Tobi, bläute ich mir ein. Einer wie ich, der in puncto Frauen prinzipiell jedes Fettnäpfchen mitnimmt, in das man auch nur irgendwie treten kann, muss achtsam sein – und strategisch vorgehen.

»Ralf? Sie hat mich angelächelt.«

»Auweia. Wie hast du das geschafft?«

»Klappe. Sag mir lieber, was ich machen soll.«

»Hingehen und sie ansprechen, du Nulpe, was sonst?«

»Und was soll ich verdammt noch mal sagen?«

»Sei einfach so, wie du bist.«

(Das ist ein Ratschlag, auf den man nur hören sollte, wenn man direkt ins Unglück schippern will.)

»Hallo, ich bin Tobi.«

»Weiß ich schon.«

»Ach?«

»Ja, ich habe letztens mit deinem Freund über dich gesprochen. Hat er dir nichts davon erzählt?«

Hatte er nicht.

»Ich bin Mila.«

»Weiß ich auch schon.«

Hm … betretenes Schweigen. So was mag ich gar nicht. Tobi, denk nach, lass deinen Charme spielen, verbock das jetzt bloß nicht …

»Sag mal, Mila … hast du Lust, mal gemeinsam mit mir auf den Platz zu gehen?«

»Klar, wenn du dich traust?«

»Nichts lieber als das.«

Und so verabredeten wir uns für die nächste Woche. Die Tage bis zu unserem Treffen zogen sich unendlich in die Länge. Ich nutzte sie, um mich zum absoluten Tennis-Pro hochzutrainieren. Schließlich wollte ich mir vor Mila keine Blöße geben. Ralf unterstützte mich nach besten Kräften dabei; jeden Abend wuchteten wir die kleinen gelben Bälle übers Netz und ich ließ mir Tipps geben, wie ich die doppelte Vorhand noch perfektionieren konnte. Die Belohnungsdrinks danach tauschte ich gegen Schorle, um mein Bäuchlein bis zu meinem Rendezvous so weit wie möglich verschwinden zu lassen. Alles Teil einer perfekt durchgeplanten Strategie.

Endlich war es so weit. Mila stand in ihrer weißen Zauberfee-Uniform vor mir, den Schläger erwartungsvoll schwingend. Mein Herz klopfte im Takt eines Presslufthammers, aber natürlich durfte sie das nicht merken. Darum verzichtete ich auf den ganzen unnötigen Small-Talk-Kram und drängte darauf, auf den Platz zu gehen. Dort war ich in Sicherheit – durch viele Meter und ein Netz getrennt. Die Vorhand saß. Was sollte also passieren?

Leider half auch die doppelte Vorhand nichts. Ich hatte diese Frau leider total unterschätzt. Sie machte mich komplett fertig. Nicht einmal Ralf hatte mich jemals so untergebuttert. Jeden zweiten Ball hatte ich mit Vollgas ins Out geballert, den Rest erledigte Mila mit perfektionierter Technik und einer Schnelligkeit, die meine Reaktionsfähigkeit vollkommen überforderte. Mit hängendem Kopf ging ich vom Platz, während Mila jubelte und sich einen abgrinste. Dieser Teil meines Vorhabens war also schon einmal kläglich schiefgegangen. Unter der Dusche versuchte ich, die Fassung wiederzuerlangen. Ich konnte nur darauf hoffen, dass Mila eine der Frauen war, die kein Problem damit haben, sich mit Verlierern abzugeben.

Hatte sie offenbar tatsächlich nicht.

»Wollen wir noch was trinken?«, empfing sie mich am Tresen, frisch geduscht, mit feuchten Haaren, duftend und mit engen Jeans und weitem Kapuzenshirt. Sie sah so umwerfend aus, dass ich ein paar Augenblicke brauchte, um die Sprache wiederzufinden.

»Jup.« Mehr ging nicht.

Zu meiner Überraschung bestellte sie sich ein großes Bier und vernichtete dieses zügig. Sie erzählte mir, dass sie in einer Kneipe in der Innenstadt als Barkeeperin arbeitete. Okay, also kein Wunder, dass das mit dem Bier so ratzfatz gegangen war. Ein weiteres folgte, ebenso wie Details aus ihrem Leben. Ich nickte brav, während ich sie eingehend musterte. Tausende von schmutzigen Gedanken fegten mir durch den Kopf, während sie da so vor mir stand und redete. Ich nickte weiter.

»Und du, Tobi? Was machst du eigentlich so? Ralf hat erzählt, irgendetwas mit Marketing?«

»Hä?« Mein Kopfkino war jäh unterbrochen worden.

»Was du machst, hab ich gefragt. Du wirkst so abwesend.«

Mist, sie hatte es doch gecheckt. Vorbildlich leierte ich alles herunter – mein Job, wo ich wohne, bla bla bla. Sie nickte immer wieder. Ob sie dabei ähnlich schmutzige Gedanken hatte wie ich? Wohl kaum, dazu wirkte sie zu interessiert. Aber hey, das war doch ein gutes Zeichen!

Irgendwann schaute ich auf die Uhr und erschrak – es war schon kurz vor der Sperrstunde des Clubhauses. Schade, ich hätte noch gerne mehr Zeit mit dieser traumhaften Tennisfee verbracht. Nicht nur hier am Tresen.

»Wollen wir uns draußen noch irgendwo hinsetzen? Ist doch eine so schöne laue Nacht«, schlug mein Gegenüber plötzlich vor.

Mein Herz schlug Purzelbäume. Irgendjemand da oben hatte meine Wunschgebete offensichtlich zur Kenntnis genommen. Ganz gentlemanlike beglich ich die Rechnung für unsere Getränke und folgte Mila dann nach draußen.

Wir nahmen auf einer Holzbank vor dem Gebäude Platz. Ich wurde einmal mehr überrascht, als sie sich plötzlich an mich kuschelte.

»Ein bisschen frisch ist es schon, oder?«

Mir nicht, im Gegenteil: Ich hatte vor Aufregung solche Wallungen, dass mir die Schweißperlen auf der Stirn standen. Als sie dann noch ihre Hand auf meinem Oberschenkel platzierte, war es endgültig aus mit meiner Contenance. Jegliche Strategie hatte sich aus meinen Gehirnwindungen verdünnisiert – und meine Triebe übernahmen das Steuer. Ungelenk riss ich sie an mich und küsste sie. Sie küsste zurück. Meine Hände wanderten unter ihren Pulli, und eine Welle der Geilheit übermannte mich, als meine Hände ihre nackten Brüste befühlten. Hätte ich vorher schon gewusst, dass sie keinen BH trug, ich wäre vollkommen durchgedreht. Ich fühlte ihre Hand an der Beule, die sich in meinem Schritt gebildet hatte. Und dann ging alles ganz schnell.

»Los, lass uns in die Umkleidekabine gehen«, schlug sie keuchend vor.

Im Dunkel der Kabine ging es dann richtig zur Sache. Als wir uns beide die Kleider vom Leib gerissen hatten, rollte sie mir in Windeseile ein Kondom über – woher sie dieses so schnell gezaubert hatte, wusste ich nicht – und drückte mich fordernd auf den Boden. Ich zuckte zusammen, als mein entblößter Hintern die kalten Fliesen berührte. Mila beugte sich vor und setzte sich auf mich. Ich konnte kaum etwas sehen, nur das Mondlicht schien durch die kleinen Fenster, ihre runden Brüste zeichneten sich schemenhaft vor meinen Augen ab. Sie schob mein Gemächt in sich rein, und ich erschauderte. Die Brüste begannen sich gemeinsam mit Mila auf und ab zu bewegen.

Nein, sie wirkt nicht so, als würde sie das zum ersten Mal machen, schoss es mir noch durch den Kopf, bevor sich mein Verstand endgültig verabschiedete.

Ich jaulte vor Glückseligkeit, als sie mit einer Hand meine Eier kraulte. Um nicht ganz passiv zu sein, schob ich eine Hand nach vorne, um ihre Klitoris mit dem Finger umkreisen zu können. (Ein Tipp von Ralf übrigens, der bei seinen Exfreundinnen immer zu vollkommener Verzückung geführt haben soll. Er schien tatsächlich zu wirken.) Mila begann so laut zu stöhnen und zu keuchen, dass ich ihr am liebsten den Mund zugehalten hätte.

»Leiser, Mila, leiser ... vielleicht ist noch jemand da«, quetschte ich heraus, aber sie ignorierte mich komplett.

»Knete meine Nippel, bitte«, keuchte sie stattdessen, und ich kam ihrer Bitte nach. Woraufhin sie abging wie eine Rakete. Das war endgeil.

Ich beschloss, sämtliche Horrorvisionen des Erwischt- und Aus-dem-Club-geworfen-Werdens aus meinem Kopf zu verbannen und diesen Sex nun einfach nur passieren zu lassen. Und das tat ich auch, so lange, bis Mila sich schließlich mit immer spitzeren Schreien ihrem Orgasmus näherte und ich wusste: Jetzt kannst du auch kommen, Tobi, jetzt hast du deinen Job erfüllt. Mit zusammengekniffenen Lippen und Augen ließ ich es geschehen und gab mich ganz dem Gefühl hin, in Mila reinzuspritzen, zwar nicht direkt, wegen des Kondoms, aber immerhin.

Die Hände hinter dem Kopf verschränkt, lag ich da und konnte langsam wieder fühlen, wie kalt der Boden unter mir war. Ich fragte mich, wie Milas Knie nach der ganzen Action auf den Fliesen aussahen, ich fragte mich, ob ich gut gewesen war, ich fragte mich, wie lange sie noch so auf mir sitzen konnte, mit meinem Schwanz in ihr, ohne dass das Kondom abrutschen würde. Und ich fragte mich, wieso ich nach einer dermaßen scharfen Nummer eigentlich so viel nachdachte. Ich sollte mich doch eigentlich wie der Oberchecker fühlen.

Mila übernahm es für mich, meine wirren Gedanken zu durchbrechen, indem sie sich mit einem ploppenden Geräusch von mir löste. Ungelenk stand ich auf und spürte, dass meine Knochen, auch wenn mein Körper mit postsexuellen Glückshormonen vollgepumpt war, nicht mehr die eines 25-Jährigen waren. Im schwachen Licht der Kabine schlüpften wir, ohne ein Wort zu sprechen, wieder in unsere Klamotten. So leise wie möglich gingen wir nach draußen und ich versperrte brav die Clubkabine. Kein Mensch war zu sehen, das einzige Geräusch, das ich vernehmen konnte, kam vom Zirpen der Grillen. Mila sagte kein Wort. Ich auch nicht. Wir sahen uns nur an, minutenlang. Schließlich drückte sie mir einen Kuss auf die Wange und flüsterte: »Bis bald.«

Dann war sie weg. Ich wusste nicht, was da gerade überhaupt passiert war – ich wusste nur, es war unendlich geil gewesen.

Und genau deshalb freute ich mich auch schon darauf, Ralf erzählen zu können, dass ich – Tobi, der Anti-Frauen-Typ – endlich einmal bei einer gelandet war. Noch dazu bei Mila, der Frau meiner feuchten Träume.

Was ich leider nicht mitbekam, als ich mit Tobi auf meinen sexuellen Triumpf anstieß, war, dass Mila in Hörweite stand. Bis sie sich räusperte. Ich drehte mich um und wurde von zwei blauen Augen fixiert.

»Tobi, kann ich dich mal kurz sprechen?«, fragte sie in eisigem Ton.

Was dann folgte, habe ich schon beschrieben. Ich bekam zwei geballert, die sich gewaschen hatten. Und so, wie ich mich mit Mila auf dem Tennisplatz mit Vollgas ins Out geschossen hatte, so hatte ich es auch durch diese Aktion geschafft. Den Club habe ich daraufhin nicht gewechselt, aber meine Belohnungsdrinks mit Ralf sind selten geworden – oder besser gesagt, sie sind Geschichte. Ich gehe Mila ganz bewusst aus dem Weg, umso mehr als sie mittlerweile regelmäßig mit ihrem neuen Freund auf dem Platz steht. Ein Kotzbrocken ist das.

19

Mixed up

Philipp (30), Flugbegleiter, Wien,
über Anette (29), Studentin, und Toni (31), Event-Manager,
beide Innsbruck

Nach mehreren Monaten harter Arbeit hatte ich nun endlich
zwei Wochen Urlaub. Ich fühlte mich vollkommen ausgepowert.
Meinen Job mag ich wirklich, aber wenn man ständig in der Luft
ist, braucht es hin und wieder ein wenig festen Boden unter den
Füßen. Auf diesen freute ich mich nun wie ein kleines Kind. Der
einzige Wermutstropfen war die Aktion, zu der ich mich von meinem Kumpel Toni hatte überreden lassen. Schon beim Gedanken
daran wurde mir übel.

Toni arbeitet als Event-Manager und bekommt hin und wieder Aufträge, für die er Promotionpersonal in diversen Städten
braucht. Zufällig war während meines Urlaubs ein Einsatz in meiner Stadt geplant. Und da Toni meist an Personalmangel leidet, was
eventuell auch damit zu tun hat, dass er seine Leute grottenschlecht

bezahlt, fiel ihm natürlich nichts Besseres ein, als mich anzurufen und mir die Ohren vollzujammern.

»Es sind doch nur drei Tage, Philipp! Hey, du brauchst auch nix anderes zu tun als zu flyern. Das machst du doch mit links! Und abends gehen wir dann zusammen einen trinken. Lass mich bitte nicht hängen, Alter …«

Weil ich mir sein Gesäusel nicht länger anhören wollte, ließ ich mich weichklopfen. Aber nicht nur deshalb: Ich fand Toni auch hammerscharf. Hatte ich schon erwähnt, dass ich bi bin?

Schon seit wir uns vor Jahren auf einer Schickimicki-Fete kennengelernt haben, werde ich ganz wuschig, wenn ich ihn nur höre. Tonis Stimme hat das perfekte Timbre, sie geht runter wie Öl, sie stellt mir die Nackenhaare auf.

Dass ich nun die Chance hatte, ihn endlich mal wiederzusehen, war Grund genug, mich ein wenig zu prostituieren – sprich, einen Studentenjob anzunehmen und seine hirnrissigen Flyer unter die Leute zu bringen.

»Hier, das ist dein Shirt und hier sind die Flyer. Die sollten bis zum Abend reichen – wenn nicht, kommst du einfach wieder zur Base und holst dir neue.«

Ich fühlte mich wie ein Student, als Tonis Assistent mir einen fetten Stapel bunt bedruckter Werbefolder in die Hand drückte. Das T-Shirt, auf dem vorne und hinten das Logo des Mobilfunkkonzerns prangte, dessen ach so tolle Message wir unter die Leute bringen sollten, war mir mindestens eine Nummer zu klein. Aber na gut, ich kann es mir leisten. Für irgendwas müssen die stundenlangen Schuftereien im Fitness-Studio ja gut sein.

»Fipse, alter Knabe! Lass dich drücken!« Gut gelaunt wie immer war Toni um die Ecke gebogen.

Als wir uns – für ihn freundschaftlich, für mich mit Hintergedanken – umarmten, wurde mir ganz anders.

»Lass dich anschauen«, meinte er und schob die Sonnenbrille hoch. »Gut siehst du aus. Ach was, immer besser siehst du aus!«

Ich bedankte mich und musterte ihn. Wie er da so vor mir stand, mit den schwarzen, mittellangen, nach hinten gekämmten Haaren, der Sonnenbrille als Haarreif, den breiten Schultern und einem Shirt, unter dem sich noch wesentlich mehr Muskeln abzeichneten als bei mir, hätte ich ihn mir am liebsten sofort gekrallt. Konnte ich aber nicht, da er erstens keine Ahnung davon hatte, dass ich bi bin, zweitens noch sein schräger Assi da war und drittens im gleichen Moment noch jemand um die Ecke bog.

»Anette! Gut, dass du da bist. Wir starten in zehn Minuten.«

Dass Toni aus Prinzip keine unattraktiven Promotion-Girls einstellt, hatte sich in diesem Moment wieder einmal bewahrheitet. Anette sah aus wie eine Elfe: rotblonde Haare, ganz helle Haut mit süßen Sommersprossen, zarte Figur. Ich hätte ihr widerstandslos jeden noch so unbrauchbaren Werbeschwachsinn abgenommen. Die Aussicht, die nächsten drei Tage mit ihr unterwegs zu sein, stimmte mich ausgesprochen freudig.

Einen Frühlingstag lang durch eine Großstadt zu latschen und irgendwelchen Unbekannten hirnrissige Werbebotschaften in die Hand zu drücken, mag vielleicht nicht der schlimmste Job der Welt sein. Allerdings war dieser Frühlingstag einer von denen, die im Wetterbericht üblicherweise als »zu kalt für die Jahreszeit« bezeichnet werden. Zu der unangenehmen Kälte gesellten sich lebhafter Wind und der ein oder andere Regenschauer. Obwohl sich Anette als eine nicht nur äußerst ansehnliche, sondern auch überaus lustige Arbeitspartnerin herausgestellt hatte, war ich abends so fertig, dass ich am liebsten direkt in mein warmes Bett gefallen wäre. Außerdem brannten meine Füße wie Feuer. Für jemanden wie mich, der Spaziergänge hasst wie die Pest und normalerweise nicht mehr als ein paar Airbus-Längen pro Tag zurücklegt, ist so ein stundenlanger Marsch schon harter Tobak.

»Geht's noch?«, fragte Anette mich mitleidsvoll, als wir das Restaurant ansteuerten, in dem wir mit Toni zum Essen verabredet waren.

Ich nickte nur und beschleunigte meine Schritte, weil ich den kalten Regentropfen so schnell wie möglich entkommen wollte.

Toni wartete schon am Tisch. »Na ihr beiden, da hattet ihr aber tolle Bedingungen heute. Bei Wind und Wetter, so eine Arbeitsmoral lob ich mir! Anette, du siehst trotzdem bezaubernd aus wie immer. Philipp, du erinnerst mich an einen begossenen Pudel.«

Ich zeigte ihm den Mittelfinger und begab mich erst mal in Richtung Toilette, um mein klatschnasses Shirt zu wechseln.

Als ich später mein wohlverdientes Glas Wein vor mir stehen hatte, kam meine Laune wieder aus dem Keller gekrochen. Und als ich die Karte des noblen Schuppens studierte, stieg sie noch um ein Quäntchen an. Ich wusste natürlich, dass Toni die Rechnung übernehmen würde und bestellte das volle Programm. Während wir auf die Vorspeise warteten, taxierte ich meine Begleiter abwechselnd. Sie hätten ein schönes Paar abgegeben. Ich konnte gar nicht sagen, zu wem ich mich stärker hingezogen fühlte.

»Die Anette, das ist schon eine heiße Braut. Ich glaube, bei der kann ich heute noch landen.«

Ich verschluckte mich fast an einer Olive.

Als Anette von der Toilette retour kam, hustete ich noch immer, und Toni klopfte mir kräftig auf den Rücken. Sie lachte mich ein bisschen aus, was ich ihr in dieser Situation nicht mal übel nehmen konnte. So war das also. Toni war scharf auf sie. Na ja, eigentlich kein Wunder. Toni ließ prinzipiell nichts anbrennen, und wenn eine so aussah wie Anette, dann schon gar nicht.

Als der Hauptgang serviert wurde, hatten wir bereits die zweite Flasche Wein in Arbeit. Die dritte kam mit der Nachspeise. Das Gespräch war mittlerweile etwas abgeglitten, und Anette war kurz davor, einen Moralischen zu bekommen. Vor wenigen Wochen hatte sie herausbekommen, dass ihr Freund sie betrog. Als sie ihn zur Rede stellte, hatte er sie Knall auf Fall für die andere verlassen. Ja, Männer können manchmal Schweine sein. Jedenfalls war von ihrem süßen Lächeln nicht mehr viel zu sehen, stattdessen füllten sich ihre Augen zusehends mit Tränen. Toni und ich versuchten es erst mit Mitleid, dann mit Scherzen, dann mit noch mehr Alkohol.

Die Kombination wirkte. Anette schnäuzte sich, lächelte uns entschuldigend an und meinte: »Danke, Jungs. Ihr seid so was von lieb. Ich geh mich noch mal frisch machen.«

Als sie weg war, warf ich Toni einen kritischen Blick zu. »Und du meinst, dass du sie heute noch flachlegen wirst? Na dann viel Spaß.«

Er zuckte nur mit den Schultern. Ich hatte sie für diesen Abend bereits abgeschrieben. Frauen, denen noch der Ex im Genick sitzt, nein danke – nicht mein Stil. Toni zuckte nur mit den Schultern und meinte: »Who knows?«

Wenn er wüsste, wie sehr ich darauf hoffte, dass …

»So. Jetzt geht's wieder.« Anette stand vor uns und sah wieder genauso aus wie vorher. Diese Make-up-Tricks – ich hab's bis heut noch nicht kapiert. »Was haltet ihr beiden noch von einem Absacker an der Bar?«

Wir waren sofort dabei. Bei unseren Margaritas glitt das Gespräch wieder ab, allerdings diesmal nicht in Richtung Liebeskummer, sondern in Richtung Sex. Alkohol löst die Zunge, und so hemmungslos betrunken, wie wir schon waren, verrieten wir uns nach und nach unsere aufregendsten Erlebnisse: Techniken, verbotene Orte und das ganze Pipapo.

»Jungs, mal ehrlich … hättet ihr Lust, heute mit mir ins Hotelzimmer zu kommen? Beide?«

Zum zweiten Mal an diesem Abend wäre ich fast erstickt, diesmal an einem Eiswürfel. Toni machte große Augen, sah zuerst zu Anette und dann zu mir. Tausend Bilder gleichzeitig schossen mir durch den Kopf. Das, was sie gerade gesagt hatte, würde doch bedeuten, dass …

»Ja! Also ich bin dabei«, hörte ich mich sagen, und Toni winkte schon den Kellner für die Rechnung heran.

Auf dem kurzen Weg ins Hotel nahmen wir Anette in unsere Mitte. Im Fahrstuhl küssten wir sie – zuerst Toni, dann ich. Ich hätte auch ihn gerne geküsst, aber man soll ja nichts überstürzen. Im Zimmer angekommen, entledigte Anette sich ihrer Klamotten und warf sich aufs Bett. Inmitten weißer Decken wartete sie auf uns. Toni war der Erste, der bei ihr war. Als ich den beiden zusah, wie sie sich küssten, beide nackt, beide geil, er auf ihr drauf, wurde ich kurz unsicher und wusste nicht, wie ich vorgehen sollte. Ich musste mich sehr zurückhalten, nicht beide hemmungslos zu begrapschen. Schließlich legte ich mich dazu, und Toni machte Platz für mich. Anette machte sich an unseren Dingern zu schaffen, und meine Blicke schweiften zwischen ihren Brüsten und ihrer Hand an Tonis schönem Schwanz hin und her. Beides zusammen erregte mich ungemein.

Es dauerte nicht lange, bis Toni – er war zweifellos der Dominantere von uns beiden – sich einen Gummi überzog, Anette auf den Bauch drehte und von hinten in sie eindrang. Die Muskeln seines Oberkörpers spannten sich bei jedem Stoß an, und ich genoss den Anblick. Wieder wusste ich nicht, was ich machen sollte. Am liebsten hätte ich mich ebenfalls im Doggy-Style an Toni angedockt, aber ich traute mich nicht. Also küsste ich Anette weiter und ließ meine Hand zu ihrer Muschi wandern. Kurz verlor ich die Beherrschung, ließ Daumen und Zeigefinger weiter nach unten wandern und umschloss damit für wenige Sekunden Tonis Schwanz. Er sah mich mit offenem Mund an, und in seinen Augen blitzte Panik auf. Okay, falsche Baustelle. Sofort zog ich mich zurück und bearbeitete weiter Anettes Titten.

Sie forderte mich auf, zu ihr hochzukommen und deutete an, dass sie meinen Schwanz in ihrem Mund haben wollte. Schon hatte ich meine Schmach vergessen. Dann überließ Toni mir das Feld, ich zog mir ein Kondom über und wir wechselten die Position. Ich vögelte also unsere gemeinsame Gespielin, während ich zusehen konnte, wie sie ihm einen blies. Scheiße, ich bin im Himmel, dachte ich und konnte gar nicht mehr wegsehen. Das war der pure Sex-Overload! Unser dreier Gestöhne entwickelte sich zu einem geilen Mix, der irgendwann in lautem Geschrei endete. Ich kann nicht mehr genau sagen, wer wann, wie, wo gekommen ist, getrunken hatten wir schließlich auch nicht wenig.

Als wir morgens aufwachten, lagen nur noch Toni und ich im Bett, leider mit Sicherheitsabstand. Mir brummte der Schädel. Anette stand anscheinend schon unter der Dusche. Ich schaute auf die Uhr. Oh nein, what the fuck! Wir sollten in 20 Minuten zu arbeiten beginnen. Unsere Bettgenossin kam bereits fix und fertig angezogen aus dem Bad geeilt, erschrak fast, als sie uns da liegen sah – hatte sie etwa vergessen, dass da noch zwei Typen in ihrem Bett geschlafen hatten? –, und piepste ein »Guten Morgen«.

In der Zwischenzeit war auch Nummer drei aufgewacht und knurrte Unverständliches.

»Ich bin dann mal arbeiten, gebt den Schlüssel bitte einfach an der Rezeption ab«, rief uns Anette zu und verschwand aus dem Zimmer.

»Eieiei, ich glaube, da bereut jemand etwas«, kam es von Toni mit rauchiger Stimme.

»Sieht so aus.« Ich lugte noch einmal möglichst unauffällig auf seinen nackten Körper, bevor ich aufstand und meine Klamotten zusammensammelte, um mich ebenfalls fertig zu machen. Für einen weiteren Versuch, ihn anzusteigen, ging es mir eindeutig zu dreckig.

Über den weiteren zwei Arbeitstagen mit Anette schwebte eine Wolke der Peinlichkeit. Nicht, dass ich ein Problem mit unserer gemeinsamen Nacht gehabt hätte – sie aber offensichtlich schon. Sie machte kaum noch den Mund auf und vermied es konsequent, mir in die Augen zu sehen. Über das Geschehene verloren wir kein Wort. Zu den abendlichen Treffen mit Toni erschien sie nicht, sondern entschuldigte sich mit Kopfschmerzen.

Aber auch Toni kurvte geflissentlich um das Thema herum, er quasselte zwar nach wie vor unentwegt über Gott und die Welt, aber so entspannt, wie unser Verhältnis zuvor gewesen war, fühlte es sich nicht mehr an. Zur Begrüßung gab es nur noch Handschlag, und auch sonst hielt er bewusst körperliche Distanz zu mir. Ich glaube, als ich ihn beim Sex angefasst habe, hat er genau geschnallt, was Sache ist. Wohl deshalb hat er mich seitdem auch nie wieder angefleht, bei ihm auszuhelfen.

20

Ohne Worte

Dirk (30), Jurist, München, über eine unbekannte Schönheit,
Alter und Beruf unbekannt, Wohnort: die Insel ohne Namen

Jetzt habe ich meinen Traum verwirklicht. Ich bin auf der Insel, auf
der ich schon immer sein wollte. Ich werde hier ihren Namen nicht
nennen. Vielleicht klingt es doof, aber sie soll meine Insel bleiben.
Nie soll sie in einem Reisekatalog erscheinen, nie von Touristen-
scharen belagert und verschmutzt werden. Das will ich der Insel
nicht antun. Jahrelang habe ich darauf hingearbeitet, habe – ganz
früher mit fragwürdigen Jobs und später mit Unmengen von Über-
stunden – genug Kohle zusammengekratzt, um hier in dieser Bucht
zu sitzen.

Warum gerade diese Insel, werden Sie sich fragen. Mein Vater,
er lebt leider nicht mehr, ist Biologe gewesen. Meeresbiologe, um
es genauer zu sagen. Immer wieder hatte er spannende Expeditio-
nen zu wunderschönen Plätzen unternommen. Hin und wieder
waren meine Mutter und ich auch dabei gewesen, vor allem, als

ich noch ziemlich klein war. Ich habe also schon als Knirps recht viel von der Welt gesehen. Aber später dann, als meine Mutter wieder in ihren Beruf einstieg und ich auch nicht ständig in der Schule fehlen konnte, mussten wir oft daheim bleiben. Dann wurden wir von Papa via Brief oder Postkarte auf dem Laufenden gehalten. Wenn es irgendwie möglich war, rief er auch an. Als ich noch klein war, gab es ja noch keine Handys, man konnte also nicht einfach von irgendwo auf der Welt eine Nummer wählen und mal schnell nachfragen, wie es denn zu Hause so geht. Er liebte seinen Beruf, das spürte man schon, wenn man ihn darüber sprechen hörte. Sogar, wenn man seine Briefe durchlas, sah man das Glänzen in seinen Augen vor sich, mit denen er jede einzelne seiner Zeilen verfasst hatte. Da schwärmte er von neuen Fischarten oder Oktopoden ungeahnten Ausmaßes und erzählte von aggressiven Muränen, deren scharfen Zähnen er gerade noch entkommen war. Besonders beeindruckt war ich jedes Mal, wenn er von Haien berichtete, die in seine Nähe gekommen waren. Ich bekam Gänsehaut und stellte mir meinen Vater als unbesiegbaren Helden vor.

Ja, meine Mutter und ich, wir waren mächtig stolz auf ihn. Wenn er heimkehrte, kochte sie üblicherweise ein großes Willkommensessen. Mein Vater hatte immer ein Mitbringsel für uns dabei – für Mama meist ein Schmuckstück, oft aus Muscheln oder Ähnlichem, da er ja häufig auf irgendwelchen Südseeinseln forschte, für mich meist ein außergewöhnliches Spielzeug oder eine seltene Muschel (früher war es noch kein Problem, so etwas auf Flugreisen mitzunehmen). Ich sammelte die Muscheln und hatte mir in meinem Zimmer schon ein richtiges kleines Meeresmuseum damit eingerichtet. Für mich war immer schon klar gewesen, dass ich später denselben Beruf ergreifen würde wie mein Vater. Als er jedoch auf einem seiner Ausflüge bei einem Tauchunfall ums Leben kam, änderte sich alles. Die Lücke, die durch seinen Tod in unserer kleinen Familie entstand, klafft seitdem weit offen. An dem Versuch, sie zu stopfen, sind meine Mutter und ich bislang gescheitert. Es ist noch immer, als wäre er erst gestern gestorben.

Der Tod meines Vaters war auch der Grund für mein Jurastudium. So gerne ich seinem Weg früher gefolgt wäre, ich konnte es nicht mehr. Alles in mir war blockiert. Und so inskribierte ich mich nach dem Abi nicht für die Meeresbiologie, die immer mein Traum gewesen war, sondern für etwas Handfestes, Bodenständiges. Ich wollte nicht dasselbe Schicksal erleiden wie mein Vater. Das hätte ich meiner Mutter nicht antun können. Kein zweites Mal sollte sie so eine Nachricht verkündet bekommen. Und obwohl ich es nie gedacht hätte – irgendwann freundete ich mich sogar mit Gesetzestexten und Paragrafen an. Aus mir wurde, wie es andere vielleicht ausdrücken würden, ein properer Jurist. Ich war zufrieden mit meinem Job und meinem Leben. Aber ganz ohne das Meer konnte ich auch nicht. Und so führten mich meine Urlaube stets an möglichst unerforschte von Wasser umgebene Orte. Ich gebe zu, ich hätte die Unterwasserwelt gerne live gesehen, aber die Geschichte meines Vaters hielt mich davon ab, jemals in einen Neoprenanzug zu schlüpfen. Ich sah mir alles von außen an, saß am Wasser und sinnierte. Dabei breitete sich jedes Mal ein wunderbarer Frieden in mir aus.

Auch jetzt gerade spüre ich diesen Frieden. Noch nie war er so stark wie hier. Hier fühle ich mich angekommen. Ich wusste, dass es so sein würde. Ich bin aus dem Wasserflugzeug ausgestiegen und ohne Umwege hierhergekommen, konnte es nicht mehr erwarten. Das warme Salzwasser umspült meine nackten Zehen. Ich grabe sie in den nassen, hellen Sand und schaue zu, wie die nächste Welle kommt und die Sandknubbel über meinen Zehen wieder wegspült. In einem steten Rhythmus kommen die kleinen Wogen daher. Es sind die Ausläufer von den großen Brechern weiter draußen. Sie kommen, lecken kurz am Strand und ziehen sich dann wieder zurück. Es ist ein ewiger Kreislauf, so wie das Leben. Ein Kommen und Gehen.

Ein leises Kichern hinter mir reißt mich aus meinen philosophischen Gedanken. Ich drehe meinen Kopf und traue meinen Augen kaum. Da steht eine Südsee-Schönheit mit Blumen im Haar und winkt mir zu. Sie trägt nur ein Bikini-Oberteil und einen Bastrock. Ihre Haut ist braun, ihre Figur schmal, ihre Haare schwarz und lang und glänzend. Bin ich bei der *Versteckten Kamera*? Wie soll ich auf diesen kitschigen Anblick reagieren? So was gibt's doch sonst nur im Märchen. Ich glaube, die will mich verarschen. Da ich keinen Plan habe, was ich jetzt tun soll, und nur weiß, dass ich mich auf keinen Fall blamieren will, tue ich einfach gar nichts. Damit liegt man selten falsch.

Oder soll ich Hallo sagen? Nö, ich kenne die Frau doch nicht. Außerdem weiß ich, dass hier auf der Insel kaum jemand englisch spricht. Und deutsch natürlich schon gar nicht. Ach was, ich gebe es zu: Bis jetzt hatte ich mit dem weiblichen Geschlecht nicht viel am Hut. Deshalb halte ich mich besser an das Motto: »Wenn man keine Ahnung hat – einfach mal die Fresse halten.«

Ich schaue wieder nach vorne und versuche, mich erneut aufs Wasser zu konzentrieren. Es geht nicht mehr so gut, was aber egal ist, da die Südsee-Schönheit offenbar nicht vorhat, mich in Ruhe zu lassen. Sie geht ein paar Schritte näher ans Wasser, schiebt sich damit wieder in mein Blickfeld und lässt dabei gemeinerweise die Hüften kreisen. Natürlich kann ich jetzt kaum mehr wegsehen. Was das wohl werden soll, frage ich mich. Sie sieht mich an und zwinkert mir zu. Ihre Augen sind riesengroß und fast schwarz. So etwas Exotisches habe ich in natura noch nie gesehen. Sie ist schön, einfach schön, ganz pur, ohne Zusatz.

Plötzlich winkt sie mich mit dem Zeigefinger an sich heran. Meint sie wirklich mich? Ich schaue, ob hinter mir nicht noch jemand sitzt. Nein, der Strand ist leer – bis auf uns. Mir wird ein bisschen bange. Ich frage mich, was diese Frau von mir will. Sie bedeutet mir, aufzustehen. Ich mache es. Sie kichert wieder. Dann geht sie ein paar Schritte und signalisiert mir, mitzukommen.

Zögernd setze ich ein paar Schritte in den Sand. Nun gut, was soll sie mir auch tun? Innerlich schüttle ich den Kopf über meine Feigheit. Ein wunderschönes Wesen will etwas von mir – wenn ich auch noch nicht weiß was – und ich zaudere blöd rum. Ich sehe ihren bebastrockten Po vor mir herumwackeln, sie springt durch den weißen Sand in Richtung Grün. Es gibt viel Grün hier auf der Insel, Palmen, riesige Bäume mit bunten Blüten, die die Berge hinter dem Strand bewuchern. Alles ist dicht bewachsen.

Die Schönheit bleibt kurz stehen, damit ich sie einholen kann. Sie kichert ständig. Wie schön wäre es, wenn das überall auf der Welt so wäre: Frauen, die sich nicht ständig beschweren, sondern einfach immer nur kichern. Ja, dann wäre die Welt garantiert eine bessere! Aber Scherz beiseite. Beim Anblick ihrer prallen Hüften verspüre ich ein Ziehen in den Leisten. Es scheint sie auch nicht zu stören, dass ich sie jetzt unvermittelt ansehe. Nein, sie freut sich offensichtlich, dass ich jetzt schon fast freiwillig mit ihr gehe. Wie heißt sie eigentlich? Egal.

Wieder zwinkert sie mir zu, setzt sich erneut in Bewegung und winkt mich mit sich. Ich rieche ihren Duft, eine Mischung aus Kokos und etwas Blumigem, Süßem. Bald haben wir den Waldrand erreicht. Ich hoffe, dass sie mir nicht nur irgendeinen Baum zeigen will oder so. Man weiß es ja nicht. Geschickt bahnt sie sich einen Weg durch das Dickicht. Ich habe ganz schön damit zu tun, sie nicht aus den Augen zu verlieren. Bäume, Sträucher und Felsen wechseln sich ab, zwischendurch finden ein paar Sonnenstrahlen den Weg durch die Blätter. Die Vögeln zwitschern anders als in Deutschland, alles klingt ungewöhnlich und neu. Gibt es hier eigentlich giftige Tiere? Ja, die gibt es hier, und nicht zu wenige, das weiß ich, da ich die Insel doch in der Theorie in- und auswendig kenne. Ich verscheuche den beängstigenden Gedanken sofort wieder, der hat da jetzt nichts verloren.

Auf einmal renne ich die unbekannte Schönheit fast um. Sie ist stehen geblieben, und ich habe es nicht mitbekommen. Ich kann sie gerade noch auffangen. Glück gehabt. Natürlich kichert sie auch jetzt. Aus der Nähe wirken ihre Augen noch dunkler. Sie tippt mich ganz vorsichtig mit einem Zeigefinger an, als wäre ich irgendeine außerirdische Spezies. Das könnte ich im Gegenzug auch bei ihr machen. Mein Blick streift über ihren Busen und durch den Stoff des Bikini-Oberteils kann ich sehen, dass ihre Nippel hart sind. Sofort schießt mir das Blut in die Lenden. Sie berührt meine Haare und mein Gesicht. Dann küsst sie mich plötzlich. Sie schmeckt wie Fruchtsalat. Ich kann nicht glauben, was da gerade passiert. Bald sprenge ich meine Cargohose. Sie erlöst mich, öffnet den Knopf und lässt ihre Hand hineinwandern. Als sie mich massiert, würde ich mich am liebsten nach hinten auf den Waldboden fallen lassen und einfach nur genießen. Aber ich möchte ihr auch etwas geben. Ich schiebe meine Hand unter den knisternden Bastrock. Noch einmal trifft mich die Geilheit völlig unvermittelt, als meine Hand nur nackte Haut und kein Höschen zu spüren bekommt. Irgendwie klar – wer braucht auf einer einsamen Tropeninsel schon Unterwäsche?

Sie massiert mich nun immer schneller und ziemlich hart. Ich tauche einen Finger in ihre Nässe und verteile sie zwischen ihren Schamlippen. Sie beißt sich auf die Unterlippe, und ihre Augenlider flattern leicht. Dann finde ich ihn, ihren runden Knopf, und spiele daran herum. Es scheint ihr zu gefallen, denn sie murmelt etwas in ihrer Sprache, es klingt fremd, exotisch, aber zufrieden, trotzdem hört es sich nicht so an, als wäre es an mich gerichtet. Noch immer haben wir kein Wort gesprochen. Mit einem schnellen Griff hat sie ihren Rock gelöst, der mit einem dumpfen Geräusch auf dem Waldboden landet. Zwei perfekte Hüftknochen recken sich mir entgegen. Ich lasse meine Hände darüberstreifen und werfe meinem Gegenüber einen fragenden Blick zu. Sie geht ein paar Schritte nach hinten und lehnt sich herausfordernd an einen Fels. Ihre Augen zeigen mir eindeutig, was sie will. Also ziehe ich mich ganz aus und gehe dann in langsamen Schritten zu ihr.

Sie kichert wieder und wirft ihre Haare in den Nacken. An Kondome sollte ich vielleicht noch denken, aber nein, ich habe keine dabei, und sie würde mich ohnehin nicht verstehen. Ohne viele Worte ist es auch viel schöner. Weg mit den Gedanken. Ich nehme sie einfach im Stehen, drücke sie gegen den kalten Fels. Ich weiß nicht, wie lange es dauert, mir kommt es vor wie eine Ewigkeit, ich bin wie in Trance. Irgendwann löse ich mich von ihr, wir ziehen uns an und verlassen wortlos den Wald. Am Strand angekommen, bin ich noch immer ganz wackelig auf den Beinen. Sie läuft ein paar Schritte von mir weg, dreht sich um, wirft mir eine Kusshand zu, winkt noch einmal und ist dann verschwunden.

Ich weiß nicht, was da jetzt gerade abgegangen ist. War das ein Willkommensgeschenk von der Insel? Bekommt das jeder, der neu anreist? Es spielt auch keine Rolle. Was ich jetzt brauche, ist erst mal ein Drink.

21

Ostseewogen

Jens (heute 40), Lehrer, Stralsund,
über Maike (heute 39), Kindergarten-Betreuerin, Berlin

Wir waren jung, frei, verliebt – und es war Sommer. Eine Kombination, die alles übertrumpft. Maike und ich waren seit etwa zwei
Monaten ein Paar. Wir besuchten dieselbe Schule. Sie war erst vor
Kurzem auf die Insel gezogen. Als sie zum ersten Mal unsere Klasse betrat und vorgestellt wurde, war es um mich geschehen. Die
blonden, langen Haare, ihr strahlendes Lächeln, der süße Berliner
Dialekt. Ich konnte mich kaum noch auf den Unterricht konzentrieren. Noch dazu wurde ihr der freie Platz neben mir zugewiesen. Mit
zittrigen Fingern fasste ich meinen Stift und versuchte, die Worte
unseres Lehrers irgendwie zu Papier zu bringen. Aber nichts ergab
mehr einen Sinn, ich nahm nur noch wirre Wortfetzen wahr und
schrieb in krakeliger Schrift unzusammenhängende Aneinanderrei-
hungen von Buchstaben in mein Heft. Maike musste meine Nervosität sofort bemerkt haben, denn sie schmunzelte mich schelmisch an.

»Alles klar?«, flüsterte sie mir freundlich zu.

Diese Augen! Wasserblau.

»Willst du mir nicht antworten?«

»Hä?«

»Ich hab dich was gefragt.«

»Äääääh …«

So ging das die nächsten Tage. Meine Kommunikation mit Maike beschränkte sich darauf, dass ich ihre freundlichen Fragen stotternd und völlig sinnfrei kommentierte. Mehr ging nicht. Zum Glück schien sie es mir nicht übel zu nehmen und war so nett, weiterhin einseitigen Small Talk mit mir zu betreiben.

Ab diesem Tag dachte ich jeden Abend vor dem Einschlafen an sie. Meine Gedanken verselbstständigten sich. Ich stellte mir vor, wie es wäre, sie zu küssen, die Hände unter ihr T-Shirt wandern zu lassen und ihre Brüste zu berühren. Spürte, wie meine Berührungen ihre Brustwarzen hart werden ließen. Meine rechte Hand war in diesen Nächten schwer gefordert. Und jeden Morgen vor der Schule schwor ich mir, endlich auch real dieser coole Typ zu sein, der ich in meinen Träumen war. Leider scheiterte ich kläglich daran. Was bestimmt auch daran lag, dass ich noch keinerlei Beziehungs-, geschweige denn sexuelle Erfahrungen aufweisen konnte. Übers Händchenhalten war ich bislang noch nicht hinausgekommen – und das, obwohl ich damals schon 17 war. Ich war ein begnadeter Theoretiker: In meinen nächtlichen Visionen mutierte ich zum selbstbewussten Don Juan. In der Praxis fiel ich allerdings durch – und direkt in die Kategorie »unerfahrener Knilch«.

Zum Glück nahm meine Angebetete die Sache in die Hand. Sie war eben eine Berlinerin, die die Dinge mit weit mehr Schmackes anging. Wahrscheinlich überragten ihre liebestechnischen Kenntnisse meine haushoch. Irgendwann fragte sie mich also, ob ich ihr nicht ein wenig die Insel zeigen wollte. Sie würde sich noch recht wenig auskennen und gerade jetzt im Sommer gäbe es doch bestimmt viele sehenswerte Plätzchen. Die gab es – und nachdem wir uns für den Sonntag verabredet hatten, startete ich schnurstracks nach Hause und begann, ein Konzept für unsere Tour zu erstellen. Zwei Stunden später war der Boden meines Zimmers mit zusammengeknüllten Zetteln übersät, aber ein Konzept hatte ich immer noch keines. Also beschloss ich, dass die Sightseeing-Tour eben eine spontane Sache werden musste. Wäre doch gelacht!

Natürlich machte ich mich komplett zum Affen. Ohne Plan in der Tasche, wartete ich mit meinem Fahrrad am vereinbarten Treffpunkt. Meine hart antrainierte Lässigkeit sank auf den Nullpunkt, als Maike um die Ecke bog. Wie jedes Mal, wenn ich sie sah, fiel mir auch diesmal das Herz in die Hose. Sie war so umwerfend schön, dass ich keine Chance hatte, cool zu wirken. Wieder einmal stotterte ich nur Stuss. Alles resultierte darin, dass sie die Sache in die Hand nahm und vorschlug, von da nach dort zu fahren.

Irgendwann habe ich sie dann doch einfach geküsst. Wir waren schon ein paar Mal unterwegs gewesen und hatten uns ein bisschen kennengelernt. Das hatte bewirkt, dass auch meine besemmelte Beklemmtheit in ihrer Gegenwart irgendwann nachgelassen hatte. Wir lümmelten kekseessend in der Sonne und sprachen über unsere Ferienpläne. Ich wollte unbedingt Windsurfen lernen, sie Rügen mit dem Fahrrad erkunden.

»Was wäre, wenn du mit mir Surfen lernst und ich dafür mit dir um die Insel fahre?« Ich war stolz auf meinen mutigen Vorstoß und fühlte mich richtig dreist.

Mut macht sich bezahlt: Sie lächelte mich an und willigte ein. Daraufhin konnte ich nicht mehr anders. Wie ich es mir oft genug in meinen Träumen vorgestellt hatte, zog ich sie zu mir heran und drückte meine Lippen auf die ihren. Sie erwiderte den Kuss. Das sollte der Beginn unserer Liebschaft werden.

Was folgte, waren wunderschöne, unbeschwerte Wochen. Meine Freunde mussten hart zurückstecken, da der Großteil meiner Zeit für meine Freundin reserviert war. Ich mutierte vom Milchbubi zum Dauerküsser und fühlte mich wie ein richtiger Mann. In dieser Zeit machte ich auch meine ersten Erfahrungen in Sachen Petting. Nicht, dass meine rechte Hand deshalb weniger zum Einsatz gekommen wäre. Im Gegenteil, abends, wenn ich alleine im Bett lag – ihre Eltern erlaubten nicht, dass wir gemeinsam übernachteten –, wurden meine sexuellen Fantasien rund um Maike übermächtig, und ich musste viel Handarbeit leisten, um den enormen Druck abzubauen. Damals wurde mir erst so richtig klar, wie schwer man es als Mann eigentlich hat.

Mittlerweile war es August geworden. Die Sonne stand hoch am Himmel und heizte nicht nur das Meer auf, sondern auch unsere Körper. Ich lag mit Maike nackt auf einer Düne. Wir hatten mit der Zeit unsere geheimen Plätzchen gefunden, an denen man von keiner Menschenseele gestört wurde. Orte, die wir dann bevorzugt für intensive Rumfummeleien nutzten. Ich strich mit der Hand über ihren heißen Bauch und wurde schon wieder wuschig. Sie drehte sich zu mir, blinzelte von der Sonne geblendet und entblößte grinsend ihre weißen Zähne.

»Küss mich«, forderte sie mich auf. Wir knutschten rum und kamen immer mehr ins Schwitzen.

»Die Hitze macht mich so juckig, ich glaub, ich muss ins Wasser«, meinte sie in einer Kusspause und hievte sich auf.

»Ich hab einen Ständer«, bemerkte ich und sah nach unten zu meinem Johannes.

»Das gehört sich auch so«, lachte sie und zog mich auf den aufgeheizten Sand. »Aua, ist das schweineheiß!« Maike begann, sich mit hüpfenden Schritten in Richtung Wasser zu bewegen.

»Warte auf mich!«

Als endlich kühles Wasser meine Füße umspülte, atmete ich auf. Wer sich einmal so richtig die Fußsohlen im heißen Sand verbrannt hat, weiß, wie lange so etwas wehtut.

»Komm mal her!«, forderte mich meine Freundin auf.

Ich watete durchs Wasser auf sie zu und begutachtete dabei ihre hübschen Brüste, deren Brustwarzen aufgrund der Kühle des Wassers neckisch nach oben gerichtet waren. Mein Ständer, der sich gerade etwas beruhigt hatte, richtete sich schlagartig wieder auf. Sie tauchte ihren Körper ins Wasser und schwamm drauflos.

»He!«, schrie ich und tauchte in Rettungsschwimmermanier mit den Händen nach vorne ins Nass. Nach fünf kräftigen Zügen hatte ich sie erreicht und packte ihre Hüfte unter Wasser. Sie zog mich nach oben und wir küssten uns heftig. Es war anders als jemals zuvor, fordernder, geiler. Ich presste meinen Schwanz gegen ihren Bauch, sie krallte ihre Fingernägel in meinen Rücken. Als wir wieder voneinander abließen, schnauften wir beide vor Erregung.

»Komm, lass uns noch ein bisschen schwimmen«, meinte sie und tauchte ab.

Herrje, so war das aber nicht geplant! Ich kraulte hinter ihr her wie ein Verrückter. Mein Ständer wurde unter Wasser nach hinten gedrückt, und ich stellte mir vor, dass er mir beim Kurshalten half wie die Finne an einem Surfbrett. Was so ein Penis nicht alles kann …

»Wo willst du hin?«, schrie ich ihr zwischen ein paar Zügen nach, während ich nach Luft schnappte.

»Weiter weg vom Ufer!«

Das klang schon mehr nach einem Plan.

Maike war wirklich eine gute Schwimmerin. Irgendwann erreichte ich sie doch wieder und bekam eines ihrer Beine zu fassen. Sie protestierte prustend und spuckte Wasser.

»Wir sind doch schon weit genug weg«, grinste ich sie verschwörerisch an.

»Ja, aber hier kann man nicht stehen.«

Das stimmte, und mir wurde auch sofort klar, was sie vorhatte. Eine Sandbank! In der Ostsee gibt es zum Glück viele davon. Es dauerte auch nicht mehr lange, bis wir eine gefunden hatten. Unter unseren Füßen war glatter Sand, das Wasser reichte nur noch bis zu unseren Bauchnabeln. Auf ihrem Oberkörper glitzerten die Wassertropfen, auch ihre nassen Haare glitzerten in der Sonne, und die blauen Augen strahlten mich an.

»Und jetzt?«

Ich erntete nur ein verschlagenes Grinsen.

Also zog ich Maike zu mir heran und küsste sie genau so leidenschaftlich, wie wir es schon einmal an diesem Tag getan hatten. Ich war so dermaßen aufgegeilt, ich wollte sie sofort – und zwar ganz. Ich fasste nach ihren Haaren und ließ meine Hand über ihren Rücken nach unten gleiten, griff unter Wasser nach ihrem Po und streichelte sie genauso heftig, wie wir uns küssten. Sie packte mich an den Oberarmen und stöhnte leise auf. Plötzlich schlang sie ihre Beine um meine Hüften und ihr Körper schwebte im Salzwasser. Den Kontrast zwischen der Hitze der Sonne oben und den kühlen Ostseewogen, die uns umspülten, werde ich nie mehr vergessen. Genauso wenig wie den Moment, wo klar wurde, dass wir es an diesem Tag nicht beim Fummeln belassen würden.

Wir sahen uns tief in die Augen, ganz ernst, ohne zu lächeln – und da wussten wir beide, dass es nun passieren würde. Manche Situationen bedürfen keiner Worte, und diese war so eine. Mein Ding stieß unter Wasser an ihre Muschi, und dieses Gefühl machte mich schier wahnsinnig. An ihrem erregten Blick konnte ich sehen, dass es sie genauso anmachte. Ganz vorsichtig packte ich sie an den Hüften und schob sie ein paarmal vor und zurück, so als würde ich sie in real nehmen. Dann ließ ich sie mit einer Hand los, ließ diese unter Wasser gleiten und fasste sie zwischen den Beinen an. Unter Wasser fühlte sich alles ganz anders an. Langsam steckte ich einen Finger in sie rein und spürte, dass sie innen schon ganz glitschig feucht war.

Es fühlte sich wunderbar an und machte mich noch geiler. Sie hatte die Augen geschlossen und atmete flach. Ich spielte noch ein wenig mit dem Finger herum, zog ihn dann wieder heraus und atmete ein paar Mal tief durch. Der Gedanke an das, was jetzt kommen würde, rief eine Mischung aus Vorfreude und Nervosität in mir hervor. Wie gesagt, ich war ein erfahrener Theoretiker und hatte mir schon Hunderte Male vorgestellt, wie es wäre, mit Maike zu schlafen – aber der praktische Teil war mir bislang verwehrt geblieben.

Was soll's, Augen zu und durch! Ich drückte meine Lippen auf Maikes, schob ihr die Zunge in den Mund und nahm meinen Schwanz in die Hand. Erst war es ein wenig schwierig, in sie einzudringen – wer schon jemals im Wasser Sex hatte, weiß, wovon ich spreche –, aber dann ging es ganz leicht. Ich war in ihr! Das Gefühl war berauschend, noch viel besser, als ich es mir in meinen kühnsten Träumen vorgestellt hatte. Wir ließen immer noch wie wild unsere Zungen kreisen, und ich begann, mich langsam aus ihr raus- und wieder reinzubewegen. Sie umklammerte meine Hüften fest mit ihren Oberschenkeln, ich schob ihren Hintern unter Wasser vor und zurück. Mit jedem Stoß fuhr mir ein heftiges Geilheitsgefühl durch den Körper. Und so machte ich weiter, irgendwann stöhnten wir im gleichen Takt, Maike heftig laut und hoch, ich etwas leiser und tiefer. Gerade, als ich bemerkte, dass es mir gleich kommen würde, schoss es mir durch den Kopf: »Oh nein – wir verhüten doch gar nicht!« Ich löste mich von ihren Lippen und schaffte es gerade noch schwer atmend heraus. Sie riss die Augen auf, ließ sich nach hinten ins Wasser fallen, tauchte unter – und genau in diesem Moment ergoss ich mich ins Meer.

Ich konnte zusehen, wie sich die Spermafetzen im Salzwasser auflösten und mit den Wellen weggespült wurden. Maike war währenddessen schon wieder aufgetaucht. Ihr helles Lachen mischte sich mit dem Kreischen der Möwen. Sie kam zu mir und umarmte mich. Wir küssten uns, und obwohl ich mich am liebsten vor lauter entspannter Müdigkeit wieder auf die Düne gelegt hätte, wusste ich, dass ich noch etwas zu tun hatte: Ich wollte, dass sie auch kam. Deshalb zog ich sie wieder in dieselbe Position – ihre Beine um mein Becken geschlungen – und ließ meine Finger spielen. Wenige Minuten später ließ sie erschöpft und glücklich ihren Kopf auf meine Schulter fallen. Dann verließen wir unsere Sandbank wieder. Und schwammen mit den Ostseewogen ans Ufer.

22

Sandkiste reloaded

Markus (35), Bürokaufmann, Graz,
über Dina (35), Autorin, San Diego

Dina kenne ich schon seit der Sandkiste. Damals waren wir allerdings noch nicht mal alt genug für Doktorspiele. Ich kann mich allerdings noch daran erinnern, dass Dina ein Mädel war, das sich unter uns Jungs ganz schön behauptet hat. Das musste sie auch, denn sie war für ihr Alter immer schon ausgesprochen klein und leicht wie eine Feder. Als Kind ist es ja leider so: Je geringer die Körpergröße, desto mehr Angriffsfläche bietet man anderen für Gemeinheiten. Und da es in der Siedlung, in der wir aufgewachsen sind, zwei richtig fiese Jungsbanden gab, deren bevorzugte Opfer Mädchen waren, war Dina gefundenes Fressen. Ich will gar nicht aufzählen, was die bösen Buben so alles angestellt haben. Wer umkreist von sechs doppelt so großen Junghünen dazu gezwungen wurde, Regenwürmer und Nacktschnecken zu essen oder eine äußerst zielsicher geschossene Murmel aus einer Steinschleuder ins Auge bekommen hat, kann sich ungefähr vorstellen, in welcher Fiesheits-Liga sich das damals abgespielt hat. Tatsache ist: Dina hat mit der Zeit einen enorm harten Haken entwickelt. Den bekam auch ich hin und wieder zu spüren, obwohl ich nicht zu den bösen Buben zählte, sondern eigentlich ganz gut mit ihr befreundet war. Trotzdem, die Diskrepanzen zwischen Mann und Frau zeichnen sich schon in jungen Jahren ab.

Später, als wir schon gemeinsam die Oberstufe besuchten, war ich eine Zeit lang unsterblich in meine Sandkastenfreundin verliebt. Ich hatte wirklich einen Narren an ihr gefressen – sie an meinem Pickelgesicht leider nicht. Stattdessen erzählte sie mir – wir waren mittlerweile recht eng befreundet –, dass sie sich in Alex verknallt hatte, einen derjenigen, die sie damals zum Regen- würmer-Essen gezwungen hatten. Schon damals wunderte ich mich über das Frauen-stehen-auf-Arschlöcher-Phänomen. Blöd, wie ich war, versuchte ich aber, es zu einem Treffen zwischen den beiden kommen zu lassen. Schließlich funktionierte das auch und die beiden gingen sogar ein paar Tage miteinander. Allerdings mit dem Resultat, dass Dina eines Abends heulend an unserer Tür klingelte und ich mir anhören konnte, wie scheiße doch alle Jungs wären. Als ob ich etwas dafür gekonnt hätte!

Die Meinung, dass alle Jungs scheiße sind, hat sie dann zum Glück doch wieder abgelegt. Nachdem irgendetwas gnädig mit mir gewesen war und meine Pickel verschwinden lassen hatte, fand ich eine Freundin: Tanja. Und ich konnte gar nicht so schnell schauen, da war Dina auch schon rasend eifersüchtig. Obwohl sie selber gerade mit Stefan zusammen war (übrigens ebenfalls einer aus der ehemaligen Böse-Buben-Runde). Mir war sofort klar, wenn ich sie haben konnte, würde ich Tanja eben verlassen. Also, drauf gepfiffen!

Dina machte noch am selben Tag mit Stefan Schluss. Wir hatten eine schöne Zeit inklusive all der Dinge, die man eben als Teenager so macht – Fummeln und Co. Sex hatten wir damals allerdings noch keinen, ihr erschien das als noch zu früh. Wir waren zusammen, bis wir etwa 17 waren. Dann stellte sich heraus, dass ihr das mit dem Sex wohl nur mit mir zu früh gewesen war. Nach einer Party bei einem Schulfreund, dessen Eltern verreist waren, beichtete sie mir unter Tränen, dass sie mit Ernst geschlafen hatte. Ich hatte nicht auf die Party kommen können, da ich krank im Bett lag. Masochistisch, wie ich damals noch veranlagt war, wollte ich alle Details von ihr wissen. Ernst hatte sie betrunken gemacht, dann waren sie zu einem entlegenen Wäldchen gefahren und dort ging er ihr an die Wäsche, erzählte sie. Sie habe zwar an mich gedacht, aber aus irgendeinem Grund dann doch mitgemacht. Sie heulte wie ein Schlosshund, betonte, wie schrecklich alles gewesen war und dass sie dieses erste Mal doch mit mir hatte erleben wollen, aber ich wusste, diese Bilder konnte ich nicht mehr aus meinem Kopf verbannen. Also machte ich Schluss, versuchte, ihr in der nächsten Zeit aus dem Weg zu gehen und war heilfroh darüber, als ich erfuhr, dass sie mit ihren Eltern nach Kalifornien ziehen würde. Kalifornien! Das war so weit weg, dass es ziemlich sicher war, dass wir uns nie wiedersehen würden.

Ein paar gescheiterte Beziehungen später lernte ich Ulrike kennen. Sie war dann auch die Frau, die ich heiratete. Es lief ein paar Jahre lang ganz gut, scheiterte dann aber daran, dass wir keine Kinder bekommen konnten. Meine Exfrau zerbrach förmlich an diesem Schicksal und beschloss schließlich, im Süden ein ganz neues Leben anzufangen. Ohne mich, der sie ständig daran erinnerte, dass sie keine Kinder haben konnte. Also Scheidung.

Danach war ich mir sicher: Ich wollte erst einmal eine Zeit lang alleine bleiben. Auf Beziehungsdramen konnte ich gut verzichten. Hier und da mal ein Flirt, okay – aber näher an mich heranlassen wollte ich keine mehr.

Eines Tages, ich war gerade wie so oft während der Arbeit auf Facebook unterwegs, durchfuhr es mich plötzlich wie ein Blitz. Rechts, in der Rubrik »Personen, die du vielleicht kennst« sah ich ein bekanntes Gesicht. Dina! Mir schossen die Erinnerungen durch den Kopf. Ich klickte auf ihr Profil. Sie hatte sich nicht sehr verändert. Aber was war das? Ihr Hintergrundbild zeigte sie und zwei blonde Kinder am Strand, dahinter der Ozean. Sofort drückte ich den Button »Als Freund/in hinzufügen«.

Am nächsten Tag bekam ich die Meldung, dass sie meine Freundschaftsanfrage beantwortet hatte. Also konnte ich mir ihr Profil genauer ansehen. Viele Fotos hatte sie nicht drin, nur sie und die zwei Kinder, die Gegend in Kalifornien, wo sie laut ihrer Infos immer noch wohnte, und ein paar Bilder von sich beim Radfahren und Surfen. Kein Hinweis auf den Erzeuger der Kinder. Ich überlegte. Eigentlich konnte ich ihr doch eine Nachricht schreiben und sie fragen, wie es ihr ging. Ich war längst nicht mehr wütend wegen der Geschichte mit Ernst, das war alles Schnee von gestern. Also verfasste ich ein paar Zeilen und drückte auf »Senden«.

Am nächsten Tag hatte ich die Antwort in meinem Postfach. Es ginge ihr gut, sie fühle sich sehr wohl in Kalifornien, bla bla. Was ich so mache und so weiter und so fort. Ich antwortete, erzählte ihr auch, dass ich im Oktober mit einem Freund nach San Diego fliegen würde, was ja ganz in ihrer Nähe sei, bekam aber nichts mehr zurück, obwohl ich in den folgenden Tagen ständig online war. Nun ja, wer nicht will, der hat schon. Und so vergaß ich die ganze Sache wieder, bis ich am Abreisetag am Flughafen stand und eine SMS von Jochen, meinem Freund und Reisebegleiter, auf meinem iPhone-Display aufblinkte: *Kann nicht mitkommen, sorry, Notfall. Meine Tochter hat sich schwer verletzt.* Ich stand da wie bestellt und nicht abgeholt. Was soll man da auch sagen? Ich versuchte noch, ihn anzurufen, um herauszufinden, was passiert war, aber er hob nicht ab. Also stieg ich schlussendlich alleine in den Flieger über den großen Teich.

In San Diego angekommen, war ich völlig fertig vom langen Flug und gierte nach genießbarem Essen. Nichts gegen den Service bei Fluglinien, aber bei Langstreckenflügen muss man echt aufpassen, was man bucht. Ich ließ also des lieben Friedens willen alle Einreiseformalitäten widerstandslos über mich ergehen, holte mein Gepäck ab und steuerte direkt auf den erstbesten Burgerladen am Flughafen zu. Mit gefühlten drei Kilo Fett mehr im Magen schnappte ich mir dann ein Taxi und ließ mich zu meinem Hotel bringen. Dort angekommen, stand ich erst mal zehn Minuten auf der Straße und ließ die ganzen Eindrücke rundherum auf mich einprasseln. Es roch anders hier, nach Stadt, nach mehr, dazu das amerikanische Stimmengewirr und die Sonne, die vom Himmel knallte. Ich war richtiggehend beflügelt, als ich zur Rezeption ging.

Dort sollte meine Freude aber ein abruptes Ende haben. Denn als ich in meinen Jackentaschen nach meinen Sachen kramte, stellte ich fest, dass meine Geldtasche verschwunden war. Mit all meinem Bargeld und den Kreditkarten. Nur mein Reisepass und mein Handy waren noch da. Ich geriet in Panik und versuchte, der Rezeptionistin alles zu erklären. Sie vertröstete mich und versprach, sie würde gleich jemanden schicken, dann widmete sie sich dem nächsten Gast. So viel zur amerikanischen Gastfreundlichkeit! Ich hatte nicht die geringste Ahnung, was ich jetzt machen sollte.

Dann schoss es mir ein: »Have you got internet-access?«, rief ich der Rezeptionistin über mehrere Köpfe hinweg zu.

Sie nannte mir die Zugangsdaten, ich schnappte mir mein iPhone und loggte mich bei Facebook ein …

»Und du hast wirklich deine beiden Kreditkarten und das Geld gemeinsam in deiner Geldbörse aufbewahrt?«, lacht Dina und rollt mit den Augen.

»Jawohl, und dann lasse ich mich auch noch ausrauben. Ich bin ein naives Landei, ist mir schon klar.«

Nachdem ich ihr mehrere panische Nachrichten geschrieben hatte, hatte sie mich in einer Nacht-und-Nebel-Aktion in San Diego abgeholt. Meine Karten sind gesperrt, alles andere ist in die Wege geleitet. Jetzt sitzen wir gemeinsam in ihrem Chevy.

»Schlaf dich ruhig aus, ich weiß, wie schrecklich diese langen Flüge sind. Wir haben noch ein ganzes Stück Fahrt vor uns.«

Am nächsten Morgen erwache ich in einem hellen Zimmer und höre das Meer rauschen. Ich blinzle ein paar Mal, weil mir alles irgendwie so unwirklich vorkommt. Irgendwo im Haus sind Kinderstimmen zu hören. Gähnend hebe ich mich aus dem Bett und suche die Küche. Typisch Ami-Style, schießt es mir durch den Kopf, als ich sie gefunden habe.

»Aah, guten Morgen. Ausgeschlafen? Jetzt gibt's erst mal Frühstück.« Dina steht in einem weißen langen Shirt am Herd und klappert mit den Töpfen. »Das sind Ben und Jonas«, stellt sie mir die beiden Jungs vor, die ich bislang nur von Bildern kenne. »Sagt mal schön Guten Tag zu Markus.«

Die Jungs, acht und sechs Jahre alt, wie sie mir erzählt, sprechen perfektes Deutsch. Nach dem Frühstück bekomme ich eine Führung durch den Ort: Oceanside. Ich denke: Wenn das so weitergeht, komme ich mir wirklich bald vor wie in einem Kitschfilm. Palmen, hellblaue, hellgrüne, hellgelbe Häuschen am Strand, davor das Meer, überall tummeln sich Wellenreiter, alle zwei Meter kommt mir auf der Straße jemand entgegengejoggt oder trudelt auf einem Beachcruiser daher.

»Ja, das ist eben Kalifornien«, lacht meine Begleiterin, als sie mein Staunen bemerkt.

Sie sieht jetzt noch viel besser aus als früher, fällt mir auf, als wir abends zusammen auf der Terrasse vor ihrem Haus sitzen. Ihre Haare sind von der Sonne gebleicht, ihre Haut ist braun. Wie war das noch in diesem Song? »I wish they all could be California Girls«? Da gebe ich den Beach Boys vollkommen recht.

»Wo ist eigentlich der Dad der beiden Jungs?«

Sie senkt den Kopf und kratzt mit ihren Fingernägeln an den hellblau lackierten Holzdielen.

»Weg. Wir sind geschieden.«

»Bin ich auch«, gebe ich zurück.

Es fühlt sich an, als wären wir uns einig. Sie hebt den Kopf und sieht mich leicht verzweifelt an. Ich weiß genau, worauf sie hinauswill: mich fragen, ob ich wegen der Sache mit Ernst noch sauer bin. Noch bevor eine Silbe ihren Mund verlassen kann, küsse ich sie schon. Sie fasst mich an der Hand und zieht mich weg, in den kleinen Garten hinters Haus. Es dämmert schon. Ich kann die Umrisse einer Sandkiste erkennen.

»Neee … nicht ernsthaft«, schäkere ich. »Eine Sandkiste? Ihr habt doch Tonnen von Sand vor dem Haus. Das glaub ich jetzt nicht.«

Sie sagt nichts und setzt sich hinein. Ihr kurzer gelber Rock rutscht ein Stück nach oben. Ich lasse meine Zunge über ihren Hals gleiten. Das mochte sie früher schon so gerne, und ich merke, dass es auch jetzt noch wirkt. Sie riecht wie früher. Ich spüre ihren Atem an meinem Ohr.

»Das gefällt mir«, raunt sie. »Genau wie damals.«

Ja, nur dass wir damals nie bis zum Äußersten gegangen sind. Ich weiß, es wird jetzt anders sein.

»Sei leise – wegen der Jungs«, flüstert sie mir ins Ohr. Das ist nicht unbedingt erotisierend, aber ich bin schon so geil, dass es keine Rolle mehr spielt.

Ich knie zwischen ihren Beinen, schiebe meine Hand unter ihren Rock und ihr Höschen beiseite. Ich spüre, dass sie es wild will, und teste mit einem Finger, ob sie schon bereit ist. Ja, und wie bereit sie ist. Sie bietet sich mir an, und ich greife bereitwillig zu. Unter meinen Knien spüre ich den kalt gewordenen Sand. Er scheuert, als ich mich zu bewegen beginne.

»Ja, oh ja …« Obwohl mich Dina wegen der Lautstärke gewarnt hat, stöhnt sie jetzt selbst immer heftiger.

Ich stoße immer intensiver zu, kralle meine Hände in ihren Hintern. Dann küsse ich sie, weil sie immer lauter wird, aber sie dreht den Kopf weg und beißt in meine Schulter. Als sie kommt, glaube ich, vor Schmerz aufschreien zu müssen, so fest gräbt sie ihre Zähne in mein Fleisch. Aber der Schmerz wird von meiner Orgasmuswelle überrollt.

»Bereust du, dass du hergekommen bist?«, flüstert sie, als wir am Rand der Sandkiste sitzen und mit unseren nackten Füßen darin herumgraben, so wie damals.

»Nein, spinnst du?« Ich verstehe ihre Frage nicht ganz – wieder ein klassischer Fall dieses Frau-Mann-Dilemmas. »I wish, they all could be California girls«, beginne ich leise zu singen und bekomme dafür eine Ladung Sand ins Gesicht.

23

Sex 2.0

Jörg (37), Online-Autor,
über Lina (34), Marketing-Assistentin,
beide Wien

Sex habe ich schon jede Menge gehabt in meinem Leben. Was bestimmt daran liegt, dass ich ein »Frauentyp« bin. Bereits sehr früh in der Schulzeit kam ich außerordentlich gut bei den Mädels an. In der Zeit, als mir die ersten Haare rund um den Pimmel sprossen, wurde es für mich ganz normal, von bezopften, pickelgesichtigen, bezahnspangten Mädchen angehimmelt zu werden. In der Oberstufe galt ich dann als Superheld – war ich doch immer derjenige, auf den all die Mädels standen, denen meine Kumpels vergebens den Hof machten. Und ich genoss es. Das änderte sich auch nach der Schulzeit nicht. Während meines Studiums kam ich auf eine propere zweistellige Zahl an sexuellen Begegnungen. Nein, ausgelassen habe ich wirklich nichts. An festen Beziehungen war ich damals auch nicht interessiert. Klar habe ich bei so einem Weibskonsum auch jede Menge Watschen kassiert, weil es immer wieder Mädels gab, die sich hintergangen fühlten oder verletzt waren, wenn einer gemeinsamen Nacht keine weitere folgte. Dann gab es noch die zahlreichen Gspusis, die zwar die erste Nacht überdauerten, aber zumindest meinerseits von vornherein ein Ablaufdatum aufgedruckt hatten.

Natürlich erlebt man bei einem dermaßen regen Sexualleben auch außergewöhnliche Dinge. Ich könnte jetzt von meinem Dreier erzählen, der sich ergab, weil eine meiner lockeren Bekanntschaften dachte, sie würde mich an sich binden können, wenn sie mir diesen Wunsch erfüllte. Oder von dem einen Abend, an dem ich mit einer meiner Gespielinnen und einem befreundeten Pärchen unterwegs war, der Alkohol in Strömen floss und wir dann zu viert in der Kiste gelandet waren. Oder vom einzigen Mal, dass ich das Wagnis eingegangen war, für Sex zu bezahlen, mehr oder weniger eine Mutprobe, etwas, was man einmal ausprobiert haben muss.

Ich möchte aber nicht davon erzählen, weil all diese Dinge mir irgendwie gewöhnlich erscheinen. All diese Erlebnisse hatten damals eines gemein: Ich fühlte mich danach nicht befriedigt, sondern leer und ausgelaugt. Was mich nicht daran hinderte, trotzdem viele Jahre so weiterzumachen. Ich wollte mich nicht binden, davor hatte ich Angst. Ich wollte Spaß haben, ich gierte nach neuen Abenteuern und irrte wie ein Ficknomade von Bett zu Bett, nur um mich danach noch inhaltsloser zu fühlen. Da hilft es gar nichts, wenn man bei den anderen als der »geile Hengst« gilt, der es schon jeder Stute im Umkreis von 100 Kilometern besorgt hat. Die anderen bekommen auch nicht mit, wie belanglos das eigene Leben ist, wenn man nach außen hin den Oberchecker raushängen lässt.

Als ich Lina kennenlernte, hatte ich jedoch das Gefühl, sie würde mich sofort durchschauen. Sie ließ sich von meinen lockeren Sprüchen nicht so beeindrucken wie die Mädels davor. Ich traute mich aber auch nicht wirklich an sie ran, sah sie nicht als »Abschleppmaterial«. Es dauerte deshalb ein paar Monate, in denen wir nur telefonierten und uns hin und wieder zum Kaffeetrinken trafen, bis zum ersten Mal etwas lief. Ich spürte mich stark zu ihr hingezogen, aber als ich bemerkte, dass es ihr nicht anders zu gehen schien, bekam ich Angst. Plötzlich war es so, dass ich nicht mehr fühlen konnte, ob da etwas war oder nicht. Ich zog mich zurück. Wenn sie weg war, spürte ich es wieder, dieses Verlangen nach ihr. Aber nicht nur das, ich spürte auch, dass da mehr war, dass ich nicht nur mit ihr ficken, sondern auch reden wollte, sie beschützen, Dinge mit ihr unternehmen, sie an meiner Seite haben – und mit keinem anderen Typen teilen.

Dieses Kalt-warm-Spielchen zog sich hin – und ich kann nur dafür danken, dass Lina darüber nicht das Handtuch geschmissen hat. Sie hatte weniger Angst als ich und wusste immer, was sie fühlte, rannte auch nicht davon. Wie sie damit klarkommen konnte, dass ich so unsicher war und sie damit auch immer wieder verletzte, verstehe ich bis heute nicht ganz. Obwohl, es war gar nicht die Angst davor, »fix vergeben« zu sein und keine anderen Frauen mehr vögeln zu können. Davon hatte ich schon jede Menge gehabt, und es hatte mich nicht glücklich gemacht. Es war vielmehr ein Mix aus diversen anderen Befürchtungen: nicht mehr ich selbst sein zu können, mein Leben drastisch ändern zu müssen, ihr nicht zu genügen, verletzt werden zu können. Irgendwann sah aber selbst ich ein, dass diese Ängste nicht berechtigt waren, dazu kam das Bewusstsein, dass ich diese wunderbare Frau endgültig verlieren würde, wenn ich mich weiterhin so aufspielte. Und so wurde unser Hin und Her zu einer festen Beziehung.

Hatte ich schon erwähnt, dass der Sex mit Lina von Anfang an außergewöhnlich war? Außergewöhnlich gut nämlich, was ich mir damit begründe, dass es mit ihr nie das bloße, plumpe Abfertigen des Aktes war, so wie ich es bis dahin gekannt hatte. Ich spürte mehr dabei, ich war zärtlich, ich streichelte zum ersten Mal, ich küsste nicht rein mechanisch, sondern ich küsste diese Frau richtig und wurde auch von ihr so geküsst. Ganz neue Dinge für mich. Die auch dazu führten, dass ich mich nach dem Sex nicht mehr so leer fühlte, sondern glücklich. So weit, so gut.

Lina und ich haben vor drei Jahren geheiratet, vor zwei Jahren kam unsere Tochter Anna auf die Welt. Ich denke, ich brauche nicht extra zu erwähnen, dass ein Kind nicht unbedingt Treibstoff fürs Sexleben ist. Wie denn auch? Wenn man gefühlte 200-mal pro Nacht aufsteht und sich wieder hinlegt und die Zeit, die man als Elternteil für sich selbst hat, plötzlich genauso auf ein Minimum beschränkt ist wie die Zeit, die als Paar füreinander übrig bleibt – wie soll es dann noch laufend heiß hergehen? Es würde selbst dann nichts helfen, wenn ein Tag doppelt so viele Stunden hätte. Dann hätte das Kind nämlich auch doppelt so viele Stunden, um zu schreien.

Aber das soll jetzt auf keinen Fall falsch verstanden werden. Anna ist wunderbar, und auch das Elterndasein ist wunderbar, da sind meine Frau und ich uns einig – alle, die schon Kinder haben, werden mir das bestätigen.

Allerdings begann ich trotzdem, als Anna etwa ein halbes Jahr alt war, an, immer mürrischer zu werden. Es war mir komplett klar, dass meine Unzufriedenheit daher rührte, dass ich schon seit Monaten vollkommen untervögelt war. Ich war mittlerweile besessen von Gedanken an Sex. In solchen Situationen erinnert einen Mann alles an Sex – selbst einer Bierflasche kann man noch etwas Erotisches abgewinnen, unglaublich, aber wahr. Unter der Dusche masturbieren ist zwar eine Möglichkeit, den Druck zeitweilig abzubauen, aber mal ehrlich, das ist kein Ersatz für echten Sex – noch dazu, wenn man zuvor eine eher hohe Sexfrequenz hatte und der Sex noch dazu außergewöhnlich gut gewesen war.

Ich war also äußerst unruhig, traute mich aber nicht, Lina mein Leid zu klagen. Es ist nämlich schwierig, von einer Frau, die man sehr liebt und die einem jeden Abend mit dunklen Augenringen die Tür öffnet und dann schlagartig ins Schlafkoma kippt, noch Beischlaf zu fordern. Nicht nur schwierig, sondern auch arschmäßig. Deshalb nahm ich ihr lieber etwas von ihrer Last ab, kümmerte mich so oft wie möglich um Anna, machte Nachtdienst und bekam selbst dunkle Ringe unter den Augen. Sexuell gesehen verharrte ich in meiner Unzufriedenheit, legte selbst Hand an und versuchte, meine triebigen Gedanken im Zaum zu halten. Ich war kurz davor, mich damit abzufinden, dass wir eben nie wieder ein Sexleben haben würden. Es gibt Dinge, die laufen eine Zeit lang wunderbar, dann sind sie für immer vorbei. Konnte das sein? Würde ich in diesem asketischen Zustand verharren müssen?

»Es reicht mir jetzt echt bald, ich bin völlig am Ende, unser Sexleben ist im Arsch und ich fühle mich wie Dracula«, jammerte Lina eines Abends. »Dabei liebe ich Anna doch so sehr und möchte alles für sie tun. Aber wir gehen dabei unter.«

Ich nahm sie in die Arme und hätte am liebsten genickt, ließ es aber lieber sein.

»Glaubst du, es wäre okay, wenn ich an manchen Abenden einfach meine Mutter auf sie aufpassen lasse? Ich möchte mal wieder Frau sein. Ich möchte mal wieder was mit dir machen. Oder findest du … ich wäre dann eine schlechte Mutter?«

»Nein, Schätzchen, du bist alles andere als eine schlechte Mutter, mach dir keine Sorgen. Man hat eben auch eigene Bedürfnisse.«

Wir quatschten noch lange an diesen Abenden und beschlossen, uns wieder mehr Zeit für uns selbst und für uns beide einzuräumen.

Den ersten Sex nach langer Pause hatten wir dann an einem Tag, an dem ich nicht im Geringsten damit gerechnet hatte. Es war ein Mittwoch, ich kam etwas früher als geplant aus dem Büro nach Hause und hatte einen Bärenhunger. Lina hatte sich kurz davor an einem Yoga-Institut eingeschrieben, um sich jeden Mittwochabend tief atmend in alle Richtungen zu verbiegen, ich hatte also die Aussicht auf einen Single-Abend mit ungesundem Essen. Mit beinahe kindlicher Vorfreude auf Tiefkühl-Fritten mit literweise Ketchup stapfte ich die Stiege unserer Maisonette hoch. Ich war überrascht, als Lina am Küchentisch stand, auf dem Berge von Einkaufstüten, zerknülltem Papier und Zellophan verteilt waren.

»Was machst du hier? Nix Yoga?«, begrüßte ich sie und gab ihr einen Kuss. Dabei fiel mir etwas Längliches, Pinkfarbenes auf, das noch halb in einer Schachtel versteckt war. »Was ist das?«

Lina grinste verschämt. »Ich war heute einkaufen. Im Einkaufszentrum. Eigentlich wollte ich nur Klamotten kaufen, hab ich auch. Dann ist mir aber dieser eine Laden aufgefallen … und irgendwie hat es mich dort hineingezogen. Ich bin also rein und hab ein bisschen eingekauft.«

Ich ließ meinen Blick über die bunten Schachteln schweifen. Lovetoys. Ein pinkfarbener Vibrator. Liebeskugeln. Gleitgel. Au Mann.

»Für dich?«

»Nein, eigentlich hatte ich dabei an uns gemeinsam gedacht, Jörg.«

Ich musste schlucken. Natürlich waren diese Sachen durch meine umtriebige Lebensgeschichte nichts vollkommen Neues für mich. Klar waren solche Dinger hier und da in einem der Betten aufgetaucht, in denen ich mich gewälzt hatte. Aber mit Lina, mit meiner Frau, hatte ich immer nur ganz puren Sex ohne irgendwelche »Hilfsmittelchen« gehabt – nicht einmal daran gedacht hatte ich. Und jetzt tauchte sie auf einmal mit so etwas auf.

»Was hältst du davon, wenn wir das Zeug gemeinsam ausprobieren?«

Als ich die Liebeskugeln mit Gleitgel eingeschmiert hatte und sie in ihr versenkte, blieb mir schon bei dem bloßen Anblick fast das Herz vor Aufregung stehen. Sie stöhnte und feuerte mich an, genau so weiterzumachen. Nach so langer Zeit kam mir ihre Haut fast fremd vor, aber das machte es irgendwie noch spannender. Ich ließ die Spitze des Vibrators um eine ihrer Brustwarzen kreisen und meine Zunge um die andere. Als sie mich bat, die Liebeskugeln aus ihr herauszuziehen und stattdessen endlich meinen Schwanz reinzustecken, weil sie nach all der Zeit schon so danach gieren würde, kam ich ihrer Bitte nur allzu gerne nach.

Während des Geschlechtsverkehrs einen Vibrator an den Damm gehalten zu bekommen fühlt sich übrigens urgeil an – so geil, dass mir dabei ganz schwindlig wurde. Trotzdem machte ich weiter und verteilte transparentes Gleitgel auf Linas Bauch und auf ihren Brüsten, was höllisch heiß aussah. Sie ließ den Vibrator vor an meine Hoden gleiten und machte mich damit fast wahnsinnig. Schließlich nahm ich ihn ihr aus den Fingern und presste ihn sanft an ihre empfindlichste Stelle, woraufhin sie nach wenigen Augenblicken orgiastisch zu zucken begann. Ich war auf einmal wieder mittendrin in dieser ganzen Sexsache, fast so, als wäre ich nie weggewesen, aber doch war irgendetwas anders. Der Sex war eine Mischung aus dem zärtlich-wilden Umgang, den wir bislang miteinander gehabt hatten, und etwas ganz Neuem, Aufregendem. Als es vorüber war und ich meinen Kopf ins weiche Kissen sinken ließ, dachte ich über meine Unzufriedenheit der letzten Monate nach. Eines war sicher: Ich hatte mir umsonst Sorgen gemacht. Es ist nie ganz vorbei. Das war jetzt Sex 2.0 gewesen – und wer weiß, was noch folgen sollte?

24

Stichtag

Bert (32), Jurist,
über Rose (30), TV-Redakteurin,
beide St. Pölten

Was Sex für mich richtig gut macht? Das ist wirklich eine verdammt schwierige Frage. Da muss ich jetzt nachdenken. Ich finde, der Sex mit meiner Freundin Rose ist schon großartig. Das passte auch von Anfang an gut. Nicht, dass wir uns in allen Dingen blind verstanden hätten, da war einiges oft nicht so einfach. Im Bett aber gab's keine Diskussionen.

Mir fällt da dieses eine Erlebnis ein, es war so ziemlich am Anfang unserer Beziehung. Das ist auch schon lange her, wir sind schließlich schon sieben Jahre zusammen. Also, damals vor sieben Jahren, es war ein schöner Tag im Mai und wir kannten uns seit etwa fünf Wochen, während derer wir uns ständig getroffen hatten, woraus wiederum so etwas wie eine Beziehung entstanden war. Ich formuliere das jetzt so schwammig, weil es für uns Männer immer etwas kompliziert ist mit genauem Datum oder so. Ab wann definiert man eine Beziehung denn als solche? Wenn man eine gewisse Anzahl an Treffen hatte und hie und da was gelaufen ist? Oder wenn man's ausspricht? Muss eine Beziehung de facto definiert werden? Nun, im Grunde genommen spielt das für diese Geschichte nicht die geringste Rolle.

Da ich Rose aber auf eine Familienfeier mitgenommen habe, war es wohl schon so, dass ich die Sache zwischen uns zu dieser Zeit als »etwas Festes« angesehen habe. Ich gehöre nicht zu den Typen, die jede Bekanntschaft mit auf sämtliche Events schleppen und sie allen Freunden oder gar der Familie vorstellen. Solche Fälle kenne ich allerdings genug, auch in meinem Freundeskreis gibt es da ein paar Kaliber. Da weiß man schon vorher, egal, wen er heute wieder mitschleppt – den Namen der Dame braucht sich niemand zu merken. Beim nächsten Mal wird er eine andere im Schlepptau haben. Aber ich schweife ab.

Also, große Familienfeier, es war der 60. Geburtstag meines Vaters. Rose war schon Tage vorher nervös. Ich konnte das nachvollziehen, jeder kennt das Gefühl, diesen Bammel, den man hat, wenn man die Familie des Partners zum ersten Mal zu Gesicht bekommt. Völlig egal, wie oft man die Situation schon erlebt hat – mit jeder neuen Liebschaft steht man in Sachen Familienzusammentreffen wieder ganz am Anfang. Rose hätte also am liebsten eine Flasche Rotwein zur Beruhigung gekippt, aber ich konnte sie davon abhalten und sie zumindest so weit beruhigen, dass sie sich mit mir ins Auto setzte.

Meine Familie ist nett, aber nicht unkompliziert. Klarerweise hatte ich das Rose nur durch die Blume erklärt. Sie wäre ansonsten nicht mitgekommen. Aber spätestens, als sie sich am schmiedeeisernen Tor des »Anwesens« meiner Eltern und Großeltern von vier Augenpaaren fixiert wiederfand, war's ihr glaub ich auch klar: Das wird alles andere als einfach. Oma Hilde lugte über ihre runde Brille, die Lippen meiner Mutter waren zu einem schmalen Strich zusammengekniffen, mein Vater räusperte sich, was er immer tat, wenn ihm etwas nicht behagte, und mein Großvater zog die Stirn kraus – auch das war ein schlechtes Zeichen, so wie ich ihn kannte. Mir war schon klar, was ihnen an Rose nicht passte: Erstens war sie gebürtige Engländerin – und der Meinung meiner Familie nach saufen Engländer von früh bis spät, sind schamlose Personen und haben durch die Bank weg schlechte Manieren. Zweitens trug sie eine Tätowierung an der rechten Schulter, die durch ihr ärmelloses Kleid sichtbar war. Und wer tätowiert ist, gilt in meinem Elternhaus als asozial. Wurscht, ob derjenige zehn Doktortitel aufweisen kann, ein Allheilmittel gegen Krebs erfunden hat und Nobelpreisträger ist oder nicht. Tinte in der Haut = unwürdiger Prolet. Ich muss gestehen, auch an meinen untätowierten und nicht-englischen Exfreundinnen hatten sie nie ein gutes Haar gelassen. Die tätowierte Rose allerdings würde es noch ein Quäntchen schwerer haben.

»So, ich würde mal sagen, gehen wir rein, oder?«, versuchte ich, die unterkühlte Begrüßungszeremonie zu beenden.

Großmutter trottete mit kleinen Schritten voran, meine Mutter stöckelte in ihren Pumps hinterher, die Männer folgten stocksteif. Ja, meine Sippe ist schon eine Klasse für sich. Vater und Großvater beide Rechtsanwälte, meine Mutter Ärztin und meine Großmutter eben die Frau eines Rechtsanwaltes. Ich bin also gewissermaßen ein »Sohn aus gutem Hause«, wie meine Eltern zu sagen pflegen. Und deshalb wünschen sie sich für mich auch eine Tochter »aus gutem Hause«. Rose konnte diesen Status damals klarerweise nicht erfüllen. Sie hatte nicht studiert; ein zusätzliches No-go also neben ihren ganzen anderen für meine Familie unerfreulichen Attributen.

»Du solltest dir wirklich gut überlegen, ob diese Dame zu dir passt«, hatte mich meine Mutter am Telefon gewarnt, als ich ihr von Rose erzählt und angekündigt hatte, sie mitzubringen. Sie ist eben eine von der alten Schule, ebenso wie mein Dad, meine Großmutter und mein Großvater. Wenn ich mir nicht alles gefallen lassen wollte, musste ich mein Ding durchziehen. Und nun waren wir eben da, ich rückte meiner Freundin ihren Stuhl zurecht, setzte mich hin und ließ in Beschützermanier eine Hand auf ihren Oberschenkel sinken. Schließlich war ihr ja anzumerken, dass sie sich nicht wohlfühlte – was ich ihr auch nicht übel nehmen konnte.

»Und Ihre Eltern, was machen die?«, kam es spitz von meiner Mutter, als der Wein eingeschenkt war.

»Meine Mutter ist Krankenschwester und mein Vater arbeitet als Journalist«, antwortete Rose artig.

Fünf, setzen, durchgefallen! An den noch schmäler werdenden Lippen meiner Mutter konnte ich erkennen, was sie dachte.

»Erzähl uns doch mal von eurem Urlaub, Dad«, versuchte ich, die Situation zu retten.

Aber es half alles nichts. Kaum hatte mein Vater angesetzt, von der letzten Mauritius-Reise zu erzählen, unterbrach meine Mutter auch schon wieder und richtete die nächste Frage an Rose: »Haben Sie noch vor, zu studieren?«

»Nein, ich bin glücklich mit meinem Job«, antwortete diese wahrheitsgemäß, aber man konnte hören, wie ihre Stimme dabei zitterte. Und es wurde nicht besser. Während meine Mutter weiter nachbohrte, war mein Vater mit Stirnrunzeln beschäftigt und ignorierte uns, meine Oma schoss mit den Augen Giftpfeile in Roses Richtung und mein Großvater hüllte sich in grimmiges Schweigen. Ein einziges Trauerspiel. Wenn das so weiterging, würde Rose bald in Tränen ausbrechen.

Als mein Vater schließlich ansetzte und fragte, woher Rose denn dieses »unansehnliche Ding auf ihrer Schulter« herhatte, langte es mir. Ich knallte meine Serviette auf meinen halb leeren Teller, nahm Rose bei der Hand und informierte meinen Familienkreis darüber, dass ich jetzt mit meiner Freundin eine Runde spazieren gehen würde.

Ich schob sie in Richtung des kleinen Wäldchens, das an den riesigen Garten des Anwesens angrenzt.

»Bert, sag bloß, sind die immer so? Ich dachte, die wollen mich fertigmachen. Meine Güte«, meinte Rose verzweifelt.

Ich entschuldigte mich. »Du weißt ja, für seine Familie kann man nichts«, sagte ich und beteuerte, dass ich immer zu ihr stehen würde. Das war auch nicht gelogen.

»Ich will da nicht wieder hin«, hauchte sie traurig.

»Jetzt warten wir mal ab und suchen uns ein nettes Plätzchen.« Wenn ich sie mir in diesem Kleid so ansah, kamen sofort wieder die Hormone ins Spiel. Die Vorstellung, meinen Eltern eins auszuwischen und hier eine Nummer mit meiner »ach-so-schlimmen« Freundin zu schieben, zauberte mir ein Grinsen aufs Gesicht.

»Warum lachst du?«, fragte Rose, die mich anscheinend beobachtet hatte.

»Ich habe an dich gedacht, wie du nackt vor mir auf der Wiese liegst und ich dich nehme«, verriet ich.

Sie zog die Lippen kraus.

Ich konnte nichts daraus deuten – fand sie das nun gut oder nicht? Das machte mich wahnsinnig. Wir kamen weiter zu einer kleinen Lichtung, in die einzelne Sonnenstrahlen einfielen. Rose, die vor mir ging, drehte sich um und warf mir einen eindeutigen Blick zu.

»Ich habe nachgedacht. Die Vorstellung, wie du dich über mich beugst und mich auf dieser Wiese nimmst, gefällt mir auch sehr gut«, raunte sie und nahm meine Hand.

Ich legte meine Arme um ihre Taille, ließ eine Hand zum Reißverschluss ihres Kleides wandern und zog diesen im Zeitlupentempo nach unten. Das Kleid fiel zu Boden, dann zog ich ihr die Unterwäsche aus. Ich breitete ihr Kleid als schützende Unterlage auf dem Gras aus und deutete ihr an, sich darauf zu legen. Dann betrachtete ich sie, wie sie da lag, nackt und mich erwartend. Ich warf mein Sakko auf den Boden und zog mich auch ganz aus, bis ich nur mehr mit meinem fordernden Ständer vor ihr stand.

»Komm runter«, meinte sie grinsend und ich ließ mich auf die Knie sinken, zwischen ihre Beine.

Ich arbeitete noch ein wenig mit der Hand an ihr, während sie nur meinen Schwanz ansah und sich dabei über die Lippen leckte, was mich zugegebenermaßen wahnsinnig machte. Es ist ein höllisch geiles Gefühl, wenn eine Frau einen Schwanz ansieht und dem Mann dafür Komplimente macht. Das Größte überhaupt! Ich hielt es deshalb auch nicht lange aus und drang bald in sie ein. Wir trieben es auf dem weichen Waldboden, meine Knie im Gras, getrocknete Tannen- und Fichtennadeln drückten sich in meine Knie. Sie legte ihre Beine über meine Arme, sodass ich noch tiefer in sie reinkonnte. Endgeil.

»Wenn deine Eltern wüssten, was wir hier gerade tun«, kicherte sie, und ich musste lachen.

»Meinst du denn, dass sie uns schon suchen?«, gab ich zurück, während ich mich weiter in ihr bewegte.

Antwort bekam ich darauf keine mehr, denn Rose hatte die Augen schon fest zusammengekniffen und wimmerte nur noch, sie würde jetzt kommen, »Oh Gott, oh Gott, oh mein Gott«, wie sie es immer tat. Mein Orgasmus nahte ebenfalls, und als ich kam, grub ich meine Knie noch fester in den stechenden Waldboden, was ein geiles Gefühl war. Es passierte, als ich gerade wieder aufstehen wollte und dabei meine aufgeschürften Knie begutachtete. Auf einmal ein lauter Schrei von Rose.

»Was ist passiert?«, war ich sofort auf Alarm und duckte mich zu ihr.

»Ich weiß nicht, mich hat etwas gestochen – am Hintern! Oh mein Gott, lass es bitte keine Biene sein! Ich bin auf die Dinger allergisch!«

Ironie des Schicksals, natürlich war es eine Biene. Deren Hinterteil steckte pulsierend in Roses Hinterteil. Ich atmete dreimal tief durch. Schnell zog ich den Stachel heraus. Ich musste jetzt ruhig bleiben – und vor allem schnell sein. Denn noch während ich ihr half, ihr Kleid anzuziehen, überzog sich ihr Körper mit einem rötlichen Ausschlag.

»Oh nein, ich muss sofort zum Arzt!«, kreischte sie verzweifelt.

»Meine Mutter ist Ärztin«, erinnerte ich sie.

»Oh nein, das kann ich nicht, das will ich nicht! Bitte, Bert! Bitteee!«

Aber ich konnte keine Widerrede gelten lassen. Horrorgeschichten über allergische Reaktionen auf Insektengift schossen mir durch den Kopf: Atemnot bis hin zum Ersticken, Kreislaufschock, Herzstillstand und so weiter und so fort.

»Rose, du kommst jetzt mit!«, herrschte ich sie an und zog sie am Oberarm in Richtung Waldrand und dann weiter zur Gartenlaube, aus der wir vorhin geflüchtet waren. Natürlich nicht, ohne immer wieder einen Blick auf meine Freundin zu werfen, um zu kontrollieren, ob sie noch da war und nicht schon die Augen überdrehte.

»Mama! Mama! Du musst helfen! Rose wurde von einer Biene gestochen! Sie ist allergisch!« Mit diesen Worten übergab ich sie an meine Mutter, die in der Bewegung, mit einer Gabel und einem Stück Erdbeertorte darauf vor ihrem Mund, erstarrte.

Alle waren völlig perplex. Endlich ließ meine Mutter die Gabel fallen und tat, was eine Ärztin eben tun muss. So schnell hatte ich sie noch nie rennen sehen. Als sie aus der hauseigenen Praxis mit einem Koffer angeeilt kam, klagte Rose schon darüber, dass sie nicht mehr so gut atmen konnte. Ich war den Tränen nahe. In solchen Momenten merkt man oft erst, wie wichtig einem der andere wirklich ist – traurig, aber wahr.

Nun ja, wie auch immer: Meine Mutter hat Rose das Leben gerettet. Nachdem sie ihr die passende Medizin verabreicht hatte, war meine Freundin fast schlagartig wieder fit – und ich glücklich. Es wurde dann sogar noch ein erträglicher Nachmittag ohne weitere unangenehme Fragen oder Zwischenfälle. Nicht, dass sich meine Familie mit Rose mittlerweile blendend versteht, nein, das wäre dann doch zu viel verlangt. Aber sie akzeptieren sie zumindest. Und das ist bei jemandem mit einer Tätowierung für meine Sippe wirklich schon mehr als tolerant.

25

Stoked

Ben (19), Student,
über Daniela (20), Studentin,
beide Wien

Wieder einmal ist es kalt hier. Saukalt, um es genauer zu sagen –
und selbst das ist noch zu freundlich ausgedrückt. Wie halten diese
Österreicher nur ihr Leben lang diese Kälte aus? So ein Wetter
schlägt doch aufs Gemüt. Als Psychodoc müsste man sich hier
dumm und dämlich verdienen können. Der letzte Winter war so
hart, ich dachte, ich werd nicht mehr! Früher war das okay: zu
Weihnachten die Großeltern besuchen, ein paar Tage im Schnee,
aber dann sofort wieder die Aussicht auf die milden südlichen Ge-
filde. Da hält man das schon aus. Aber auf Dauer?

   Ich frage mich auch, wie meine Eltern überhaupt auf die
Schnapsidee kommen konnten, wieder nach Wien zurückzuge-
hen. Und noch viel mehr, was in meinem Hirn falsch gelaufen
ist, dass ich beschlossen habe, mitzukommen und hier zu studie-

ren. Vom Paradies zurück an einen Ort, wo einem die meiste Zeit des Jahres die Finger abfrieren, wo es weit und breit kein Meer gibt und wo die Lebenshaltungskosten viel zu hoch sind. Einen Ort, der einfach … ach, so gar kein südliches Flair hat! Ich werde richtig wütend auf meine Eltern und bemitleide mich für meine hoffnungslose Situation. Ein Zustand, der in den letzten Monaten viel zu häufig vorkommt.

Es war doch wirklich perfekt gewesen in Griechenland. Dort war ich zur Welt gekommen, dort gehörte ich hin. Meine Eltern, beide Ärzte, hatten irgendwann nach dem Studium beschlossen, ihren schon lange gehegten Plan umzusetzen: abhauen und auf ihrer gemeinsamen Lieblingsinsel in Griechenland arbeiten. Sie waren dort stets gemeinsam im Urlaub gewesen und hatten schon viele Bekannte – nur deshalb war es überhaupt möglich gewesen, dort an einen Job zu kommen. Zu diesem Zeitpunkt waren sie schon lange zusammen und hatten, neben ihren Ausbildungen, viele Jahre damit verbracht, ihr aus den Urlauben mitgebrachtes Griechisch zu verbessern. Wenn man etwas wirklich, wirklich will, nimmt man Strapazen wie stundenlanges Lernen und damit verbundene schlaflose Nächte und dunkle Augenringe bereitwillig in Kauf, hat mir mein Vater einmal erklärt. Anfangs war die Zeit im griechischen Krankenhaus hart für die beiden – die Sprache saß noch nicht perfekt, aber zum Glück tummeln sich auf griechischen Inseln viele Urlauber, die kein Griechisch sprechen – und so blieben auch in ihrer Startphase genug Patienten für meine Eltern übrig. Ein paar Jahre später kam dann ich zur Welt.

Ich wuchs dreisprachig auf – deutsch, englisch, griechisch. Die Schule war ein Kinderspiel für mich, und so war es auch nie ein Problem, dass ich meine Zeit am liebsten am Strand, genauer gesagt, am Wasser verbrachte. Seit ich als kleiner Knirps das erste Mal auf einem Surfbrett gestanden hatte, wusste ich, dass ich meine Liebe fürs Leben gefunden hatte: das Windsurfen. Zum Glück legten mir meine Eltern diesbezüglich keine Steine in den Weg, im

Gegenteil, sie förderten meine Leidenschaft für das Wasser und den Wind sogar. Was nicht verwunderlich ist, denn sie waren dem Windsurfen selbst seit langer Zeit verfallen.

Nur jemand, der selbst surft, weiß, was in einem Surferherz abgeht. Der Moment, in dem du das erste Mal auf dem Brett stehst, verändert dein Leben für immer. Egal, welche Art von Surfen man betreibt – Wellenreiten, Windsurfen oder Kiten –, das Gefühl ist immer das gleiche. Die Sucht lässt kaum jemanden je wieder los. Wenn du auf deinem Brett übers Wasser gleitest und der Wind durch deine Haare peitscht, steht die Zeit still. Es gibt nur dich und dein Board. Keine Zeit für Sorgen, Probleme, Hirnwichserei. Surfer machen blau, canceln wichtige Termine oder schwänzen Familienfeiern, wenn ein guter Swell ansteht oder wenn die Wettervorhersage Wind prognostiziert. Ich möchte gar nicht wissen, wie viele Freundschaften und Beziehungen schon am Surfen zerbrochen sind – und wie viele noch daran zerbrechen werden.

Voula hat mich immer verstanden. Auch sie war der Sucht erlegen. Wir hatten uns mit 15 kennengelernt und waren auf Anhieb verliebt. Sie war kein typisches griechisches Mädchen. Typische griechische Mädchen machen sich gerne hübsch, schminken sich, lernen kochen und gehen gerne aus, aber Sport zählt üblicherweise nicht zu ihren bevorzugten Freizeitaktivitäten. Schon gar nicht, wenn es um harten Sport geht. Und Windsurfen ist harter Sport. Man braucht Kraft, holt sich Schwielen an den Händen, kassiert heftige Stürze und schluckt unfreiwillig jede Menge Wasser.

Voula war das egal. Auch sie hatte schon als kleiner Zwerg zum ersten Mal ein Segel in den Händen gehalten. Sie wurde nicht nur meine Freundin, sie wurde auch mein bester Surfkumpel. Wie oft waren wir nach der Schule gemeinsam aufs Wasser gegangen, wie oft hatten wir wegen des Windes gemeinsam geschwänzt … wie oft hatten wir uns gegenseitig die Wunden geleckt, wenn wieder einmal jemand von uns einen harten Abgang hingelegt hatte.

Voula brauchte sich auch nicht zu schminken. Sie war natürlich schön. Ihre sonnengebleichten Haare waren meist vom Wind und vom Salzwasser zerzaust, ihr brauner Teint umrahmte ihre dunklen Augen. Da störte auch ihre etwas markant geratene Nase nicht.

Und jetzt sitze ich hier, es ist April und draußen hat es mickrige zehn Grad. Ich friere, sogar hier drinnen, im Café vor der Uni. Meine Unterlagen vor mir aufgetürmt, denke ich an sie. An unseren Abschied am Flughafen, der so grausam gewesen ist. Schon als ich ihr ein paar Monate zuvor erzählen musste, dass ich mich entschieden hatte, nach Österreich zu gehen und dort Medizin zu studieren, war es schlimm gewesen. Für sie war sofort klar gewesen, dass es so mit uns nicht weiter funktionieren könne. Obwohl der Flug von der Insel nach Wien nur rund zweieinhalb Stunden dauert.

»Wir sollten die Zeit bis zu deinem Abschied noch gemeinsam genießen«, sagte sie mir mit trauriger Stimme. Und dann heulte sie. Ich saß neben ihr auf dem Bett und hielt sie fest. Schließlich begann auch ich, Rotz und Wasser zu heulen.

Ich weiß nicht, wie ich damals denken konnte, ich könnte jemals ohne Voula und das Meer leben. Was sie wohl gerade macht? Wahrscheinlich gleitet sie in ihrem knappen Bikini im Sonnenschein übers warme Wasser. Mehr als 20 Grad hat es in Griechenland schon. Das weiß ich, weil ich jeden Tag in der App meines iPhones nachschaue.

»Na, du?« Die Stimme von Heiko unterbricht meine trüben Gedanken. »Du siehst aus, als würdest du am liebsten jemandem dem Schädel abreißen.«

»Würde ich auch gerne.«

»Was los?«

»Hm.«

Er kapiert offensichtlich, dass mir nicht nach Konversation zumute ist. Trotzdem zieht er sich einen Stuhl an meinen Tisch und pflanzt sich gemütlich hin. Er holt sein Notebook aus der Tasche und klappt es auf. Ich schiele auf den Monitor. Er öffnet irgendeinen Ordner, Fotos flackern auf dem Bildschirm auf. Als ich auf einem Bild schemenhaft ein Windsurf-Segel erkenne, packt mich die Neugier. Ich rücke mit meinem Stuhl näher zu ihm hin.

»Wo ist das?«

»Am See. Vorgestern. Saugeiler Hammer war das, über 25 Knoten, ich schwör's dir, heftigst!« Er klickt die Bilder durch.

Mein Herz beginnt zu klopfen. Ich spüre förmlich das Brett unter mir, erinnere mich, wie es ist, wenn der Wind einem fast das Segel aus der Hand reißt. »Ich wusste gar nicht, dass du auch surfst, Heiko.«

»Schon lange. Bin süchtig danach«, sagt er und klickt weiter.

Meine Eltern hatten mir zwar von einem See in der Nähe erzählt, an dem sich die heimische Surfszene tummelt. Aber bislang war ich viel zu sehr in meinen Erinnerungen an Griechenland gefangen gewesen, als dass das eine ernsthafte Option für mich gewesen wäre. Mit offenem Mund starre ich auf die Bilder. Heiko erzählt mir, dass er bei jeder Gelegenheit dorthin fährt. Morgen sei wieder guter Wind. Ob ich vielleicht mitkommen wolle? Er habe noch Platz in seinem Wagen.

Wir cruisen in Heikos Auto in Richtung See, aus den Boxen tönt Jack Johnson – wie klischeehaft. Es ist immer noch schweinekalt, obwohl es heute immerhin 14 Grad hat. Neben mir liegt ein dicker Neoprenanzug, den mir Heiko für heute borgt. Der wird auch nötig sein bei den Temperaturen hier.

»Der See hat schon zwölf Grad«, hat er mir verraten.

»Schon« ist gut – ich sehe mich bereits als Eiszapfen, am Brett festgefroren. Trotzdem, ich werde wieder übers Wasser gleiten! Alleine diese Aussicht lässt mich der Kälte trotzen.

Brrrr … brrr … verdammt! Ich habe mit vielem gerechnet, aber nicht damit. Trotz Neoprenanzug, Neo-Schuhen und -Haube spüre ich meine Gliedmaßen kaum noch. Mein ganzer Körper zittert. Und das, obwohl ich gerade einmal mein Equipment aufs Wasser geschleppt habe. Das kann ja heiter werden.

Ein paar Stunden später. Heiko und ich sitzen wieder angezogen im Warmen, jeder mit einer dampfenden Schale Chili con Carne vor sich.

»War das eine Session!«, grinst er und beginnt, reinzuhauen.

»Oh Mann, ja … ich fühl mich wie neugeboren«, antworte ich. Ich bin noch immer durchgefroren von oben bis unten. Aber glücklich wie schon lange nicht mehr.

»Du bist echt gut, Mann«, lobt er mich kauend.

»Na ja, ich hab in den letzten Jahren auch kaum was anderes gemacht.«

Wir unterhalten uns über Brett- und Segelgrößen und darüber, welche Marke zurzeit das beste Material produziert. Dann öffnet sich die Tür des Lokals und zwei Mädels kommen herein. Sie sehen sich suchend nach einem freien Platz um. Alles besetzt. Die eine erblickt die zwei freien Plätze an unserem Tisch und deutet in unsere Richtung.

»Habt ihr noch Platz für uns?«, fragt sie, als sie bei uns angekommen sind. Heiko hat zu kauen aufgehört und macht große Augen. Ja, die beiden sind wirklich hübsch. Ich versuche, mir nichts anmerken zu lassen.

»Klar«, sage ich und rücke ein wenig beiseite.

Zwei Wochen später. Ich bin mit Daniela zum Surfen verabredet. In den vergangenen Tagen haben wir uns ein paar Mal getroffen. Ich glaube, sie mag mich. Vor fünf Tagen hat sie mich zum ersten Mal geküsst. Ich glaube, ich mag sie auch. Mehr noch: Manchmal denke ich, sie könnte Voulas Schwester sein (sie sieht ihr sogar ein bisschen ähnlich). Sie surft wie der Teufel. Ich bin beeindruckt von ihr. Und ich bin unglaublich scharf auf sie.

Nach unserer Session – zur Feier des Tages hat uns der Wettergott heute sagenhafte 16 Grad beschert – gehen wir gemeinsam essen. Wir sitzen am selben Platz wie bei unserem ersten Zusammentreffen. Daniela sitzt mir gegenüber und löffelt ihre heiße Suppe. Ihre Augen glänzen.

»Ich bin so gestoked, das war so dermaßen geil heute«, meint sie und lächelt mich an. »Dir scheint es auch so zu gehen, oder?«

Ich nicke. Das Glücksgefühl hat mich wieder. Und es steigt noch an, als sie mich fragt, ob ich heute bei ihr übernachten möchte. Morgen habe ich Uni-frei, der Sache steht also nichts im Wege.

Danielas Wohnung ist von oben bis unten mit Surf-Postern zugeklebt. Als sie mich fragt, ob ich Lust habe, mit ihr einen Windsurf-Streifen anzugucken, werde ich schier wahnsinnig. Diese Frau ist so perfekt, dass es mir schon fast Angst macht.

Gemeinsam liegen wir eingekuschelt unter der Decke. Obwohl die Moves am Bildschirm beeindruckend sind, kann ich mich kaum darauf konzentrieren. Soll ich, oder soll ich nicht? Meine Hand macht sich selbstständig und wandert auf ihren Oberschenkel. Sie legt die ihre darauf. Ich rücke näher an sie heran und küsse sie, streichle ihren Nacken. Mein Ständer nimmt Dimensionen an, die meine Hose nahezu schmerzhaft eng werden lassen. Ich werde mutig, arbeite mich durch zu ihrer Hose und schiebe meine Hand hinein. Sie lässt mich gewähren und macht sich ihrerseits an meiner Hose zu schaffen. Umständlich wursteln wir uns im Liegen aus unseren Kleidern raus, bis wir beide nur noch die Unterwäsche anhaben. Ich rutsche nach unten und schiebe ihr Höschen weg.

Als ich sie zu lecken beginne, stöhnt sie wohlig auf und drückt meinen Kopf noch fester in ihren Schoß. Sie schmeckt gut, salzig, nach mehr. Ich lasse meine Hände über ihren festen Bauch gleiten. Als sie immer lauter wird, lasse ich von ihrer Möse ab und komme wieder zu ihr nach oben. Sie hält mir ein Kondom vor die Nase. Guter Move! Die Frau zeigt Verantwortung. Langsam streift sie es mir über. Schon dabei komme ich beinahe.

»Schlaf mit mir«, bittet sie mich und sieht mir dabei fest in die Augen.

Verzeih mir, Voula, denke ich noch und tue, wie mir befohlen. Alles fühlt sich richtig an. Wir treiben es in der Missionarsstellung, dann von hinten, dann reitet Daniela auf mir.

»Ich glaube, ich komme«, schießt es aus ihr heraus. Dann verkrampft sich ihr Gesicht, sie zuckt. Sekunden später schieße ich selbst ungebremst auf einen Orgasmus zu, der ungewohnt intensiv ist.

Wir liegen auf dem Bett, Danielas Kopf auf meiner Brust. Ich schaue sie an. Sie atmet ruhig. Ich fühle mich so entspannt wie schon lange nicht mehr.

»Ich bin so stoked, Daniela.«

Sie nickt nur.

Mit einem Seufzer lasse ich mich ganz ins weiche Kissen sinken und richte meinen Blick auf die Decke. Dort hängt ein Surfbrett.

26

Strandficknick

Jan (34), Architekt,
über Marlene (32), Journalistin,
beide Innsbruck

Oh verdammt, das konnte doch wohl nicht wahr sein! Schon der fünfte Campingplatz, den wir an diesem Tag ansteuerten, und schon wieder jeder einzelne Platz besetzt bis auf den letzten Winkel.

»Totally full. Sorry, Sir, I'm really sorry, but we are totally full. There is no spot left.«

Meine Nerven lagen blank. Und das am ersten Urlaubstag. Am liebsten hätte ich diese Sarden verflucht. So viel Platz auf dieser Insel – und nur von oben bis unten vollgestopfte Campingplätze! Typisch Südländer, solche Deppen, die denken echt nie mit. Null Organisation dahinter. Eine richtige Frechheit eigentlich. Nächstes Mal würden wir woanders hinfahren, so viel war sicher. Irgendwohin, wo man wenigstens ordentlich campen konnte.

Es war auch Marlene nicht entgangen, dass ich auf hundertachtzig war: »Jan? Kann es vielleicht sein, dass du ein bisschen übertreibst? Entspann dich, wir sind im Urlaub. Ist doch so schön hier – wir finden schon noch was. Keep cool. Rauch eine. Komm runter.«

Ja, eh, sie hatte ja recht. Ich sollte besser Ruhe bewahren. Aber schließlich wollte ich ihr etwas bieten. Was, wenn wir nun zwölf Tage lang in einem Bus schlafen mussten? Ich selbst würde das schon überleben. Ich liebte das sogar, dieses wilde, pure Campen. Hatte ich auch früher mit den Jungs oft gemacht, sogar wochenlang waren wir da unterwegs gewesen, ohne jeglichen Luxus. Aber das konnte ich Marlene doch nicht zumuten! Frauen standen doch auf Komfort, zumindest eine Dusche musste schon sein. Und einigermaßen saubere WC-Anlagen. Noch dazu waren wir auf Sardinien! Da musste man aufpassen, dass man nicht auch noch ausgeraubt wurde. Ach herrje … Zwölf Tage! Und ich wollte Marlene doch beeindrucken! Wie sollte ich das jetzt noch bringen? Meine Hoffnung schwand von Minute zu Minute. Da standen wir nun, ganz verloren zwischen Autos, bunten Zelten und Hängematten in der brütenden Sommerhitze. Sehr super.

»Was ist mit diesem Platz da? Ist doch hübsch. Klein, aber hübsch. Und wenn wir nett fragen, dürfen wir uns bestimmt da hinstellen.« Sie deutete auf ein paar sonnendurchflutete Quadratmeter zwischen zwei Bäumen.

»Ich weiß nicht … das ist doch kein gekennzeichneter Platz. Den geben sie uns nicht. Vielleicht sollten wir einfach weitersuchen.« Ich konnte meine Demotivation kaum noch verbergen.

»Warte hier. Ich geh mal schnell fragen!« Und weg war sie. Ihr weißes Sommerkleidchen umspielte ihre braun gebrannten Beine.

Schon ein schöner Anblick, meine Freundin. Und eine geniale Urlaubspartnerin – wie sie mir einmal mehr beweisen sollte. Denn nur wenige Augenblicke später kam sie angetänzelt, im Gepäck ein fettes Grinsen und eine gute Nachricht: »Weiblicher Charme wirkt doch immer. Holen wir den Bus, der Platz ist unserer!«

Wie genau sie den Campingwart dazu gebracht hatte, wollte ich gar nicht wissen – mir fiel nur ein riesengroßer Stein von Herzen. »Danke, Schatz. Du bist toll.«

Eine Stunde später hatten wir es uns auf dem Plätzchen gemütlich gemacht. Ein Bus mit Vordach, ein kleines Zelt, und sogar die Hängematte hatten wir noch geschickt zwischen zwei Bäumchen unterbringen können. Das entspannte Urlaubsfeeling hatte mich wieder.

»Wollen wir noch was einkaufen gehen? Ich wäre für ein Strandpicknick bei Sonnenuntergang! Zur Feier des Tages.«

Nicht nur, dass mir Marlene diesen Tag gerettet hatte, sie hatte auch wie immer die besten Ideen.

Wir besorgten frische Früchte, Käse, herrliche Salami, eingelegten Fisch und Rotwein. Bewaffnet mit unserer reichen Beute und einer großen Decke schlenderten wir zum Strand. Im Gegensatz zum Campingplatz herrschte dort kein Platzmangel und wir brauchten zehn Minuten, bis wir uns geeinigt hatten, wo wir es uns gemütlich machen sollten. Auf der Decke ausgebreitet und mit einem Becher Rotwein in der Hand beobachteten wir die Strandspaziergänger.

Marlene seufzte und strich sich eine blonde Strähne aus dem Gesicht. »Es ist immer so friedlich am Meer. Sobald ich die Wellen rauschen höre, sind all meine Sorgen wie weggeblasen. Weißt du, was ich denke? Wir sollten Lotto spielen.«

»Ja. Und gewinnen und dann alles hinter uns lassen. Eine Strandbar eröffnen und jeden Tag in der Sonne verbringen.«

»Genau. Und dann holen wir unsere Familie und Freunde nach und sind nur noch glücklich. Ohne Wenn und Aber!«

»Eine Frau, ein Wort – Prost drauf!«

Schweigend verspeisten wir unser leckeres Abendmahl. Ich sinnierte über das Gesagte. Luftschlösser bauen war schon eine coole Sache. Aber wie wäre es wohl, wirklich alles hinter sich zu lassen? Von einem Tag auf den anderen zu kündigen, seine Wohnung aufzulösen, sich abzumelden, seine Siebensachen zusammenpacken und auf Nimmerwiedersehen in den Süden zu verschwinden? Dort noch einmal völlig neu anzufangen? Vielleicht wirklich mit einer Strandbar? Ich fragte mich, ob ich mir das alles mit Marlene vorstellen konnte. Irgendetwas in mir sagte ganz klar Ja. Wahrscheinlich das Bauchgefühl. Zwar kannten wir uns erst ein Jahr, aber es gab nichts, was dagegensprach. Klar, wir trugen hin und wieder kleinere Streitigkeiten aus, aber im Großen und Ganzen fühlte ich mich pudelwohl mit dieser Frau. Ich hatte keine großartigen Ich-will-doch-lieber-meine-Freiheit-zurück-Anfälle, wie ich sie aus einigen meiner Ex-Beziehungen kannte. Da konnte ich nur hoffen, dass es ihr ebenso ging.

»Jan? Hörst du mich?«, platzte Marlene kichernd in meine Überlegungen.

»Ja?«

»Noch Wein?«

»Ah, ja, bitte.«

Es dämmerte schon, die Sonne versank am Horizont und tauchte das Meer in ein unwirkliches Glitzern. Fast schon kitschig, aber manchmal ist nichts passender als ein bisschen Kitsch.

»Ich habe mich gerade gefragt, wie das alles wirklich wäre. Einfach abhauen und so. Weißt du noch, wie du mir damals erzählt hast, dass du gerne irgendwo am Strand arbeiten würdest? Das wär doch was. Oder nicht?«

Wahnsinn. Als hätte sie meine Gedanken gelesen!

»Und jetzt würde ich gerne mit dir schlafen. Hier.«

Ui, das war jetzt aber eine Überleitung!

Ich musste sie angesehen haben, als wäre sie völlig übergeschnappt, denn plötzlich wirkte sie verunsichert. »Hab ich dich überrumpelt?«

»Nein … nur … nein. Aber so was von gar nicht!« Welcher Typ ließ sich so etwas auch schon zweimal sagen?

Marlene zögerte nicht mehr, öffnete den Reißverschluss meiner Shorts und zog sie zusammen mit meiner Unterhose ein Stück nach unten. Innerhalb weniger Millisekunden war mein Körper auf Sex adjustiert. Wie lange meine Freundin schon über dieses Vorhaben nachgedacht hatte, weiß ich nicht, aber ihr Körper war ebenso bereit, das war offensichtlich. Sie setzte sich auf mich, schob ihr Höschen beiseite, und mühelos glitt ich in sie hinein.

»Da sind noch Leute am Strand, das weißt du schon, oder?«

»Ja«, stöhnte sie, »aber es ist mir ehrlich gesagt gerade ziemlich egal.«

Das wurde es mir auch immer mehr, als sie sich langsam auf mir zu bewegen begann. Die untergehende Sonne, das glitzernde Wasser, das Meeresrauschen, der Geschmack von Marlenes weichen Rotweinlippen, ihr heißes, glitschiges Inneres … alles fügte sich zu einem großen Ganzen, das mich vor Erregung erschaudern ließ. Ich ließ mich leicht nach hinten sinken und stieß dabei meinen halb vollen Weinbecher um, aber es war mir schnurzpiepegal. Meine Freundin krallte sich in meinen Haaren fest, ich packte ihren knackigen Hintern und beschleunigte ihre Bewegungen, indem ich sie leicht nach oben und unten hob. Ihr raues Gestöhne beim Sex wirkte immer wie ein Turbolader auf mich, und so war es auch an diesem Abend. Als sie in abgehackten Silben schnaufte, dass sie gleich kommen würde, war ich schlagartig kurz vor dem Explodieren.

Leider machte ich den Fehler, in diesem Moment die Augen zu öffnen – zwei Spaziergänger erschienen in meinem Blickfeld. Selbst in meiner hochgradigen Erregung blieb mir nicht verborgen, dass die beiden immer näher kamen. Anscheinend checkten sie nicht, was wir da gerade trieben. Nein, nein, nein! Wir sahen hoffentlich nur aus wie ein Pärchen, das eng umschlungen aufeinandersaß und innig knutschte.

»Mar … le … ne … ächz … da kommen Leute … wir müssen … auf … hören!«, quetschte ich stöhnend heraus.

Aber Marlene reagierte nicht – und da spürte ich schon, wie es rund um mein bestes Stück zu zucken begann. Das war der berühmte Point of no Return. Wenn Marlene kam, dann kam ich auch – das war Naturgesetz. Ich ergab mich, schloss einfach die Augen und genoss, wie es mich übermannte. Und hoffte zugleich, dass die Störenfriede uns nicht entdecken oder noch besser in einem Erdloch versinken würden. Ein Beweis dafür, dass der männliche Verstand auch während des Sex nicht gänzlich out of order ist! Ein bisschen was geht immer.

Ich ließ ein wenig Zeit vergehen. Die letzten Ausläufer des Orgasmus genießend, öffnete ich schließlich vorsichtig erneut die Augen und linste an Marlenes vom Sex zerstrubbelten Haaren vorbei. Hatten die beiden Spaziergänger uns beobachtet? Hm. Keine Ahnung. Wo waren die überhaupt hin? Ich konnte niemanden mehr erblicken. Ein Glück. Zum zweiten Mal an diesem Tag fiel mir ein Stein von Herzen.

»Was ist denn? Hab ich was verpasst?«, fragte meine Freundin erstaunt, die gerade wieder zu sich gekommen war.

»Egal. Ist egal, völlig egal«, schnaufte ich und drückte sie liebevoll an mich. Ich musste grinsen, weil sie in ihrer Ekstase offensichtlich überhaupt nichts von den Störenfrieden mitbekommen hatte. Das pushte mein Ego, muss ich schon zugeben. »Das war der Hammer, Marlenchen, der Hammer.«

»Kann ich nur bestätigen«, grinste sie und küsste mich. Dann glitt sie diskret von mir herunter. Die Vorteile von leichten Sommerkleidchen kann man wirklich nicht leugnen. Nicht nur der Sexiness wegen sind sie garantiert von einem Mann erfunden worden: Die Dinger sind für spontane Sexabenteuer doch wie gemacht.

Damit auch ich nicht mehr halb nackt wie auf dem Präsentierteller dasaß, pulte ich meine völlig zerknautschten Shorts wieder in die richtige Position zurück. Dabei bemerkte ich, dass mein gesamtes Hinterteil nass war – der verschüttete Wein. Aber hey, alles kein Grund zum Ärgern, es war schließlich noch immer angenehm warm, und diese Einlage war's allemal wert gewesen! Dieser Meinung war offenbar auch meine Liebste, denn sie lachte mich nur aus, wie ich da mit dunkelrot gefärbter Hose im Nassen lag. Grund genug, um auch noch die zweite Flasche Rotwein zu vernichten.

Wir lagen noch rund zwei Stunden auf unserer Decke, blickten in den sternenklaren Himmel und machten da weiter, wo wir durch Marlenes spontane Lust jäh unterbrochen worden waren. Wir malten unsere Visionen vom Leben im Süden in den schillerndsten Farben aus. Wie alles aussehen sollte, welche Orte dafür infrage kommen würden. Aber weil unsere Träume, so schön sie auch waren, nicht von einem Tag auf den anderen zu verwirklichen waren, tat ich zumindest einen anderen, für mich jedoch ganz wesentlichen Schritt nach vorne: Ich fasste all meinen Mut zusammen und bat Marlene, mit mir zusammenzuziehen. Und sie sagte Ja!

Mittlerweile haben wir eine supergeile gemeinsame Wohnung und arbeiten hochmotiviert darauf hin, eines Tages zusammen abzuhauen. Die groben Pläne stehen schon – ganz oben auf der Liste auch jede Menge »Strandficknicks«. Für alle, die Selbiges praktizieren oder es noch vorhaben, übrigens kurz zur Info: Sex am Strand ist in vielen südlichen Ländern strafbar und kann heftig teuer werden … nur so am Rande. Nicht, dass es dann heißt, wir hätten nichts gesagt.

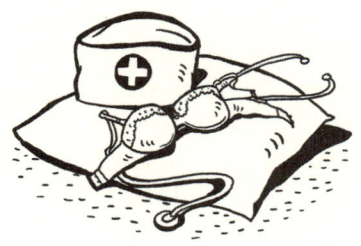

27

Toy Boy

Olaf (27), Dozent, Zürich,
über Annika (35), Krankenschwester, Genf

Die Junger-Mann-ältere-Frau-Sache ist schon schwierig. Also nicht technisch gesehen, aber aufs Image bezogen ... ja, das meine ich ernst: Entweder, man wird für cool befunden oder man wird komisch von der Seite angesehen. Die, die einen komisch ansehen, sind meistens weiblich. Warum, kann ich mir maximal zusammenreimen: Eifersucht? Neid? Völliges Unverständnis dafür, dass auch »reifere« Frauen noch immer ordentlich zum Zug kommen? Whatever.

Männer hingegen schenken gerne mal einen erhobenen Daumen als respektvolle Geste. So jedenfalls meine Erfahrung. Lange Rede, kurzer Sinn: Das Dasein eines Toy Boys ist lässig, aber in jedem Fall alles andere als unkompliziert. Davon kann ich ein Liedchen singen – da ich viele Monate lang in ebendieser Rolle gesteckt habe.

Es begann damit, dass ich nach einem ziemlich heftigen Mountainbike-Unfall im Krankenhaus gelandet war. Ich war mit zwei Freunden unterwegs gewesen, und wir lieferten uns beim Downhillfahren einen testosterongeschwängerten Wettkampf. Natürlich ist so etwas einfach nur saudumm – aber in Männerkreisen hin und wieder notwendig. Ich will gar nicht alles im Detail erzählen, nur so viel: Ich wollte meinen Freund Urs um jeden Preis überholen, dabei kam mir ein Baum in die Quere. Das Resultat: Mein Knie und mein Schienbein waren reparaturbedürftig – bei meinem Crash hatte ich mir beinahe die Knochen püriert. Das kommt eben davon, wenn man etwas – wortwörtlich – auf Biegen und Brechen haben will …

Nun lag ich also inmitten weißer Laken in einem mintfarbenen Zimmer, eingehüllt in diese typische Krankenhausluft, die schon so nach »krank« riecht. Ekelhaft. Bewegen konnte ich mich kaum – mein Bein war zwar wieder zusammengeschraubt worden, aber der Heilungsprozess würde noch Monate in Anspruch nehmen. Hätte ich in meinem Zimmer kein TV-Gerät gehabt, ich wäre durchgedreht. Natürlich ist auch die Krankenhauspampe nicht das Angenehmste. Ich meine, nicht dass ich das Essen dort schlechtmachen will – aber wenn Tag für Tag alles ein bisschen ähnlich schmeckt, wird's irgendwann ungenießbar. Ich denke, das kann jeder nachvollziehen. Das Schlimmste allerdings war, wenn mich der Harndrang plagte. Aus schamtechnischen Gründen verweigerte ich einen Katheter. Und überhaupt, die Vorstellung, dass da ein Schlauch … nein, nein, nein. Ich hatte vom ersten Tag an darauf bestanden, selbstständig aufs Klo zu gehen. Wobei das Wort »selbstständig« in meinem Fall relativ war: Ich war, zumindest zu Anfang, auf zwei Schwestern angewiesen, die mich aus dem Bett in den Rollstuhl hievten, bei der Fahrt zur Toilette mein Bein stützten und mir auf den WC-Sitz halfen. Dann erst konnte ich selbstständig mein Geschäft verrichten. Im Grunde genommen natürlich auch alles eine peinliche Sache – aber was hätte ich denn machen sollen? Ohne die Schwestern wäre ich aufgeschmissen gewesen.

Eine von ihnen war besonders nett, oder besser gesagt: mein Lichtblick. Sie war nämlich nicht nur nett, sondern sah auch noch großartig aus. Natürlich schießt einem bei so etwas schlagartig das Klischee der scharfen Krankenschwester durch den Kopf. Auf Annika traf dieses durchaus zu – sie war groß, blond, mit üppigen Brüsten ausgestattet und auch sonst gut kurvig. Als ich während eines unserer ersten Small Talks erfahren durfte, dass sie schwedische Wurzeln hatte, wunderte mich das nicht. In wenigen Worten: Sie war zum Niederknien. Ich muss noch ergänzen: Zu dieser Zeit war ich Single und Damenbesuch demnach Fehlanzeige. Also war ich gewissermaßen auf Annika angewiesen. Wenn sie zur Tür hereinkam, war mein Tag gerettet. Dann ließ ich meinen Charme spielen und flirtete mit ihr, was das Zeug hielt. Wenn ich sie zum Lachen bringen konnte, verbuchte ich das sofort als Pluspunkt auf meiner imaginären Annika-Liste. Nachts, wenn alles still und ich einsam war, wurde sie zur Hauptdarstellerin meiner Handarbeits-Szenarien.

Ich hatte von Anfang an das Gefühl, dass ich sie nicht umsonst so eifrig anhimmelte. Natürlich kann man sich unter hohen Dosen von Schmerzmitteln vieles einbilden, aber ich war mir ziemlich sicher, dass da auch von ihrer Seite etwas war. Für ein ganz normales Krankenschwester-Patienten-Verhältnis sah sie mich oft eine Spur zu lange an. Und manchmal, wenn ich einen Scherz machte, wurde sie rot wie ein kleines Mädchen. Obwohl sie keines mehr war: Wie ich erfuhr, war sie bereits 35, also acht Jahre älter als ich. Das fand ich aber nicht abschreckend, sondern spannend. Meine Exen waren allesamt einige Jährchen jünger als ich gewesen. Trotzdem hatten sie nicht weniger reif als ich gewirkt. Ich hoffte inständig, Annika würde mich nicht für einen unreifen Bubi halten.

Als wir uns das erste Mal küssten, ließ ich diese Befürchtung schnell fallen. Wieso sollte sie mich küssen, wenn sie mich nicht für voll nahm? Frauen tun doch so etwas nicht, oder? Passiert war das Ganze etwa eine Woche vor meiner Entlassung aus dem Krankenhaus. Und ab diesem Zeitpunkt erhielt ich definitiv eine Sonderbehandlung, die darauf hinauslief, dass Annika mich öfter als zuvor besuchen kam und wir – wenn mein Zimmerkollege gerade nicht da war – wild herumknutschten. Ein paarmal fummelte sie sogar unter der Decke an mir rum. Zum Glück stand mein Bett so, dass man es von der Tür aus nicht einsehen konnte, was uns Peinlichkeiten ersparte. So eine Affäre macht sogar einen schnöden Krankenhausaufenthalt zum Abenteuer.

Und abenteuerlich war auch, wie es weiterging. Als ich, noch auf Krücken, das Spital verließ, hatte ich die Telefonnummer meiner schwedischen Privatschwester in der Tasche. Ich meldete mich bereits am nächsten Tag bei ihr, da ich wusste, dass sie in dieser Woche drei Tage frei haben würde. Wir trafen uns im Tierpark, ich mit meinen Gehhilfen, sie in einem rattenscharfen, knallengen türkisfarbenen Kleid. Sie nicht in Weiß zu sehen war neu, aber reizvoll. Trotzdem – Annika wirkte irgendwie nervös.

Als wir etwas später im Straßencafé saßen, rückte sie mit der Sprache raus: »Ich habe einen Freund.«

Nach dem ersten Schock fragte ich sie, warum und wie und was und überhaupt. Wir redeten um den heißen Brei herum, kamen aber zumindest bei einem Thema auf einen grünen Zweig: Wir wollten uns weiterhin treffen.

Ein Beschluss, der dann auf eine heimliche Affäre hinauslief. Das »heimlich« war in unserem Fall besonders wichtig, da Annikas Treter ein besonders eifersüchtiger Knabe (ständig telefonierte er ihr hinterher und so'n Zeugs) und, ihren Erzählungen zufolge, insgesamt kein sonderlich angenehmer Zeitgenosse zu sein schien, cholerisch, rüpelhaft, besitzergreifend. Klar stellt man sich die Frage, was sie an diesem Typen so sehr liebte, dass sie ihn partout nicht verlassen wollte. Diesbezüglich tappe ich allerdings heute noch im Dunkeln. Er war zehn Jahre älter als ich.

Bis auf die Tatsache, dass ich nun jede Menge Metall in meinem Körper trug, war ich wieder vollkommen genesen und lebte meine wiedergewonnene Gelenkigkeit bevorzugt in der Horizontalen aus. Der Sex mit Annika war toll, entspannt, alles verlief viel weniger ruppig, als ich es von früher kannte. Ich bemerkte den Unterschied zwischen recht jungen Mädels und einem »erwachsenen« Mädel, die Kategorie also, in die ich Annika eingestuft hatte. Sie versuchte nicht ständig, es mir recht zu machen. Wenn sie etwas nicht mochte, wies sie mich freundlich, aber bestimmt darauf hin, was ich stattdessen machen sollte. Sie hatte auch keine Scheu, sich pudelnackt vor mir zu zeigen, und verlor niemals ein Wort über eventuelle Problemzonen, die sie störten (ich kann auch nicht wirklich beurteilen, ob sie welche gehabt hat – sie hatte keine Modelfigur, aber mir persönlich erschien sie einfach nur geil). Es war ihr schnurzpiepegal, wie sie bei einer bestimmten Stellung rüberkam oder ob sie den Bauch dabei einziehen sollte oder nicht. Ebenso wie sie keinen Gedanken an vom Vögeln verschwitzte Haare oder verschmiertes Make-up verschwendete. Dieses Selbstbewusstsein beeindruckte mich enorm. Es machte nicht nur den Sex mit ihr für mich unvergesslich – sondern auch sie als Person.

An ein Erlebnis kann ich mich noch besonders gut erinnern. Mit der Zeit – unsere Liaison lief damals schon etwa vier Monate – waren wir lockerer und unvorsichtiger geworden, wie das eben so ist. Aber als Annika mir vorschlug, ich solle sie zu Hause besuchen kommen, da ihr Typ vorhatte, ein paar Stunden auf der Kart-Bahn im Kreis zu rasen, klopfte mir das Herz bis zum Hals. Ich wusste, dass er mir den Schädel abreißen würde oder Schlimmeres, wenn er uns in flagranti ertappen würde. Aber ich war wie ferngesteuert – und die Aussicht auf eine heiße Nummer mit Annika, noch dazu in so verbotener Umgebung, ließ mein Hirn auf Erbsengröße schrumpfen. Im Gegenzug stieg mein Verlangen nach ihr mit jedem Schritt, den ich der Wohnung, die sie sich mit dem Typen teilte, näher kam.

Kaum hatte ich diese betreten, schlug Annika hektisch die Tür hinter mir zu und sperrte ab. Schlagartig begannen wir, uns die Kleider vom Leib zu reißen. Die sofortige Action war gut, denn so blieb mir keine Zeit, mich unwohl zu fühlen oder mich gar genauer in der Wohnung umzusehen. Ich hoffte allerdings, sie würde mich nicht ins gemeinsame Schlafzimmer der beiden führen, denn das wäre mir dann doch zu heftig gewesen. Sie tat es zum Glück nicht. Stattdessen trieben wir es auf dem Küchentisch – beide pudelnackt und völlig enthemmt. Ich nahm sie so wild von hinten, dass der Tisch mit jedem meiner harten Stöße um ein paar Zentimeter weiterrückte. Annikas Oberkörper lag auf der Tischplatte, ihre langen blonden Haare ergossen sich auf das weiße Holz. Ein paar Schweißtropfen zierten die Vertiefung ihrer Wirbelsäule, ihre prallen Arschbacken bewegten sich vor und zurück, während meine Hände sie führten und sich in ihr Fleisch gruben. Dort, wo der Bikini gesessen hatte, leuchtete die Haut weiß neben der Sommerbräune. Ich konnte meine Augen nicht mehr von diesem Anblick lassen. Im Hintergrund konnte ich durch ein offenes Fenster hören, wie jemand den Rasen mähte. Der Kühlschrank surrte. Ich weiß auch nicht, aber gerade bei diesem einen Erlebnis kann ich mich noch an so viele kleine Details erinnern. Ich kam mit einem erstickten Jaulen, da mir trotz meiner Lust bewusst war, dass ich hier nicht in meinem persönlichen Revier vögelte – und so vermied ich es, zu sehr aufzufallen.

Als wir fertig waren, schlug ich Annikas Angebot, noch ein Glas Wein gemeinsam zu trinken, aus. Am Kühlschrank hatte ich Bilder von ihr und dem Treter entdeckt. Plötzlich fühlte ich mich wie ein Eindringling, ein Parasit.

Das schnürte mir fast die Luft ab, und so küsste ich meine Affäre nur schnell, warf mir meine Kleider wieder über und zog Leine. Als ich aus dem Haus war, fühlte ich mich um Tonnen leichter. Und ich musste lachen. So eine verdorbene Aktion aber auch! Wer hätte das gedacht.

Das Lachen sollte mir ziemlich schnell wieder vergehen. Denn auf einmal bog er um die Ecke. Der Typ vom Kühlschrank. Ich blieb vor Schreck kurz stehen und muss ihn angestarrt haben wie ein Kaninchen den Fuchs, schon darauf wartend, in der nächsten Sekunde von ihm verschlungen zu werden. Bis mir dünkte, dass ja nur ich wusste, mit wem ich es hier zu tun hatte … und er gar nicht wissen konnte, wer ich war! Oder doch? Die Antwort bekam ich, als er mich kurz verwirrt anschaute (wahrscheinlich, weil ich so doof geguckt hatte) und dann einfach weiterging. Schnellen Schrittes machte ich mich auch von dannen und atmete erst wieder entspannt, als ich zu Hause die Tür hinter mir schloss.

Die Geschichte zwischen Annika und mir verlief schließlich im Sande. Mittlerweile wusste mein gesamter Freundeskreis Bescheid – wie eingangs beschrieben, reagierten die Mädels eher peinlich berührt, die Jungs eher beeindruckt. Jedenfalls waren Annika und ich in der Runde ein beliebtes Gesprächsthema. Ich konnte ihnen allerdings nicht mehr lange guten Gesprächsstoff bieten. Das endgültige Aus kam, als Annika gemeinsam mit ihrem Typen zurückzog in ihre Heimatstadt, nach Genf. Ich war ein bisschen traurig über den Verlust, aber auch erleichtert, wieder frei für Neues zu sein. Ich denke, eine Ménage-à-trois ist prinzipiell eine Sache, die nur temporär funktionieren kann – und das unabhängig vom Alter.

28

Alles, was ich will

Pierre (45), Unternehmer,
über Daria (34), Assistentin,
beide Köln

»Ich möchte, dass Sie mich schlagen. Jetzt. Fest.« Sie sieht mich eindringlich an und ich weiß, dass sie es ernst meint. Es gibt diese Momente, von denen du weißt, dass sie Konsequenzen haben. Ob gute oder schlechte, sei dahingestellt. Konsequenzen eben. Jetzt ist so ein Moment.

Cut.

Angefangen hat alles damit, dass Daria sich in meinem Unternehmen beworben hat. Sie hatte gute Qualifikationen, zumindest bessere als alle anderen Bewerber. Als Chef genau das zu bekommen, was du haben möchtest, ist schwierig. Irgendwas fehlt Bewerbern fast immer – sei es Praxis in einem bestimmten Bereich oder eine Charaktereigenschaft. Eierlegende Wollmilchsäue sind eine seltene Spezies. Ich mache es meinen Bewerbern auch nicht leicht, muss ich zugeben. Früher habe ich die Leute rein nach Sympathie eingestellt. Das ging meistens schief. Und fliegende Personalwechsel sind keine gute Visitenkarte.

Verstehen Sie mich nicht falsch: Ich bin kein eiskalter Business-Typ. Ich bin hart, versuche aber, immer fair zu bleiben. Deshalb ist Daria auch hier gelandet. Obwohl sie mir von Anfang an etwas suspekt vorkam, habe ich ihr eine Chance gegeben. Sie kam rein in einem beigefarbenen Business-Kostümchen, mit streng zusammengebundenen Haaren und randloser Brille. Ihr Auftreten war nicht unbedingt beeindruckend. Sie ist eine, die man erst auf den zweiten oder vielleicht dritten Blick bemerkt. Oder gar nicht.

»Ich bin eine vollkommen loyale Mitarbeiterin, engagiere mich auch bereitwillig in der Freizeit und werde mein Bestes tun, Sie nicht zu enttäuschen.«

Da blieb mir kurz die Luft weg. Ich wartete darauf, dass sie vielleicht zu lachen beginnen würde, aber nichts. Sie bot sich ohne jegliche Einschränkung an. Da saß sie, ihre Hände parallel zueinander auf den Oberschenkeln platziert, der Rücken kerzengerade, die Mimik ausdruckslos.

»Möchten Sie einen Kaffee?«

»Nein, danke.«

»Ein Wasser vielleicht?«

»Nein, danke.«

Bis auf die fehlende Praxis im Einkauf hatte sie ihre Hausaufgaben gemacht. Ihre Zeugnisse waren einwandfrei. Ich zweifelte, ob sie ins Unternehmen passen würde. Meine anderen Mitarbeiter sind so wie ich, aufgeweckt und meistens zu Scherzen aufgelegt. Aufgrund mangelnder Alternativen sagte ich ihr zwei Tage später dennoch zu.

»Vielen Dank, ich werde Sie nicht enttäuschen. Auf Wiederhören«, kam es am Telefon zurück, ohne jegliche Regung in der Stimme.

Nun gut, sie würde schon noch auftauen, dachte ich.

Daria taute nicht auf. Sie kam morgens, immer auf die Minute genau zehn Minuten vor Arbeitsbeginn. Dann stellte sie ihre braune Ledertasche neben ihren Schreibtisch, den sie stets am Vorabend penibelst aufgeräumt und gereinigt hatte. Nie gab es bei ihr ein Blatt Papier, das schief lag, nie einen Fingerabdruck auf dem Bildschirm, kein Bröselchen auf dem Boden rund um ihren Schreibtisch. Ebenso sorgfältig war ihr Styling. Sie sah Tag für Tag genauso aus, wie ich sie bei ihrem Vorstellungsgespräch kennengelernt hatte. Nur ihre Kostüme wechselten die Farbe. Wobei, »Kostüme« ist wohl ebenso der falsche Ausdruck wie »Farben«. Es waren eher Uniformen, die sie offensichtlich in drei Farben besaß: Beige, Grau und Schwarz. Dazu eine weiße Bluse.

Stets kam sie zu den selben Zeiten in mein Büro und fragte mich, ob sie mir etwas bringen könne. Sie bereitete mir meinen Kaffee genauso zu, wie ich es wollte. Sie vergaß niemals, wann ich wo welche Termine hatte, und nahm mir Aufgaben ab, die gar nicht zu ihrem Tätigkeitsbereich zählten. Klarerweise erledigte sie ihre Aufgaben stets termingerecht und fehlerlos. Sie sprach auch nie, wenn sie nicht gefragt wurde. Ich weiß nicht, ob mir das gefallen sollte, irgendwie kam ich mir in ihrer Gegenwart immer mehr vor wie ein Patriarch, dem sie zu dienen hatte – obwohl ich es nicht von ihr verlangte. Mit den anderen Mitarbeitern sprach sie kaum. Natürlich begannen diese irgendwann, hinter ihrem Rücken über Daria zu lästern.

Eines Tages suchte ich deshalb das Gespräch mit ihr. Ich erklärte ihr, dass es in meiner Firma für gewöhnlich etwas lockerer zuginge. Dass es nicht notwendig sei, am Arbeitsplatz Businesskleidung zu tragen, da das auch sonst niemand bei uns täte – nicht einmal ich, wie sie sehen würde. Dass sie auch ruhig einmal im Netz surfen solle, wenn sie gerade nichts zu tun hätte.

Sie hörte zu und fixierte mich mit großen Augen hinter ihrer Brille. »Wie Sie möchten, ich werde mich nach allem richten, was Sie sagen.«

Von diesem Tag an veränderte sie sich. Ihren Job machte sie zwar immer noch genauso gut wie zuvor, aber ansonsten schien es, als käme morgens eine andere Person zur Tür herein: Sie erschien in kurzen Röcken und engen T-Shirts. Sie sprach plötzlich mit den anderen. Sie lachte mehr. Und, was mich am meisten irritierte: Nachdem sie mir Kaffee oder Unterlagen in mein Büro geliefert hatte, ging sie nicht sofort. Sie stand an der Tür und starrte mich an. Ihr Blick war nicht mehr ausdruckslos, sondern eine Mischung aus Untergebenheit und etwas anderem, was ich nicht einordnen konnte – was mich aber zutiefst verwirrte.

Es kam immer öfter vor, dass sie mir nach der Arbeit nicht mehr aus dem Kopf ging. Ich erwischte mich dabei, wie ich mich in sexuellen Fantasien mit ihr wiederfand. In diesen waren unsere Positionen immer noch dieselben, und das war etwas, was mir neu war. Ich wusste nicht, dass es mich erregte, eine Frau völlig zu beherrschen, ihr Befehle zu geben, sie zu bestrafen, wenn sie unfolgsam reagierte. Mir war auch klar, warum ich das nicht kannte. Mit meiner Frau, Hanna, war ich bereits 16 Jahre verheiratet. 16 Jahre, in denen ich stets der Untertan war. Bei Hanna hatte ich zu spuren. In meinem Unternehmen hatte ich das Sagen, zu Hause war ich der Pantoffelheld. Natürlich hatte ich immer wieder versucht, mich gegen sie aufzubäumen – aber da ich offensichtlich keine Chance hatte, hatte ich irgendwann resigniert. Hanna beschimpfte mich ständig, nicht nur wenn ich etwas falsch machte. Ich denke, sie tat das schon rein aus Prinzip. In ihren Augen war ich ein unfähiger Trottel.

Warum ich mich nicht von ihr trennte? Gute Frage. Ich gebe zu, der Gedanke war ganz oft da. Ihn auszuführen, dazu war ich allerdings zu bequem. Ich hatte meine Firma, in der ich mich verkriechen konnte und die mich befriedigte. Zu Hause schaltete ich auf Durchzug. Alles, worüber ich mich in frühen Jahren noch geärgert hatte, ließ mich inzwischen vollkommen kalt. Ihre Giftpfeile schossen völlig wirkungslos an mir vorbei. Hier rein, da raus. Ich liebte sie auch schon lange nicht mehr. Was glaube ich egal war, denn sie hatte mich wahrscheinlich überhaupt nie geliebt. An eine Affäre hatte ich selbstverständlich ebenfalls öfter gedacht. Ich bin auch nur ein Mann, und der Sex mit Hanna war zwar vorhanden, aber selbst da hatte sie die Zügel in der Hand. Für gewöhnlich lief es so ab: Sie ritt auf mir, bis sie kam – das war's dann. Keine Küsse, keine Worte. Ja, ich weiß, das klingt schlimm. Aber was soll's, wir waren verheiratet und ich war schlicht und einfach zu bequem.

Cut.

Ich stehe da, an meinem Schreibtisch, vor mir Darias nackter Hintern. Sie möchte, dass ich zuschlage. Ich bin skeptisch, aber sie hat etwas in mir berührt, was bislang anscheinend ganz, ganz tief verborgen war. Die Situation erregt mich.

Cut.

In den letzten Woche wurden die Blicke intensiver und sie begann, mir subtil zu vermitteln, dass sie nicht nur in Sachen Job alles für mich tun würde, was ich wollte. Mein nächtliches Verlangen nach ihr weitete sich in die Arbeitszeit aus. Immer öfter rief ich sie aus fadenscheinigen Gründen in mein Büro. Ihre Outfits hatten mittlerweile Schulmädchen-Charakter, und mir gefiel das. Sie rückte mir oft näher und ließ wie zufällig ihre Brüste über meine Schulter streifen, wenn sie mir Unterlagen auf den Schreibtisch legte. Wie in einem schlechten Film hatte sie kürzlich beim Verlassen des Büros einen Stapel Dokumente fallen lassen, sich gebückt und mir so mit voller Absicht Einblick unter ihren kurzen Rock gewährt. Sie trug einen knallroten Stringtanga und ich konnte nahezu ihre Schamlippen unter dem winzigen Teil hervorblitzen sehen. Ich musste schwer schlucken und hätte mich in diesem Moment am liebsten auf sie gestürzt und sie ohne jegliche Vorwarnung von hinten genommen. Dennoch behielt ich äußerlich die Beherrschung.

Heute hatte ich sie eigentlich nur zu einem wichtigen anstehenden Projekt briefen wollen. Gut, natürlich hatte ich Hintergedanken, aber bislang hatte ich mich erfolgreich an den Grundsatz »never fuck the office« gehalten. Aber wieder ging sie nach der Besprechung nicht, sondern blieb in der Tür stehen.

Und dann meinte sie plötzlich: »Ich würde alles für Sie tun. Alles, was Sie sich wünschen.«

Ich atmete dreimal tief durch. Schon dieser eine Satz hatte gereicht; ich war hart geworden.

»Dann komm her und lehn dich über den Tisch«, hörte ich mich sagen.

Sie tat es widerstandslos.

»Lehn dich mit dem Oberkörper darauf.« Ich stand hinter ihr, mein Herz raste vor Aufregung, aber ich fand das, was ich da gerade tat, auch unendlich geil. Noch nie hatte ich mich so dominant gefühlt, wie auch, in meiner Ehe hatte ich keine Gelegenheit dazu. »Zieh dir den Rock nach oben, sodass ich deinen Hintern ansehen kann.«

Sie schob sich ihren grauen Faltenrock übers Kreuz und brachte einen schwarzen String zum Vorschein.

»Jetzt will ich, dass du dein Höschen ausziehst. Die Schuhe lass dabei an.« Sie trug schwarze Lackpumps.

Sie tat schweigend, was ich befahl.

Bis sie plötzlich ungefragt den Mund aufmachte und mich bat, sie zu schlagen.

Cut.

Ich zögere noch; höre ihr beim Atmen zu, sehe mir ihren Hintern genau an. Und dann schlage ich zu. Mit der linken Hand zuerst, auf die linke Backe. Sie schnauft. Dann mache ich weiter, mit der rechten Hand auf die rechte Backe. Auf ihrer Haut bilden sich rote Flecken.

»Willst du, dass ich weitermache?«

»Ich will, dass Sie das machen, was Sie wollen. Ich gehöre Ihnen.«

Bei ihren Worten werde ich gleich noch geiler. »Dann werde ich dich jetzt richtig hart nehmen«, sage ich und öffne den Gürtel meiner Hose. Als ich mit hartem Rohr hinter ihr stehe, denke ich, dass ich doch nicht gleich loslegen will. »Komm, dreh dich erst um«, befehle ich ihr grob.

Sie tut es.

»Und jetzt lutsch an meinem Schwanz.«

Sie lässt sich vor mir auf die Knie sinken und stülpt ihre Lippen über mich. Ich greife mir ihren Kopf und gebe ihr vor, wie sie es zu tun hat. Dann nestle ich an ihrem Haargummi herum und werfe es zu Boden. Ich greife in ihre Haare, ziehe daran und schiebe ihren Kopf ganz schnell vor und zurück. Diese Dominanz treibt meine Geilheit ins Unermessliche. Bis jetzt war ich immer in der unteren Position, zu Hause, ohne Aufmucken. Jetzt bin ich ganz oben. Hier bestimme nur ich.

»So, und jetzt ficke ich dich«, unterbreche ich ihre Mundarbeit und ziehe ihr den Kopf an den Haaren ins Genick. Sie scheint es zu genießen, denn sie grinst mich erwartungsvoll an. Das ist gut, denn ich hatte soeben das Gefühl, zu weit gegangen zu sein.

»Wie möchten Sie es?«, fragt sie, und ich kommandiere sie mit dem Po auf die Schreibtischkante. Im Hintergrund beginnt das Telefon zu klingeln.

»Abheben und den Hörer wieder auflegen«, weise ich sie an.

Als sie das Geklingel abgewürgt hat, ziehe ich sie an mich und lasse meinen Ständer ein paarmal an ihren Venushügel stoßen. Sie stöhnt.

»Sei leise«, mahne ich. Sofort hält sie den Mund.

Ich fingere das Kondom aus meiner Hosentasche, das ich seit einigen Wochen ständig mit mir herumtrage. »Zieh es mir über.« Sie tut es.

Dann dringe ich mit einem Ruck in sie ein, drücke ihren Oberkörper nach hinten und schiebe die Bluse nach oben. Sie trägt keinen BH.

»Fass deine Brüste an.« Ich sehe zu, wie sie ihre Nippel zwischen die Fingerspitzen nimmt, und ficke sie hart. Als sie wieder zu stöhnen beginnt, lege ich mahnend einen Finger an meine Lippen. »Konzentrier dich auf deine Brüste«, herrsche ich sie an.

Meine Stöße werden schneller und härter. Schließlich komme ich, drücke mich noch einmal richtig fest in sie rein und schiebe sie dann schnell von mir.

Ich wische mir eine verschwitzte Haarsträhne aus der Stirn, ziehe Unterhose und Hose hoch und drehe mich um. »Morgen um die gleiche Zeit in meinem Büro. Und nimm dir Zeit, wir werden länger brauchen.«

»Wie Sie es möchten, mein Herr. Ich werde da sein.«

Weiterbildung

Günther (32), Polizeibeamter, Schwerin,
über Regine (31), Lehrerin, Düsseldorf

Ich weiß noch ganz genau, welcher Song gerade aus den Boxen drang, kurz bevor der Viertelliter Piña Colada in meinem Nacken landete: It's gettin' hot in here, so take off all your clothes … Mir war die längste Zeit hot gewesen. Denn der Barkeeper hatte an Eiswürfeln nicht gespart – und die Temperatur des klebrigen Zeugs, das sich über meinen Rücken ergoss und sich in mein T-Shirt saugte, lag nur knapp über null. Ich schreckte herum und sah, wie sich Glasscherben, Eiswürfel und eine weißlich-gelbe Flüssigkeit auf dem Boden verteilten.

»Oh nein, Verzeihung! Bitte entschuldigen Sie … um Gottes willen, ist mir das peinlich!« Die offensichtliche Verursacherin des Malheurs schnappte sich die Serviette, auf der ihr Cocktail gerade noch gestanden hatte, und begann, mich abzutupfen. »Ich bin aber auch zu schusselig … nein, wie peinlich mir das ist! Jetzt müssen

Sie sich meinetwegen umziehen …«, fuhr sie fort und schüttelte dabei unentwegt den Kopf über sich selbst.

»Nun beruhigen Sie sich mal. Ist doch alles halb so schlimm.«

»Doch! Wissen Sie was? Ich gebe Ihnen Geld für ein neues T-Shirt … das Zeug bekommen Sie doch nie und nimmer raus.«

»Nun mal langsam mit den jungen Pferden«, beschwichtigte ich sie. »Besser, Sie laden mich einfach auf so ein Teil ein.«

Sie öffnete den Mund, wirkte kurz sprachlos und nickte dann, ohne den Blick von mir abzuwenden.

Ich war nicht unglücklich über diesen Vorfall – im Gegenteil. Mein Shirt trocknete in der Hitze der Hoteldisco bereits wieder, und die Lady, deren Drink nun auf mir klebte, war alles andere als ein Mauerblümchen. Ich war froh über meine Courage, ihr den Vorschlag mit der Einladung gemacht zu haben.

Das Glück mit den Frauen hatte mich nämlich in letzter Zeit ziemlich im Stich gelassen. Meine Freundin Danielle hatte mich nach sieben Jahren Beziehung Knall auf Fall verlassen – für einen anderen, dessen Qualitäten deutlich über meinen lagen, wie sie ihre Entscheidung wortwörtlich begründet hatte. So einer Schlampe weint man normalerweise keine Träne nach, ich tat es leider doch. Noch dazu wohnte meine Ex immer noch in meiner Wohnung – mit der Suche nach einer neuen Bleibe hatte sie es nicht eilig gehabt. Endlich würde sie nächste Woche ihre Koffer packen und ihren Arsch endgültig aus der Wohnung bewegen. Dann würde ich ihre Fratze nicht mehr jeden Tag zu Gesicht bekommen … Kurz und gut: Ich hatte gelitten wie ein Hund, dementsprechend mies war auch meine Ausstrahlung. Hängende Schultern, Augenringe, schlurfender Gang. Mich kotzte eben alles an – welche Frau will schon so einen? Klar wie Kloßbrühe, dass jedes weibliche Wesen einen großen Bogen um mich machte.

Das sollte nun aber der Vergangenheit angehören. Ich war wieder da – Regine, so hieß meine Eroberung, war der lebende Beweis dafür. Ihre hellen, grauen Augen hinter der eckigen Brille sahen mich interessiert an. Sie lachte viel und berührte beim Reden hin und wieder meinen Unterarm. Dazu fragte sie nach, wollte alles über meine Arbeit bei der Polizei wissen und gab sich beeindruckt. Sie selbst war Lehrerin. Das hatte ich mir gleich gedacht, denn so sah sie auch aus. Allerdings wie eine besonders attraktive Lehrerin. Ich fühlte, wie das Testosteron mit Vollgas durch meine Adern schoss. Klar, mein letzter Sex mit einer Frau lag so lange zurück, dass ich mich kaum noch daran erinnern konnte. Ich kam nicht umhin, mir Regine nackt vorzustellen. Nach meiner Beurteilung musste sich unter ihrem engen Jeansrock und dem weißen Top ein ausgesprochen wohlgeformter Körper verbergen. Es gelüstete mich danach, dieses Geheimnis zu lüften.

»Wir gehen dann mal, Günther. Mach's gut noch!«, meldete sich mein Kollege Jan von hinten, klopfte mir kurz auf die Schulter und verließ mit Daniel, der noch die Hand zum Gruß hob, den Laden. Eigentlich war ich auch schon ziemlich fertig, da wir in unserem Weiterbildungs-Seminar den ganzen Tag volles Programm gehabt hatten. Den ganzen Tag aufmerksam sein, das fordert die Rübe ganz schön. Aber jetzt Regine alleine stehen lassen? Nie im Leben. Sie wirkte nämlich irgendwie nicht so, als wolle sie, dass der Abend bald endete. Ihre Bekannte, mit der sie sich, wie ich erfahren hatte, ihr Zimmer teilte (auch die beiden waren beruflich in Sachen Weiterbildung unterwegs), tat es Jan und Daniel gleich und verdünnisierte sich.

Die hübsche Frau Lehrerin grinste mich unverhohlen an. Ob sie dasselbe dachte wie ich? Dass wir diese Gelegenheit, diese gemeinsame Nacht nutzen sollten, obwohl ziemlich klar war, dass wir uns danach niemals wiedersehen würden? Ich wusste nicht woher, aber ich hatte das irgendwie im Gespür. Obwohl wir gerade wieder bestellt hatten, war meine Lust, noch zu bleiben, plötzlich sehr geschrumpft. Es war schließlich schon fast zwei Uhr morgens – und wir wurden alle nicht jünger. Ich legte einen Geldschein auf die Bar und schob Regine sanft vor mir nach draußen. Ihre Haare dufteten wunderbar frisch, und ich konnte mich vor Geilheit kaum noch halten. Leider hatte ich überhaupt keinen Plan, wie ich diese an die Frau bringen sollte. So aus der Übung zu sein war genau das, was ich in diesem Moment am wenigsten brauchen konnte.

Zum Nachdenken kam ich jedoch nicht. In der Lobby des Hotels, die ziemlich verlassen war, fielen wir übereinander her wie ausgehungerte Tiere. Wer wen zuerst geküsst hat, könnte ich nicht sagen. Es spielte auch keine Rolle. Was sehr wohl eine Rolle spielte, war, dass ich auf einmal wieder wusste, wie der Hase lief. Plötzlich fühlte ich mich, als hätte es nie eine Sexpause in meinem Leben gegeben. Es war glasklar, wie ich Regine anfassen musste, wo ich fester zupacken sollte, wie ich an ihrem Hals knabbern musste, um ihr den Verstand zu rauben. Der Abenteurer in mir war wieder zum Leben erwacht. Wie sehr ich ihn doch vermisst hatte!

Mittlerweile knutschten und fummelten wir schon so intensiv, dass ein Entdecktwerden unangenehm hätte werden können – zumindest für denjenigen, der uns entdeckte. Ich sollte eigentlich besser als alle anderen wissen, wie das mit der Erregung öffentlichen Ärgernisses läuft. In dieser Nacht jedoch ritt mich der Teufel – ich wollte endlich wieder einmal etwas richtig Verruchtes tun, ohne mir einen Kopf über die Konsequenzen zu machen.

Ich sah mich um. Etwas näher an der Rezeption standen ein paar schwarze Ledersofas. Die würden sich doch prima als Sichtschutz eignen, dachte ich und zog Regine in die Richtung. Die Dame an der Rezeption warf uns einen kurzen Blick zu, den ich mit einem unschuldigen Lächeln kommentierte. Als Draufgabe winkte ich ihr noch extra mädchenhaft zu. Regine bog sich neben mir vor Lachen. Die Rezeptionistin drehte sich beschämt um und schüttelte nur den Kopf. Diesen Moment nutzten wir und gingen hinter einer der Couchen in Deckung.

»Hat sie uns gesehen?«, flüsterte Regine kichernd.

»Glaube nicht«, erwiderte ich und lugte kurz über den Rand der Couch zur Rezeption hinüber. »Nein, die ist beschäftigt. Zumindest tut sie so«, zwinkerte ich und zog die geile Lehrerin an mich. Beim Küssen war uns immer wieder ihre Brille im Weg, aber das machte es irgendwie auch reizvoller. Ich fand Frauen mit Brillen schon immer scharf – es hat so etwas Dominantes an sich.

Die Fummelei ging weiter, eine meiner Hände machte sich bereits an Regines Brüsten zu schaffen, die andere bahnte sich gerade den Weg unter ihren Rock. Ich spürte, wie nicht nur meine, sondern auch ihre Lust immense Ausmaße annahm. Mein Ding würde gleich meinen Hosenschlitz sprengen, wenn das hier so weiterging.

»Ich will dich jetzt – hier und sofort!«, raunte ich deshalb fordernd an Regines Hals.

Sofort drückte sie mich von sich weg. »Nein – nein, das geht nicht, auf gar keinen Fall! Stell dir einmal vor – wenn es hier Kameras gibt! Oder was, wenn die da an der Rezeption was merkt? Die holt doch glatt die Polizei!«

Ich musste grinsen. Nun ja, vielleicht hatte sie recht und es war wirklich keine so tolle Idee, es hier an Ort und Stelle zu treiben. Obwohl, die Vorstellung … mir wäre in diesem Moment alles recht gewesen.

»Und wohin sollen wir dann gehen? Auf meinem Zimmer liegt schon Jan und schnarcht«, warf ich ein.

»Bei mir geht's auch nicht, da liegt Tina. Die schnarcht zwar hoffentlich nicht, aber sie wäre wahrscheinlich not so amused, wenn ich dich anschleppe und sie rauswerfe.« Sie biss sich auf die Unterlippe und überlegte.

Meine Geilheit hatte noch immer nicht nachgelassen.

»Ich kann nicht mehr warten«, meinte ich deshalb, warf wieder einen Blick über den Rand der Couch und zog sie hoch, als die Luft rein war. Mir war's egal, wo wir es tun würden – Fakt war nur, ich wollte es jetzt tun, jetzt sofort, ohne Wenn und Aber. Vor dem Fahrstuhl blieb Regine kurz stehen und lachte mich auffordernd an, dann schüttelten wir aber beide zugleich den Kopf. Zu klischeehaft. Und zu riskant, zumal dieses Hotel nur über einen Lift verfügte.

»Da hätten wir auch gleich hinter dem Sofa bleiben können.« Sie lief die Treppe hinauf, ich hinterher. Im ersten Stock angekommen, sahen wir uns suchend um.

»Ich weiß, dass dieses WC hier sehr geräumig ist«, sagte sie und deutete auf eine Tür.

»Dann nichts wie los, ich bin dabei.«

Obwohl Toiletten immer Toiletten sein werden und dementsprechend nur mit mangelhafter Atmosphäre aufwarten können, vor allem, wenn man dort Sex haben möchte, war diese ganz okay. Sie war im gleichen Stil wie das Hotel gehalten: puristisch-schick – und peinlichst sauber. Allerdings roch es so stark nach Pfirsichseife, dass mir davon fast schwindlig wurde. Zum Glück knutschte Regina mich an und verdrängte mit ihrer Zunge den penetranten Geruch aus meinen Sinnen. Unsere Angst, entdeckt zu werden, schien plötzlich wie weggeblasen. Der Trieb siegte und ließ uns einfach machen.

Während wir uns wild küssten, entledigten wir uns unserer Kleider. Nackt standen wir uns dann gegenüber und betrachteten uns im Neonlicht (noch ein Minuspunkt dieser Toilettenanlage). Sie war schön und hatte Kurven. Ich ging auf sie zu, drückte sie gegen die Wand und nahm mir schamlos, worauf ich die ganzen letzten Stunden schon so hart gewartet hatte – im wahrsten Sinne des Wortes. Sie schlang die Beine um mich und ich hielt sie auf meiner Höhe und machte meinen Job. Wir verblieben noch in dieser Position, bis Regine über einen Krampf in ihrem rechten Oberschenkel klagte. Ich zog ihn raus und überlegte. Dann öffnete ich eine der WC-Türen, klappte den Deckel nach unten und setzte mich kurzerhand darauf. Regine ließ sich auf mich sinken und wir machten weiter. Sie wusste genau, mit welchem Rhythmus sie mich verrückt machte. So schaukelten wir uns gemeinsam hoch, bis sich unsere Geilheit in einem fast gemeinsamen Orgasmus entlud.

Mein Hirn war noch immer ganz vernebelt, als Regine irgendwann aufstand und begann, ihre Klamotten zusammenzusuchen.

Plötzlich fand der aufdringliche Pfirsichgeruch seinen Weg zurück in meine Nase, und auch das Neonlicht wirkte wieder kalt und fahl. Wer allerdings gerade eine dermaßen geile Nummer hinter sich hat, lässt sich von solchen Peanuts nicht die Laune verderben. Ich hatte allen Grund, gut drauf zu sein: Schließlich hatte mir mein Weiterbildungs-Wochenende nicht nur Fachwissen eingebracht, sondern auch die Gewissheit, dass ich in der Frauenwelt noch eine Rolle spielte. Und so lachte ich lieber über das schräge Bild, das wir abgeben mussten: zwei Nackte, die in einer Toilette ihre Klamotten vom Boden zusammensuchen. Regine schien die Situationskomik ebenfalls bewusst geworden zu sein, denn es dauerte nicht lange, bis sie in meinen Lachkrampf mit einfiel.

Dann, wir waren wieder angezogen, räusperte sie sich. »Ich gehe jetzt auf mein Zimmer. Gute Nacht … und danke für den tollen Abend.«

Klar, was hatte ich auch gedacht? Ein gemeinsames Zimmer hatten wir nicht, und für einen Absacker war es zu spät.

»Wir reisen morgen schon sehr, sehr früh ab. Es war schön mit dir, Günther.« Ich bekam noch einen flüchtigen Kuss auf die Wange, bevor sie hinter der Tür verschwand, ohne sich umzudrehen.

»Vielen Dank, Frau Lehrerin«, sagte ich leise. Aber das konnte sie nicht mehr hören.

30

Wer braucht schon eine Hochzeitsnacht?

Alfred (42), Technischer Zeichner,
über Antonia (39), Maklerin,
beide Klagenfurt

Nach vier Jahren wilder Ehe hatten Antonia und ich uns entschlossen, zu heiraten. Ja, wirklich – wir hatten uns gemeinsam dazu entschlossen. Es gab keinen richtigen Heiratsantrag mit Kniefall und dem ganzen Drum und Dran. Im Nachhinein wünschte ich mir schon, es wäre romantischer abgelaufen, vor allem für meine Frau. Aber man kann die Zeit nun mal nicht zurückdrehen. Und die Monate, die wir im Verlobten-Status verbrachten, sind trotzdem einfach super gewesen. Klar, man hat zwischendurch schon auch mal ein wenig Bammel. Aber darüber haben Antonia und ich nur gelacht. Wir wussten einfach, dass wir die Sache durchziehen würden.

Und jetzt ist der große Tag endlich da. Wir haben Glück mit dem Wetter. Nachdem die letzten Tage eiskalt waren – wohlbemerkt, es ist Mitte Juli –, hat sich der Sommer heute gnädig erwiesen. Nicht ein Wölkchen trübt den Himmel und laut Wetterprognose soll es den ganzen Tag trocken bleiben. So können wir auch wie gewünscht im Freien heiraten. Der Ort, den wir, oder besser gesagt, den Antonia sich ausgesucht hat, ist ein netter Gutshof an einem kleinen See. Eine richtige Märchenhochzeit im großen Stil ist nicht ihres. Meins auch nicht, ich war geradezu erleichtert, als sie mir verriet, dass sie es sich eher unkonventionell wünschte. Es gibt ja diese Frauen, die schon ein Jahr vor der Hochzeit mit der Planung anfangen: Welches Geschirr soll es sein, welche Blumen, welche Farbe tragen die Brautjungfern, und so weiter und so fort. Das war meiner Zukünftigen glücklicherweise relativ wurscht. »Hauptsache, es wird lustig«, hatte sie gemeint. Und da ging ich mit ihr konform.

Ich werde von meinem Trauzeugen, Andi, an den Ort des Geschehens gebracht. Die meisten Gäste sind schon angekommen und warten darauf, dass es endlich losgeht. Dann kommt endlich die Braut. Ich traue meinen Augen kaum. So schön habe ich Antonia noch nie gesehen. Für einen Mann, der heiratet, ist das schon ein Wahnsinn. Man kann sich das vorher gar nicht vorstellen, wie geflasht man auf einmal ist, wenn sie dann vor einem steht. Antonia trägt ihre Haare zu einem kunstvollen Zopf geflochten, in dem weiße Blumen stecken. Ihr Kleid hat eine lange Schleppe, die jetzt von Hanna, ihrer Trauzeugin, getragen wird. Ihr Vater führt sie zum »Altar«, der ja eigentlich keiner ist – wir heiraten nicht kirchlich, weil wir beide Atheisten sind. Mit stolzgeschwellter Brust und einem gefühlten Puls von 200 sitze ich schließlich neben ihr, vor uns der Standesbeamte. Er hält seine Rede, und wir tun, was wir zu tun haben: an der richtigen Stelle Ja sagen. Als wir uns die Ringe an die Finger stecken, verdrücke ich ein paar Tränchen. Da bin ich aber nicht der Einzige. Es gibt wohl kaum eine Hochzeit, auf der nicht geheult wird – ich habe zumindest noch keine erlebt. Als eine der beiden Hauptpersonen ist das aber schon noch mal anders. So gerührt war ich noch nicht oft in meinem Leben.

Es folgt der klassische Ablauf: Agape, das ist das, wo dem Brautpaar gratuliert wird, man zusammensteht, sich mit Alkohol locker trinkt und die Hochzeitsgesellschaft sich kennenlernt. Dann der Fototermin, bei dem sich alle noch einmal zusammenreißen, bevor es richtig losgeht. Bei uns ist das die Schlacht am Buffet.

»Was soll denn das sein?«, fragt mich Antonias Oma Hilde, die, glaube ich, schon 95 ist.

»Shrimps, Oma Hilde, das sind Shrimps.«

»Was ist schlimm?«, fragt sie mich. Oma Hildes Hörgerät ist, glaube ich, ein Spielzeug-Dummie, die arme Frau versteht kein Wort, und das ist schon so, seit ich sie kenne.

»SHRIMPS, Oma«, brüllt Antonias jüngere Schwester Dani neben mir. »So wie Engerlinge, nur ausm Wasser.«

Ich überlasse Oma Hilde ihrem Schicksal und lade mir ordentlich was auf den Teller.

»Hast du eine Rede vorbereitet?«, will mein Vater wissen, als ich mich auf meinen Platz setze.

»Nö, wieso? Muss man das?«

»Also ich habe das gemacht, als ich deine Mutter geheiratet habe«, raunt er mir zu. »Daran erinnert sie sich jetzt noch gerne.«

Ja, Papa, ich weiß schon … Nicht mal bei meiner Hochzeit schafft er es, sich zurückzuhalten und mir ausnahmsweise mal kein schlechtes Gewissen einzureden. Gott sei Dank kommt Antonia vom Buffet zurück und er kann nicht weiterreden.

Nach dem Dessert kann ich mich kaum noch bewegen, aber wenigstens haben wir jetzt alle Reden hinter uns gebracht.

»Jetzt gibt's nur noch Party«, flüstert meine frisch angetraute Ehefrau mir erleichtert zu. Ich drücke ihre Hand.

»Was macht Hanna eigentlich dort bei Norbi?« Hanna ist Antonias Trauzeugin und beste Freundin.

»Ich glaube, die verstehen sich«, grinst sie verschmitzt, und ich denke, sie hat recht. Die beiden scheinen ganz angetan voneinander zu sein. Norbi setzt bereits dazu an, seine Hand auf Hannas Hintern zu legen, und Hanna wiederum hängt an Norbis Lippen, als würde sie ihn gleich aussaugen wollen.

»Lassen wir sie doch«, grinst Antonia. »Die sind doch erwachsen und wissen, was sie tun.«

Die Band legt los und die Tanzfläche füllt sich langsam. Es ist zwar noch hell, aber der Alkoholpegel ist seiner Zeit voraus. Wie das eben auf Hochzeiten so ist. Ich tanze mit meiner Frau – wie ungewohnt das klingt: meine Frau – und bin heilfroh, dass die Band der horrenden Summe gerecht wird, die sie für diesen Abend abkassieren wird. Jetzt wird es wohl bald so weit sein, dass die Braut »geklaut« wird. Das ist ein alter Brauch: Der Trauzeuge der Braut entführt sie mit ein paar Komplizen, meist in ein in der Nähe gelegenes Lokal. Der Bräutigam muss sie dann suchen und sie »auslösen«, das heißt, er muss für alle Getränke blechen, die dort in der Zwischenzeit getrunken wurden. Da heißt es schnell sein, sonst kann's teuer werden.

Ich sehe mich um und suche Hanna in der Menge. Da ist sie ja! Ähem.

»Antonia?«

»Ja?«

»Schau dir das mal an.«

Hanna und Norbi hängen knutschend in der Ecke und sind kurz davor, sich die Kleider vom Leib zu reißen. Meiner Frau klappt die Kinnlade runter. Dann gackert sie los. Ich find's auch witzig, aber ich frage mich, wer sie jetzt klauen soll. Ich kann doch nicht einfach irgendjemanden fragen! Aber es gehört schließlich dazu. Kurz ärgere ich mich, dann habe ich eine Idee.

»Komm mal mit«, sage ich zu Antonia und führe sie an der Hand nach draußen.

»Wo willst du denn hin?«, will sie wissen.

»Wirst du schon sehen.«

Ich löse die Leine, mit der das hölzerne Ruderboot am Steg festgebunden ist. »Steigen Sie ein, Madame«, fordere ich Antonia auf.

»Alfred, was hast du denn jetzt vor? Die ganzen Leute …«

»Vergiss doch die Leute«, werfe ich ein, »die sind eh beschäftigt.«

»Stimmt«, meint meine Frau, hebt ihr Kleid und ich helfe ihr ins Boot, das gefährlich zu schwanken beginnt. Geschickt steige ich ein und schnappe mir das Ruder. Jetzt sitzen wir uns gegenüber.

Erwartungsvoll lächelt sie mich an. »Und jetzt?«

Pause.

»Hast du schon mal von einem Bräutigam gehört, der seine Braut auf der Hochzeit klaut?«, frage ich.

»Nö.«

»Siehst du, dann bin ich jetzt der erste.«

»Ich pack's nicht«, lacht Antonia.

Ich rudere, was das Zeug hält. Die Sonne steht tief am Himmel, und das trifft sich verdammt gut: So kann ich mit meiner neuen, backfrischen Ehefrau in den Sonnenuntergang rudern. Besser geht's nicht, oder?

»Hör mal auf zu rudern, lassen wir uns doch ein bisschen treiben«, schlägt Antonia vor, als wir schon ein ganzes Stück weg vom Ufer sind. Ich lasse die Ruder aus, die links und rechts in metallenen Vorrichtungen hängen. Das hält. Das Boot schaukelt leicht, die Sonne lässt das Wasser glitzern und wir küssen uns. Eine leichte Strömung treibt uns langsam hinter eine Schilfinsel.

»Das ist ein wunderbarer Tag heute.«

»Er kann noch besser werden.«

»Ach ja? Sag mal wie«, meint sie keck.

»Ich wüsste da schon was«, tue ich geheimnisvoll. Sie runzelt die Stirn.

Ich beuge mich vor und küsse sie wieder, diesmal ganz bewusst leidenschaftlicher als vorher. »Darf ich die Brüste der Braut anfassen?«, frage ich schüchtern.

»Aber natürlich, sie gehören ja nun dir«, entgegnet Antonia. Ich berühre ihre Rundungen, was mich unheimlich anmacht.

»Ich kann es kaum mehr erwarten, dich heute Nacht ohne das Kleid zu sehen«, schmachte ich. Sie lacht laut auf. »Ach, und du meinst, wir beiden Feiervögel schaffen es, eine Hochzeitsnacht hinzulegen? Ich kenn uns doch. Wir sind dabei, bis der Letzte geht – und dann ist's wahrscheinlich schon hell.«

Das könnte stimmen. Ich knutsche sie für ihren Humor.

»Was hältst du dann davon, wenn wir unsere Hochzeitsnacht etwas vorverlegen?« Sie weiß genau, was ich damit meine, und wird mich ganz bestimmt für komplett verrückt erklären.

»Das fände ich komplett verrückt«, kommt es wie erwartet. »Aber supergeil«, fügt sie mit einem Augenaufschlag hinzu, der mich, kombiniert mit diesen Worten, sprachlos macht.

»Ähm, ähm … ähem«, sind die ersten Töne, die aus meiner Kehle kommen, als ich mich wieder gefasst habe. Antonia nestelt bereits an ihrem weißen Kleid herum. Das kann ich jetzt nicht glauben. Erst, als sie sich die enge Korsage nach unten schiebt und ihre Brüste freilegt, kapiere ich, dass sie es ernst meint.

»Was ist mit deinem Kleid? Es wird schmutzig werden«, werfe ich ein. Was bin ich eigentlich für ein Waschlappen?

»Scheiß auf das Kleid«, sagt sie, schiebt es nach unten, bis sie ganz draußen ist, und legt sich dann einfach drauf. Sie trägt eine weiße Spitzenunterhose und weiße Strümpfe. Bei Strümpfen setzt bei mir alles aus.

»Du wolltest es so«, sage ich und ziehe mein Sakko aus, dann das Hemd, dann den Rest. Keiner kann uns hier hinter dem Schilf sehen. »Ich liebe dich. Und ehrlich – ich war noch nie so scharf auf dich«, verrate ich Antonia.

Sie hängt ihre Beine links und rechts über den Rand des Bootes. Es geht sich glatt aus, dass ihre Füße nicht nass werden.

»Sollen wir wirklich?«, frage ich sicherheitshalber noch einmal, und sie nickt.

»Ich will jetzt meinen Mann in mir spüren.«

Nichts leichter als das. Das Boot übernimmt mein Auf und Ab und beginnt, im selben Takt zu schaukeln. Ich halte Antonias Oberschenkel und fühle die Spitze an den Enden ihrer Strümpfe.

»Bitte, trag solche Teile öfter«, keuche ich flehend.

»Ja, und bitte hör jetzt nicht auf«, stöhnt sie mir entgegen. Wir schaukeln uns in unserem kleinen Boot hoch, es gibt keinen Störfaktor, keine Zeit, kein irgendwas. Als wäre es ausgemacht, kommen wir auf die Sekunde genau gemeinsam.

»Ich habe keine Ahnung, wie ich je wieder in dieses Ding hineinkommen soll«, klagt Antonia, aber sie lacht dabei.

»Das weiß ich jetzt auch nicht. Aber ich helfe dir, so gut es geht. Warte, ich zieh mich nur fertig an.« Im schwankenden Boot ist das gar nicht so einfach. Das Vögeln war definitiv leichter. Es dauert mindestens zehn Minuten, bis wir ihr Kleid wieder so weit nach oben gerafft haben, dass ich ihr den Reißverschluss hinten zuziehen kann.

»Dreh dich mal um.« Okay, geschafft. »Ähem.«

»Hm?«

»Deine Frisur ist etwas zerstört.«

»Na das war klar«, grinst sie.

»Und dein Kleid ist auch nicht mehr ganz weiß.«

»Hmmmh.«

Wieder zurück bei unserer Hochzeitsgesellschaft, scheint es anfangs, als wäre gar niemandem aufgefallen, dass wir so lange weg gewesen sind. Hanna und Norbi haben sich anscheinend in Luft aufgelöst. Die meisten anderen sind schon in einem derart desolaten Zustand, dass ich sogar daran zweifle, dass sie ihre eigene Adresse korrekt nennen könnten. Na umso besser, denke ich, dann ersparen wir uns wenigstens die blöden Kommentare. Ich führe Antonia zur Bar.

»Schatz, jetzt können wir richtig loslegen. Mojito?« Sie bejaht, und ich ordere zwei davon.

Plötzlich tippt mir von hinten jemand auf die Schulter. Ich drehe meinen Kopf. Oma Hilde! Was tut die um diese Zeit noch hier? Die sollte doch schon längst auf ihrem Gesundheitskissen liegen! Mit ihren 1,50 Meter guckt sie aus runden Brillengläsern zu mir rauf.

»Na da habt ihr wohl schon früher euer Schäferstündchen abgehalten, was?«, krächzt sie nicht ohne vorwurfsvollen Unterton.

Ich gucke nur verdutzt, während mir das Blut in den Kopf schießt.

»Jaja, mir könnt ihr nix vormachen. Oma Hilde sieht und hört alles. Ich bin noch nicht so greisig, wie ihr denkt. Mein Gott, Kinder. Was soll aus euch werden … Ach was, macht doch, was ihr wollt. Diese Engerlinge am Buffet waren übrigens grauenhaft.«

31

Who is who?

Uwe (29), Fitnesstrainer, Köln,
über Pamela (27) und Mandy (27), beide Models, Palm Bay

Ich würde es mir einfach gut gehen lassen. Diese paar Wochen hatte ich nur für mich. Das kalte Deutschland hatte ich hinter mir gelassen. Jetzt gab es nur mich, meine Freiheit und Florida. Ein Freund von mir, Julius, war vor einigen Jahren dorthin ausgewandert. Unser Kontakt war nie abgebrochen, und jedes Mal, wenn ich ihm via E-Mail vorgejammert hatte, dass mir in Deutschland schon langsam die Decke auf den Kopf fallen würde, hatte er mich aufgefordert, ihn in Palm Bay besuchen zu kommen.

Jetzt hatte ich es endlich auch in die Tat umgesetzt. Und ich bereute meinen Entschluss nicht. Urlaub am Meer, das war schon immer etwas Besonderes für mich. Wasser gibt mir Energie, es lässt mich durchatmen, es lässt mich runterkommen. Es macht mir den Kopf frei. Aber dort, in den USA, so weit weg von allem, das war etwas anderes als in Italien oder Spanien, den Ländern, in denen ich sonst immer Urlaub gemacht hatte. Das war nicht nur Urlaub. Das war Freiheit pur.

Ich stand mit nackten Füßen am Beach und grub die Zehen in den warmen Sand.

»Uwe! Da bist du ja!« Als ich mich umdrehte, kam Julian auf mich zu. In Begleitung. Das musste sie sein. »Uwe, das ist meine Freundin, Mandy.«

Wow. Heiliger Bimbam. Mir fiel die Kinnlade hinunter. Ich starrte sie an. Sie gab mir die Hand, und ich fasste sie an, als wäre sie aus Zucker, um dieses zarte Wesen nicht zu zerquetschen. Mandy war die menschliche Version von Barbie. Hellblonde Haare bis zum Po, Klimperwimpern, Apfelbrüste, eine Taille, die man mit zwei Händen umfassen konnte, Beine bis zum Himmel. Sie musste es gewohnt sein, so angestarrt zu werden, denn sie lachte nur und brachte – was sonst – perfekte weiße Zähne zum Vorschein. Welcome to America, dachte ich und warf Julian einen anerkennenden Blick zu. Wobei ich mich schon wunderte, wie er zu so einer Schnecke gekommen war. Nichts für ungut, aber Julian war noch nie ein Adonis gewesen. Sport war ihm sowieso ein Fremdwort. Schon während unserer Schulzeit hatte er ein paar Kilos zu viel gehabt, inzwischen waren noch weitere dazugekommen, was sich in einem deutlich sichtbaren Schwimmreifen oberhalb seines Hosenbunds manifestierte. Und Julians Gesicht, ja, was soll ich sagen, er ist keineswegs hässlich, aber eben vollkommen durchschnittlich. Sympathisch ja, aber sexy? Nicht die Bohne. Soweit ich das als Hetero-Mann eben beurteilen kann.

Wir führten den typischen Ami-Small-Talk. Nett, aber eben oberflächlich. Was für mich nebensächlich war, da ich mich mit Mandy-Barbie auch drei Stunden lang über Blutegel unterhalten hätte, wenn's hätte sein müssen. Mein Anteil an der Konversation bestand vorwiegend darin, meine Blicke nicht zu auffällig in Mandys Ausschnitt zu versenken. Es schien sie nicht zu stören, denn sie reckte mir ihre kugelrunden Dinger förmlich entgegen. Bestimmt sind die nicht echt – aber die Optik entschädigt für alles, dachte ich. Julian beobachtete uns mit süffisantem Lächeln.

»I think, we should take a drink now«, schlug er vor, als ihm meine Stielaugen offensichtlich zu viel wurden.

Mandy trabte ins Haus, um uns etwas zu trinken zu holen. Diese Zeit nutzte ich, um Julian anzuhauen: »Sag mal, wie bist du denn an die Frau gekommen? Ist doch Hammer.«

»Florida, Alter, ich sag es dir: Florida. Die Mädels hier sind ganz anders als zu Hause.«

Ich nickte. Das konnte vielleicht stimmen.

»Und das Beste: Mandy hat noch eine Zwillingsschwester. Pamela. Ursprünglich wollte ich mit der was anfangen, aber sie wollte nicht. Dann kam Mandy. Und die wollte mich.«

»Am liebsten hättest du natürlich beide.«

»Klar«, antwortete Julian und schnalzte mit der Zunge. »Wer hätte das nicht gern?« Er grinste dreckig in sich hinein.

Meine Gedanken überschlugen sich. Zwillingsschwester. Pamela. Ich meine, Pamela! Was assoziiert ein Mann wohl mit einer blonden, vollbusigen Schnecke, die Pamela heißt? Genau. In Gedanken sah ich sie schon mit roter Boje auf der Schulter auf mich zulaufen, die Brüste mit jedem Schritt wippen … oh Mann. Ich verbot mir, weiter zu sinnieren.

»Und Pamela? Was ist mit der? Wo ist die?«, fragte ich fast etwas zu forsch.

»Mach mal halblang. Wenn du willst, stell ich sie dir vor.«

Als wir auf der Terrasse unsere Smoothies (Mandy war ein Gesundheitsfreak, das hatte ich mittlerweile in Erfahrung gebracht) schlürften, schlug Julian Mandy vor, abends gemeinsam mit ihrer Schwester einen Film anzucken. Er schwärmte von einem Horrorstreifen, massenweise Popcorn, Brownies, Cola und was sonst noch so alles dazupasste.

Ich wäre lieber ausgegangen, hielt mich als genügsamer Gast aber zurück. Mandy fand die Idee bis auf das Popcorn, die Brownies und die Coke auch ganz toll und rief ihre Zwillingsschwester sofort an.

»Hey Guys!«

Zum zweiten Mal an diesem Tag klappte mir die Kinnlade runter. Im Türrahmen stand ein Eins-zu-eins-Double von Mandy-Barbie. Nun, vielleicht waren ihre Brüste einen Tick größer. Vielleicht bildete ich mir das aber auch nur ein, weil sie ja Pamela hieß, und die Assoziation mit *Baywatch*, ihr wisst schon …

Ich spulte auch mit Pamela, Pam, wie sie sich mir vorgestellt hatte, das pseudohöfliche Small-Talk-Programm ab. Bei ihr strengte ich mich weniger an, mein Interesse für ihr Dekolleté zu verbergen. Das schien ihr auch zu gefallen. Ich glaube, in Deutschland hätte sich jede Frau schon darüber aufgeregt: Der starrt mich an, ich bin ein Stück Fleisch, er will sich eigentlich gar nicht mit mir unterhalten. Pam schien diese Rolle sogar ganz bewusst zu spielen. Sie kicherte über alles, was ich sagte, auch wenn es nicht mal ansatzweise lustig war. Sie zeigte unverhohlen Bewunderung für das, was ich beruflich machte. Und sie streckte mir ihren – ich war mir nun ziemlich sicher, dass die Brüste ihre perfekte Form durch Silikon erhalten hatten – knackigen Busen entgegen, so als würde sie noch dazusagen wollen: »Schau sie dir nur an, Uwe, dazu sind sie da.« Sie trug einen Minirock, und ihre Beine waren leicht gespreizt. Auch das erschien mir wie pure Absicht ihrerseits. Am liebsten hätte ich meine Hand zwischen ihre Beine geschoben. Ich wurde immer wuschiger und konnte mich kaum noch konzentrieren.

Deshalb war ich richtig froh, als Julian ankündigte, der Film würde jetzt losgehen. Um meine Aufgewühltheit zu kaschieren, stopfte ich gleich mal tonnenweise Popcorn in mich rein und spülte es mit Cola runter. Viel besser wurde es aber nicht, denn der Film war harter Tobak – und bei Horrorfilmen war ich eine Mimose. Dumm war nur, dass ich meine Angst nicht zeigen konnte. Am liebsten hätte ich mir die Hände vor die Augen gehalten und mich schutzsuchend an Pam gekuschelt. Diese Blöße konnte ich mir aber keinesfalls geben.

Schließlich war sie es, die bei einer schrecklichen Szene ihren Kopf an meine Schulter lehnte, die Augen fest zusammengekniffen und leise wimmernd. Ich nahm all meinen Mut zusammen und legte meinen Arm um sie. Julian hatte alles beobachtet und reckte verstohlen einen Daumen nach oben, sodass die Mädels es nicht sehen konnten. Als der Film vorbei war, schlug ich vor, noch in irgendeine Bar zu gehen oder so was, aber mein Vorschlag erntete keine Begeisterung. Julian und Mandy knutschten auf dem Sofa, und zwar so unverblümt und heftig, dass ich gar nicht hinsehen konnte, ohne einen Ständer zu bekommen. Dasselbe hätte ich jetzt gerne mit Pam veranstaltet, die zwar mit mir flirtete, aber ansonsten wieder auf körperlichen Abstand gegangen war.

»Also, was ist jetzt?«, mischte ich mich noch einmal ein. Julian löste sich von seiner Barbie.

»Ich denke, wir gehen schlafen. Was meinst du, Honey?«, fragte er und Honey nickte begeistert.

Pam meinte, sie sei schon zu müde, um nach Hause zu fahren, und würde deshalb gerne im Gästezimmer schlafen.

Für mich blieb das Sofa im Wohnzimmer. Ich war enttäuscht. Irgendwie hatte ich mehr erwartet. Als ich allein war, lag ich im Dunkeln und spielte ein wenig an mir herum. Die Vorstellung, dass Pam nur wenige Meter und nur durch wenige Türen getrennt von mir in ihren Laken lag, vermutlich in heißen Dessous oder gar nackt, machte mich rasend.

Ich musste eingeschlafen sein. Ein Geräusch hatte mich geweckt. Ich blinzelte ein paarmal, um meine Augen an die Dunkelheit zu gewöhnen. Da! Vor dem Sofa bewegte sich etwas. Es kam näher auf mich zu. Ich konnte eine weibliche Silhouette ausmachen. Mir wurde ganz heiß.

»Pam?«, fragte ich hoffnungsvoll, aber ich bekam keine Antwort. Es war ganz klar eine der Barbies. Pam, es konnte gar nicht anders sein, Mandy schlief doch längst in einem Bett mit Julian. Die Frau kam näher und setzte sich mit gespreizten Beinen auf die Decke über mir. Ich stöhnte. Ja, jetzt war es fix – das war Pam. Ich setzte wieder an, etwas zu sagen, aber sie führte einen Finger an den Mund und machte »Ssshhh«. Ich verstand.

Sie deutete mir an, ich solle die Decke wegschieben. Sie saß nun nur noch in ihren Dessous auf mir. Schon das hätte mich fast zum Abspritzen gebracht. Dann fasste sie meine Hand, führte sie an ihre Lippen und leckte über einen Finger, fing an, daran zu saugen, nahm dann noch einen zweiten dazu. Ich war ihr vollkommen ergeben.

»I wanna fuck you, Baby«, flüsterte ich, und sie kicherte ganz leise. Ich hob meinen Oberkörper und griff hinter ihren Rücken, um den BH zu öffnen. Sie half mir, und schließlich konnte ich ihre perfekten Brüste in natura sehen. Wobei, »in natura« trifft es nicht ganz, denn ich spürte sofort, als ich sie in meine Handflächen gleiten ließ, dass die Dinger nur künstlich sein konnten. Okay, jetzt wusste ich also Bescheid.

»Kiss me«, forderte Pam-Barbie mich auf und ich tat es natürlich. Dabei stießen meine Zähne auf Metall. Oh, sie hat ein Zungenpiercing. Und sie wusste grandios damit umzugehen. Ich konnte mich nicht daran erinnern, jemals so geil geknutscht zu haben. Dann wollte ich es aber wirklich wissen.

»I wanna fuck you, Baby«, wiederholte ich mich. Ich hielt es nicht mehr aus. Sie war immer noch über mir, zog sich ihr Höschen aus und ließ mich endlich eindringen. Zuerst nur mit der Spitze, und als ich sie vor Lust schon fast auf mich draufgedrückt hätte, ließ sie sich auf mich sinken. Ich hielt ihre festen Brüste, zwirbelte die Brustwarzen und genoss ihre geschmeidigen Auf-ab-Bewegungen. Dann ließ sie ihr Becken ganz langsam kreisen. Mein Schwanz pulsierte in ihr. Wir mussten leise sein, um Julian und Mandy nicht zu wecken, aber als ich merkte, dass sie immer schneller atmete, war es vorbei mit mir.

Soweit ich mich noch erinnern kann, sind wir ziemlich zugleich gekommen. Als wir uns erholt hatten, fing Pam ganz leise an zu kichern, stand auf und zog sich ihre minimalistische Unterhose wieder an. Ich hätte ihren prächtigen Körper gerne im Licht betrachtet. Aber vielleicht würde ich diese Gelegenheit ja noch bekommen, wer weiß? Sie küsste mich noch einmal zum Abschied und ließ mich ihr Piercing spüren, dann schlich sie aus dem Wohnzimmer. Ich schlief selig ein.

Am Morgen danach stand das Frühstück schon halb auf dem Tisch, als ich die Küche betrat. Julian briet noch Ham and Eggs, die Mädels saßen bereits bei Kaffee und Orangensaft und mit Klatsch- und Tratschmagazinen da. Gut gelaunt wünschte ich einen guten Morgen und grinste Pam – ich war mir jetzt ganz sicher, die beiden auseinanderhalten zu können – zu. Wir sprachen über Belanglosigkeiten und ich grinste in mich rein. Klar, keiner würde hier beim Frühstück ausbreiten, was letzte Nacht passiert war. Ich warf Pam einen Blick zu, sie lachte, ließ lasziv ihr Zungenpiercing aufblitzen und zwinkerte mich an. Sogleich bekam ich wieder einen Stromschlag in der Hose. Zum Glück hatten Julian und Mandy nichts von unserer nonverbalen Konversation mitbekommen. Ich atmete auf, als die Zwillingsbarbies beschlossen, eine Runde schwimmen zu gehen, und ich so mit Julian alleine war. Ich würde ihm nichts erzählen, nutzte aber trotzdem die Chance, zu fragen.

»Du, sag mal, hat Mandy eigentlich auch ein Zungenpiercing? Mir ist es grad bei Pam aufgefallen.«

Julian brach in Gelächter aus. »Alter, die mit dem Piercing ist doch Mandy. Aber mach dir keine Gedanken, die beiden werden ständig verwechselt.«

Der Schluck Orangensaft, den ich gerade genommen hatte, blieb mir förmlich im Hals stecken.

32

Zurück im Leben

Peter (32), Medienmensch,
über Sandra (29), Fitnesstrainerin, beide Köln

Ich könnte sie alle zerfleischen. Wie hässlich grinsende Hyänen kommen sie mir vor. Sie schwirren um mich herum und wollen mir noch mehr aufzwingen. Dinge, die ich nicht will. Aufträge, Projekte. Mein Herz rast, mein Kopf dröhnt, schon seit Wochen. Da, schon wieder nähert sich Alex mit einem Stapel Unterlagen von links. Ich starre betont desinteressiert auf meinen Bildschirm, wo mein Posteingang mir zig Nachrichten präsentiert, die ich ebenso wenig will. Aber wie erwartet checkt Alex das wieder mal nicht.

»Magst du vielleicht noch was übernehmen von mir? Ein Interview hätte ich noch frei.«

Fick dich, aber im Ernst.

»Ja?«

Schon wieder werde ich es nicht hinkriegen, ich spüre es genau. Habe schon wieder aufgegeben und dieses zuvorkommende Lächeln aufgesetzt. Permanent am Gasgeben. Ich finde den Ausstieg aus diesem verdammten Hamsterrad nicht mehr.

»Es wäre ein Interview mit drei Jugendlichen, die Handynummern habe ich – du brauchst nur noch anzurufen, kleine Sache, kein großer Aufwand. Aber natürlich nur, wenn du Zeit hast! Ich will dir das nicht aufdrängen, Peter.«

In meinem Kopf beginnt es, lauter zu dröhnen und zu surren. Auf und ab. Das kenne ich schon. Das Geräusch protestiert, es will mich dazu zwingen, endlich mal zu sagen, was ich wirklich denke.

»Klar, mach ich. Ich krieg das schon hin, gib mal her.«

Abermals habe ich den Kampf verloren. Den Kampf gegen mich selbst. Wir arbeiten an einem Online-Projekt, es geht um Szenesachen und so. Junge Leute und ihr Lebenselixier, Spaß, Liebe, Weggehen, Musik, Rummachen, was weiß ich. Ich bin Redakteur, ich denke auch, dass ich das aus Leidenschaft mache. Oder gemacht habe?

Ich kann gar nicht sagen, wann es begonnen hat, mir am Arsch vorbeizugehen. Da waren diese schlaflosen Nächte, das Herzklopfen, das Hirnwichsen, das Nicht-mehr-Luftholen. Diese Abneigung, morgens aufzustehen. Der Widerwillen, zur Arbeit zu fahren. Die Lustlosigkeit an allem, das Lachen, das sich langsam verdünnisiert hat in einem Strudel des Nicht-Wollens. Dabei arbeite ich doch normalerweise gerne, und viel. Meistens sind es mehrere Projekte gleichzeitig, die ich am Start habe. Ich bin Mr. Tausendsassa; was andere in drei Tagen nicht auf die Reihe kriegen, schaffe ich in ein paar Stunden. Höher, schneller, weiter, die Arbeit, der Sport, die Beziehung, ha – ist doch alles ein Kinderspiel! Ich lasse mich nicht unterkriegen, nie im Leben.

»Sie müssen einen Gang runterschalten.«

Klar. Wieso bin ich auch zum Arzt gegangen? Schlaue Ratschläge kann ich mir selbst geben. Da sitzt er nun und sieht mich vorwurfsvoll über seine randlose Brille an. Pah, als ob der wüsste, was mir guttut! Ich seufze und versuche, mich respekteinflößend in meinem Patientensessel aufzurichten. Programmiere meine Stimme auf selbstbewusst.

»Ich bräuchte nur etwas, was mich wieder ein wenig pusht. Gegen die Antriebslosigkeit.«

»Junger Mann, ich sage Ihnen jetzt etwas. Sie sind ein Burn-out-Patient. Und zwar nicht der erste, den ich hier sitzen habe. Burnout …. Modewort hin oder her. Nennen Sie es doch, wie Sie wollen. Aber wenn mir etwas gegen den Strich geht, dann dass Sie mir jetzt Medikamente abluchsen wollen, die ihr Problem nicht lösen. Dazu sollte Ihnen ihr Leben zu wertvoll sein. Denken Sie nach. Nein, noch besser, hören Sie in sich rein. Ihre innere Stimme brüllt ja förmlich schon nach Aufmerksamkeit. Oder glauben Sie etwa, ihr Kopf dröhnt umsonst?«

Ich verlasse die Praxis dennoch mit Medis. Aber es sind nur welche, die gegen das Dröhnen helfen sollen. Und die meinen Blutdruck senken werden, der sich angeblich durch den ganzen Scheiß in den letzten Monaten in astronomische Höhen erhoben hat.

»In Ihrem Alter ist das nicht normal, junger Mann. Schauen Sie bloß, dass Sie wieder auf einen gesunden Weg kommen. Wenn Sie so weitermachen, sind sie bald krankenhausreif.«

Vielen Dank auch für die Warnung. Ich weiß nur nicht, wie er sich das vorstellt.

Sandra. Offensichtlich ist sie beim Lesen eingeschlafen. Das Buch liegt aufgeschlagen auf ihrer Brust, halb in eine Decke eingehüllt liegt sie da, ihre nackten, gebräunten Beine entblößt. Wann habe ich eigentlich aufgehört, mich für diese Beine zu interessieren? Wann habe ich aufgehört, mich für sie zu interessieren? Wirklich zu interessieren, meine ich. Ich setze mich vorsichtig zu ihren Füßen hin, sie wacht nicht auf, dreht sich nur zur Seite. Die rotbraunen Haare bedecken ihr schönes Gesicht. Als wolle sie mich gar nicht sehen. Mein Herz verklumpt sich. In den letzten Wochen habe ich sie entweder ignoriert oder ihr vorgejammert, wie beschissen doch alles sei. Tag für Tag: wie sehr ich genervt bin von all den anderen, die andauernd nur etwas von mir wollen und nicht sehen, dass ich nicht mehr will. Ich wollte, dass sie mich hört, mir zuhört, mich versteht, wenn es schon kein anderer tut. Hilfeschreie, die nicht angekommen sind. Sie hat sich immer mehr von mir zurückgezogen, mir vorgeworfen, dass ich mir nicht helfen lassen will. Dass ich meinen Mund aufmachen soll, sagen soll, wenn mir etwas gegen den Strich geht. Ich habe ihr mangelnde Fürsorglichkeit vorgeworfen, ihr ins Gesicht geschrien, dass ich ihr egal bin. Ich fühle mich so alleine. Aber ich liebe sie. Und wie ich sie liebe.

Die letzten Male, die wir Sex hatten, waren wie mechanisch. Ich habe keine Lust mehr verspürt. Mein Schwanz hat funktioniert wie auf Knopfdruck, aber danach habe ich mich gefühlt wie ausgespuckt. Bis Sandra nicht mehr wollte. Acht Wochen ist das jetzt her. Acht Wochen! Und das, obwohl wir vorher gevögelt haben wie die Wilden, fast jeden Tag, quer durch die ganze Wohnung.

Ich hebe eine Hand und streiche zärtlich ihre glatte Wade entlang. Sie öffnet die Augen. Ohne Freude blickt sie mich an.

»Du bist schon da?« Sie richtet sich auf. »Wie war dein Tag?«

Ich sehe weg, stehe auf und gehe in die Küche.

Nach der zehnten Zigarette ist mir sauschlecht. Der Qualm vernebelt mir Kopf und Augen. An den Küchenschrank gelehnt, sitze ich auf dem Boden und denke nach. Ich höre Sandra im Wohnzimmer telefonieren, spitze die Ohren, verstehe aber kein Wort. Ob sie überhaupt noch mit mir zusammen sein will? Vielleicht schmiedet sie ja schon Pläne für ein Leben ohne mich. Vielleicht sollte ich mir zur Feier des Tages ein Glas von dem teuren Wein gönnen, den Timo mir letztens geschenkt hat, für die grafische Überarbeitung seiner Site? Vielleicht sollte ich mich aber auch nur weiterhin selbst ankotzen, wie ich es schon seit zwei Stunden tue. Das kann ich gut. Und bestimmt darf ich auch gar keinen Wein trinken bei dem ganzen Tablettenkram, den ich ab heute einwerfen muss. Die Tür fällt ins Schloss. Verdammt. Sandra geht weg und hält es nicht mal für der Mühe wert, sich von mir zu verabschieden.

So weit sind wir also schon. Fuck. Fuck, Fuck, Fuck. Ich beginne zu heulen. Es dröhnt.

Kurze Zeit später sitze ich auf dem Bett und heule immer noch. Sogar noch mehr als vorher. Vor mir habe ich meinen Mac platziert und schaue Fotos an. Fotos aus guten Zeiten: Sandra und ich, lachend und eng umschlungen im Urlaub auf Korsika, das Meer im Hintergrund. Sandra und ich in London, Chinatown, vor einer Imbissbude, in der kopflose Enten im Fenster hängen (die wir nicht gegessen haben). Sandra und ich bei meiner 30er-Feier, umringt von lustigen Leuten. Ich nach meinem ersten Halbmarathon, total kaputt, aber mit einem fetten Grinsen im Gesicht. Sandra hat mich im Ziel empfangen und mich abgeknutscht, obwohl ich verschwitzt war wie Sau. Ich habe mich gefühlt wie Superman.

Und jetzt? Sitze ich hier und flenne wie ein Mädchen. Fühle mich, als wäre mein ganzes Leben aus den Fugen geraten. Und damit habe ich wahrscheinlich sogar verdammt recht. Diese Erkenntnis schmerzt mehr als alles andere. Alles verschwimmt vor meinen Augen.

Als ich am nächsten Tag aufwache, fühle ich mich wie ausgekotzt. Trotzdem springe ich aus dem Bett, als hätte ich eine lebenswichtige Mission zu erfüllen. Habe ich auch. Nach dem heutigen Tag wird nichts mehr sein wie vorher. Aber ich bin bereit dafür.

Wie vom Teufel geritten rase ich auf meinem Rad zur Arbeit. Ich schnaufe, baue fast zwei Unfälle, aber es ist mir egal. Nur ankommen zählt.

»Chef, ich habe ein Anliegen.«

Erstaunt lenkt er den Blick von seinem Monitor in meine Richtung. Ich keuche immer noch von meinem Höllenritt. Muss mich fangen für das, was ich jetzt loswerden will. Keine Zeit mehr für Unwahrheiten.

»Ich kann nicht mehr. Will nicht mehr.«

Er zieht die Augenbrauen hoch, sagt aber nichts. Schaut mich nur weiterhin erwartungsvoll an.

»Ich will nur noch die Hälfte von dem tun, was ich bis jetzt getan habe.« So, jetzt ist es raus. Stille.

Er rückt mit seinem Stuhl ein wenig zurück und faltet die Hände in seinem Schoß.

»Gut. Ist in Ordnung. Sie sind doch freier Redakteur, da steht Ihnen zu, das selbst zu entscheiden. Ich dachte schon lange, dass Sie sich übernehmen. Gehen Sie heute mal und spannen Sie sich aus.«

Fast überkommt mich Enttäuschung, als ich langsam wieder nach Hause radle. Alex hat meine Mitteilung, dass ich die Interviews nicht machen möchte, nur mit einem selbstverständlichen »Okay« kommentiert. Tom hat ohne Murren akzeptiert, dass ich keine Zeit für seine Extra-Reportage habe. Es war so einfach, Nein zu sagen. Kein Trara, kein »Wieso das?«, kein »Nein, du musst doch …«.

Beim Blumenhändler an der Ecke kaufe ich einen riesengroßen Strauß gelber Rosen. Rote mag Sandra nicht. Mein Herz klopft, als ich die Tür aufschließe. Ich weiß, sie hat heute frei. Und ich bete insgeheim, dass sie zu Hause ist.

Sie ist da. Als ich ihr den Strauß überreiche, lächelt sie mich nur wortlos an. Als hätten wir ein schweigendes Übereinkommen, nimmt sie meine Hand und zieht mich ins Schlafzimmer. In meinem Unterleib regen sich Gefühle, von denen ich gar nicht mehr wusste, dass sie existieren. Ich ziehe ihr Shirt und Shorts aus und lege ihre glatte braune Haut frei. Ihr Duft lässt mich schwach werden, und es kommt mir vor, als würde ich ihren Körper zum erstenmal seit langer Zeit wieder richtig wahrnehmen. Als würde die Seifenblase, in der ich die vergangenen Wochen verweilt habe, mit einem leisen »Plopp« zerplatzen.

Sanft schubse ich sie aufs Bett, schiebe ihr Höschen zur Seite und lecke ihre Schamlippen, arbeite mich langsam vor zu ihrer Knospe und umkreise sie rhythmisch. Dass es ihr gefällt ist nicht zu überhören. Sie umfasst meinen Kopf mit ihren Händen und dirigiert mich. Dann zieht sie mich zu sich rauf. Meine prall gefüllte Hose wartet direkt vor ihrem Gesicht.

»Zieh dich aus«, fordert sie mich auf.

Ich mache es.

Dann nimmt sie meinen Schwanz in ihren Mund, lässt ihre rosa Lippen daran rauf und runter gleiten. Winzige Stromstöße durchjagen meinen ganzen Körper. Ihre Hände kneten meinen Hintern. Dann dreht sie sich um und bietet mir ihre Kehrseite an. Ein überwältigender Anblick. Ich schiebe einen Finger in ihre Möse und spüre die feuchte Wärme. Es fühlt sich ein bisschen an, wie zu Hause anzuklopfen, nachdem man ewig ganz weit fort war. Es ist endlich wieder echt. Ich nehme einen zweiten Finger dazu. In ihr ist es glitschig, sie ist bereit für mich. Langsam dirigiere ich meine Schwanzspitze zu ihrer Öffnung, traue mich aber noch nicht, einzudringen – sie muss den Startschuss geben.

»Tu es«, erlöst sie mich von meinem Warten, und ich werde ihrer Aufforderung gerecht.

Als ich in sie hineinrutsche, komme ich endgültig heim. Ihre Hüften umfasst, bewege ich mich langsam vor und zurück. Sandra dreht den Kopf zur Seite und lächelt. Mit einer Hand umfasst sie meine Hoden und streichelt sie sanft. Ich schließe die Augen und genieße das Gefühl, ganz aufgenommen zu werden. Sie entzieht sich mir und dreht sich um.

»Ich möchte dich sehen dabei«, stöhnt sie und präsentiert sich mir in ihrer ganzen Pracht.

Wie konnte ich so lange auf all das verzichten? Ich küsse sie und nehme sie von vorne. Immer wieder gleite ich hinein und heraus, immer schneller werdend. Wellen der Geilheit übermannen mich.

»Gleich kann ich nicht mehr«, keuche ich, aber sie lässt mich nicht weiterreden, sondern küsst mich wie wild. Im Gegensatz zu sonst bin ich leise, in mir ist es dafür umso lauter. Ich fasse ihre Brüste und knete ihre Nippel. Sie kneift die Augen zusammen und beißt sich auf die Lippen. Ohne jegliche Vorwarnung kommt sie, ihre Muskeln zucken heftig um meinen pochenden Schwanz. Und ich folge ihr.

Wir liegen nebeneinander auf dem Bett, nackt, verschwitzt, erschöpft. Ich drehe meinen Kopf zu Sandra.

»Willkommen zurück« ist das Einzige, was sie sagt, bevor wir in die zweite Runde starten.

33

Zweigleisig

Timo (heute 40), Coach,
über Madeleine (heute 37), Lehrerin,
beide Berlin

Wer mit 18 schon eine Geliebte hat, muss ein echt cooler Typ sein. Der Meinung war ich zumindest damals. Denn ich war 18 – und ich hatte eine: Madeleine.

Damit man von einer richtigen Geliebten sprechen kann, muss auch eine Frau oder Freundin im Spiel sein. Auch die konnte ich vorweisen: Cynthia. Madeleine wusste von Cynthia, Cynthia hingegen hatte keine Ahnung von Madeleine. Damit es funktionierte, musste ich ständig auf der Hut sein. Aber das Spiel läuft in den meisten Fällen mal nur so. Die festen Freundinnen oder Ehefrauen, die eine Dritte im Bunde akzeptieren, kann man an einer Hand abzählen. Demnach bleibt dir als Mann nichts anderes übrig, als Stillschweigen zu bewahren. Viele Männer, die mehrgleisig unterwegs sind, müssen ihre feste Geschichte auch noch vor ihrer Geliebten geheimhalten. Das wird dann richtig kompliziert. So gesehen hatte ich es noch gut getroffen.

Mit Cynthia führte ich seit einem halben Jahr eine Beziehung. Sie war eine unbekümmerte, liebenswerte und sorglose Person. Daher war sie auch eine herrlich unkomplizierte Partnerin. Eine Eigenschaft, die aber leider auch ihre Tücken hat: Sie kann dazu führen, dass der Mann sich schnell langweilt, weil die Herausforderung fehlt. Meine feste Freundin hielt leider nicht viele Herausforderungen für mich parat. Es war nicht schwer gewesen, sie herumzukriegen, sie gab mir immer, was ich wollte, auch wenn ich Mist gebaut hatte, und passte sich stets an meine Vorstellungen an. Wenn wir etwas unternehmen wollten, ging immer alles nach meiner Pfeife. Nicht, dass ich das wollte – ich fragte immer nach, wonach es ihr war. Ihre Standard-Antwort: »Ich mach das, was du willst.« Dazu lächelte sie ihr bravstes und untertänigstes Lächeln.

Waren wir gemeinsam unterwegs, hielt sie meistens den Mund und lächelte, wenn es angebracht war. Nie kam eine Beschwerde von ihrer Seite, nie äußerte sie Bedürfnisse. Wie gesagt – sie war durch und durch unkompliziert. Leider führte das dazu, dass ich sehr schnell gelangweilt von ihr war. Diese Langeweile wiederum schlug bereits nach wenigen Wochen in Genervtheit um. Es gab Momente, wo ich sie am liebsten an den Schultern gepackt, geschüttelt und angeschrien hätte: »Warum machst du nicht mal die Klappe auf und sagst mir, was du willst, verdammt?«

Aber ich tat es nie. Immer wieder spielte ich mit dem Gedanken, sie zu verlassen – aber auch das tat ich nie. Das ist ebenfalls ein weit verbreitetes männliches Phänomen: Solange die Bequemlichkeit überwiegt und keine neue potenzielle Beute auf dem Radar auftaucht, wird der Typ nicht Schluss machen. In meinem Fall kam noch die Angst dazu, als Arsch dazustehen – vor unseren Leuten, von denen viele mit mir *und* Cynthia befreundet waren. Als Mitglied einer Clique in Marzahn konnte man sich keinen Fehler erlauben. Man hat schließlich einen Ruf zu verlieren. Und Cynthia hatte drei ältere Brüder, die mich ohne zu zögern mit dem Kopf voran in den Bordstein getreten hätten.

Madeleine war ganz anders als meine Freundin. Sie war die Cousine eines Bekannten meines Kumpels Ludo. Letzterer schmiss, etwa zwei Monate, nachdem ich mit Cynthia zusammengekommen war, eine Party. Ich ging alleine hin, weil Cynthia mit einer fiesen Seitenstrang-Angina ans Bett gefesselt war. Natürlich hatte sie kein Problem damit, dass ich dort alleine hinging. Cynthia und aufmucken? Nie im Leben. Diese Freiheit nutzte ich schamlos aus. Auf der Fete angekommen, war ich beeindruckt: Die Miezen waren ganz klar in der Überzahl. Ludo hatte wieder mal wieder dafür gesorgt, dass die Hütte erstklassig gefüllt war. Dafür war er bekannt.

Madeleine stand alleine in der Ecke und nippte an einem Becher Bier. Frauen, die Bier trinken, mochte ich schon immer. Die zicken nicht blöd rum – meistens jedenfalls. Woher ich das weiß? Erfahrungswert. Weil sie da so alleine stand, bekam ich einen Anflug von Mitleid und steuerte zielstrebig auf sie zu.

»Na?«

»Na?«

Viel wurde an diesem Abend nicht mehr gesprochen zwischen uns. Ich brachte ihr noch ein Bier, erfuhr ihren Namen und dass sie auf der Party war, weil sie sich gerade von ihrem Freund getrennt hatte und etwas Aufmunterung brauchte. Deshalb hatte ihr Cousin sie hierher mitgeschleppt. Eigentlich wollte sie aber nicht lange bleiben, weil ihr die Musik nicht gefiel.

Die Info, dass sie frisch getrennt war, gab mir grünes Licht. Frisch getrennte Frauen sind nämlich ziemlich leichte Beute. Man muss nur wissen, wie man mit ihnen umzugehen hat. Und das tat ich. Als wir uns küssten, wusste ich auch, dass ich sie an diesem Abend flachlegen würde. Ich hätte vielleicht an Cynthia denken sollen, die mit kratzigem Hals und tränenden Augen zu Hause in ihrem Bett lag und mich vielleicht vermisste. Aber ich tat es nicht. Ich schaltete jegliche Gedanken an sie ab.

Nach unserer Nummer an diesem Abend entwickelte sich zwischen Madeleine und mir eine heftige Affäre. Ich hatte ihr gleich nach dem Aufwachen – wir hatten bei ihr übernachtet – gebeichtet, dass ich eine Freundin hatte. Sie hatte darauf erwidert, dass ihr das nur recht sei, weil sie keine feste Beziehung wolle. Wir beschlossen trotzdem, uns wieder zu treffen – um Sex zu haben, reinen Sex, nicht mehr als das. Es wurde dann aber doch mehr. Madeleine beeindruckte mich; sie war attraktiv und für ihr Alter ungewöhnlich intellektuell. Was ich aber am anziehendsten an ihr fand, war, dass sie immer sagte und tat, was sie wollte.

Nach einiger Zeit war ich mir nicht mehr sicher, ob ich für Cynthia jemals so viel empfunden hatte wie für Madeleine. Schluss machte ich trotzdem nicht, weder mit meiner Freundin noch mit meiner Geliebten. Stattdessen fühlte ich mich wie der König von Marzahn, mit zwei Frauen an der Angel. Mein Selbstbewusstsein war dadurch ordentlich angeschwollen. Wie das eben bei halbstarken Jungs so ist. Mit Cynthia hockte ich gemeinsam vor dem Fernseher, aß Pizza und traf die Clique, mit Madeleine traf ich mich heimlich – immer nur für das Eine.

Damals, als es noch keine Handys gab, war so etwas noch recht einfach. Die Freundin konnte einem weder hinterhertelefonieren, noch einen mit SMS bombardieren. Oder E-Mails kontrollieren oder was weiß ich. Und auch Social Networks wie Facebook, wo sogar Leute, die sich nicht mal kennen, ständig voneinander erfahren, wo sie gerade sind und was sie tun, waren damals noch Zukunftsmusik. Trotzdem war ich immer vorsichtig. Bloß in Anwesenheit Cynthias und unserer Freunde nichts Falsches sagen! Ich traf mich mit Madeleine nur an Orten, wo Fuchs und Hase sich Gute Nacht sagen. Aber der Sex mit Madeleine war jedes Versteckspiel wert.

Eines Abends trafen wir uns wieder für ein Schäferstündchen. Als Treffpunkt hatten wir einen Kiosk vereinbart, der weit weg von unserem Wohnblock entfernt lag. Also kilometerweit in die

Pedale treten. Als ich Madeleine mit ihrem Fahrrad anrollen sah, regte sich bereits Vorfreude in meiner Hose. Es war schon dunkel, trotzdem wollte sie noch ein wenig spazieren gehen. Wenn Madeleine etwas wollte, dann widersprach man besser nicht. Deshalb willigte ich ein, obwohl mir das steife Ding in meiner Hose schon jetzt Schmerzen bereitete.

»Warum gehst du denn so komisch?«, fragte Madeleine, als ich wie ein Bauer neben ihr hertrottete.

»Weil es in meiner Hose eng ist.«

Sie musste lachen und knutschte mich.

»Was hältst du davon, wenn wir uns ein ungestörtes Plätzchen suchen?«, schlug ich vor und setzte meinen treuesten Dackelblick auf.

Dem konnte sie nicht widerstehen und nickte.

Ich schaute mich um. Hm … auf der gegenüberliegenden Straßenseite lag das S-Bahn-Gelände. Ich konnte ein Loch im Zaun erblicken. Dahinter ein Grasstreifen und ein paar Bäume. Gut möglich, dass man sich dort im Dunkeln unsichtbar machen konnte … Ich nahm Madeleine an der Hand und zog sie über die Straße. Sie kicherte vor sich hin.

»Du bist schon ein Verrückter.«

»Ja, vielleicht. Komm, hier durch.«

Wir kletterten durch das Loch im Zaun, wobei ich mir mein T-Shirt zerriss. Kurz flammten Gedanken an Cynthia auf, bei der ich danach noch vorbeischauen sollte. Das bedeutete Erklärungsbedarf. Aber mir war bisher immer noch irgendetwas eingefallen, und Cynthia hatte mir schon die kuriosesten Fantasiegeschichten abgenommen. Ich bin eben auch ein guter Geschichtenerzähler.

Wir ließen uns ins kühle Gras fallen und begannen, wild herumzuknutschen. Wie sehr ich es schon vermisst hatte, Madeleines pralle Brüste in den Händen zu halten … in meiner Hose tobte ein ganzer Hummelschwarm, der komplett ausflippte, als sie meinen Schwanz packte. Als die S-Bahn zum ersten Mal wenige Meter neben uns vorbeirauschte, kam ich kurz wieder zur Besinnung.

»Scheiße, Maddi … wir liegen hier doch voll in der Auslage.«

Sie reagierte nicht und rubbelte weiter zwischen meinen Beinen herum. Es dauerte nicht lange, bis wir nackt waren und ich Grashalme unter meinem Hintern spürte. Es fühlte sich verwegen an. Unsere Klamotten waren um uns herum verstreut. Bestimmt würden sie schmutzig werden. Noch mehr Erklärungsbedarf … Aber als sie plötzlich meinen Schwanz im Mund hatte, war mir schlagartig alles andere egal. Darum würde ich mich später kümmern, wenn es notwendig war. Ich genoss das Gefühl von Madeleines Lippen und wie sie ihre Zunge um meine Eichel gleiten ließ. Dann stoppte sie.

»Nimm mich«, forderte sie mich auf.

Madeleine stand so gar nicht darauf, oral befriedigt zu werden, deshalb blieb dieses Vergnügen meiner Liaision vorbehalten. Auch gut. Als sie sich auf den Rücken rollte und ich mich auf sie drauflegte, raste die nächste S-Bahn mit lautem Grollen vorbei. Okay, alles klar, Acht-Minuten-Takt. Irgendwie machte es mich an, hier so auf dem Präsentierteller zu liegen und es Maddi so richtig zu besorgen. Sie schielte in Richtung des vorbeifahrenden Zuges und zog die Mundwinkel nach oben.

»Komm schon, mach's mir.«

Ich drang in sie ein und legte los. Ich gab alles, und meine Geliebte streckte mir ihr Becken willig entgegen. Wir fickten uns dort im Gras zwischen Birken und S-Bahn-Gleisen das Hirn raus. Madeleine war zweifellos die hemmungsloseste Frau, die ich jemals kennengelernt hatte (und ich habe auch danach keine mehr getroffen, die ihr gleichkam – leider). Das machte mich unglaublich an. Wir kamen beide, noch bevor die nächste Bahn an uns vorbeizog. Also keine acht Minuten später.

Völlig erschöpft lagen wir danach im Gras. Ich fingerte Madeleine noch weiter, und sie kam ein zweites und ein drittes Mal. Zwei weitere S-Bahnen kamen währenddessen dröhnend dahergerattert.

»Jetzt bin ich satt«, meinte meine Geliebte nach ihrem dritten Orgasmus und ließ ihren Kopf zur Seite sinken. Es dauerte immer recht lange, bis sie endgültig befriedigt war. Nach einem Mal Kommen war selten Schluss. »Mein kleines Schleckermaul« nannte ich sie deshalb gerne zärtlich. Aber ich ließ solche intimen Bekundungen niemals überhandnehmen – sie wollte schließlich nicht, dass unser Verhältnis übers Sexuelle hinausging.

Das änderte sich auch nicht, als Cynthia an diesem Abend mit mir Schluss machte. Sie hatte mir diesmal leider nicht mehr abgenommen, dass mein zerrissenes T-Shirt und die Grashalme in meinen Haaren von einem »Unfall« herrührten. Irgendwann hat eben auch die größte Gutgläubigkeit ein Ende. Ich bekam eine saftige Ohrfeige mit auf den Weg und konnte mich am nächsten Tag noch von unseren Freunden zur Sau machen lassen. Zum Glück ließen Cynthias Brüder Gnade mit mir walten!

So hatte ich also ab diesem Zeitpunkt nur noch eine Geliebte. Und die wollte auch genau das bleiben – mit der Begründung, dass sie mit jemandem, der so leichtfertig betrog, wie ich es tat, ohnehin keine Beziehung führen wollte. Wir vögelten einander noch ein paar weitere Monate das Hirn raus, bis Madeleine schließlich einen Typen kennenlernte, mit dem sie zusammen sein wollte. Dann war ich abgeschrieben. Tja, das muss man akzeptieren.

DIE AUTORIN

Zoë Zucker, Jahrgang 1980, liebt es, Geschichten rund um das Thema »Mann, Frau, Liebe und so weiter« zu Papier zu bringen. In ihrem Studium war sie vornehmlich mit Gentechnik und bösen Bakterien beschäftigt, kehrte aber nach ihrem Abschluss den Pipetten, Bunsenbrennern und weißen Kitteln den Rücken und wechselte in die Medienbranche. Derzeit lebt sie in Graz und arbeitet dort unter anderem als Redakteurin für eine Tageszeitung.

Zoë Zucker
BESTER SEX 4
*33 Männer erzählen ihre aufregendsten,
wildesten und schönsten Abenteuer*

ISBN 978-3-86265-324-9
© Schwarzkopf & Schwarzkopf Verlag GmbH, Berlin 2013
Erste Auflage Dezember 2013

ILLUSTRATIONEN IM INNENTEIL DES BUCHES: Jana Moskito.
COVERFOTOS: 1. Reihe von links: © altrendo images/thinkstock.com; © filipw/thinkstock.com; © Moritz Thau; 2. Reihe v. l.: © Marjan_Apostolovic/thinkstock.com; © WorkshopExp/thinkstock.com; © KovacsAlex/thinkstock.com; 3. Reihe v. l.: © martamikhaylova/thinkstock.com; © m-imagephotography/thinkstock.com; © WorkshopExp/thinkstock.com

HINWEIS: Die Bilder auf dem Cover des Buches stammen von den aufgeführten Bildagenturen und dienen ausschließlich der Illustration. Bei den darauf abgebildeten Personen handelt es sich um Models und nicht um die Autoren oder die in diesem Buch porträtierten Personen.

KATALOG
Wir senden Ihnen gern kostenlos unseren Katalog.
Schwarzkopf & Schwarzkopf Verlag GmbH
Kastanienallee 32, 10435 Berlin
Telefon: 030 – 44 33 63 00 | Fax: 030 – 44 33 63 044

INTERNET | E-MAIL
www.lustvoll-lesen.de | info@schwarzkopf-schwarzkopf.de